역사는 강자의 편이었다

김종재

마인드탭
MIND TAP

큰길이 되지 못할진대
호젓한 오솔길이 되라
태양이 되지 못할진대 별이 되라
성공과 실패는 크기에 달린 것이 아니니
무엇이 되든 가장 아름다운 것이 되라

– 더글라스 머독 –

책을 쓰면서

힘 없는 정의는 공허하다

인간의 역사는 강자의 역사였다. 힘을 가진 자가 역사를 지배했고 세상을 지배했다. 힘은 역사의 무기요, 삶의 무기였다. 힘 없는 민족과 힘 없는 개인의 삶은 바로 비극, 그것이었다. 오랜 동안 자신의 운명이 강대국의 힘의 논리에 따라 좌우되었던 한국, 민족적 비극을 많이도 겪었다. 2017년 한·미 양국의 대통령이 중국을 국빈 방문하였는데 두 나라 대통령에 대한 중국 당국의 태도는 너무도 대조적이었다. 그 배후에는 힘이라는 괴물이 있었다.

강자가 지배해온 인류의 역사를 보면 터지는 울분을 억제할 수 없다. 울분이 울분으로 끝나면 희망이 없다. 그 울분을 극복할 수 있는 방법을 찾아야 한다. 다행히 우리 민족은 국민소득 $80이라는 최빈국에서 국민소득 $30,000을 바라보는 나라로 성장했고 한류스타가 세계를 누비고 있다. 이러한 도약은 개인의 힘을 모아 나라의 힘으로 승화시킨 결과이다.

본서의 핵심은 독자들이 인생의 주역이 되어 의미 있는 인생을 살 수 있는 길을 모색하는 데 있다.

1부에서는 힘이 지배하여 온 인간의 역사를 정리하고,

2부에서는 힘의 역사를 쓰기 위하여 어떤 삶을 살아야 할 것인가? 독자들에게 많은 과제를 제시하였다. 개인의 능력은 국력의 원동력이기 때문에 개인의 능력 함양이 우선되어야 한다고 생각한다.

3부에서는 개인과 조직, 나라의 힘을 어떻게 공동선의 세계를 위해서 사용할 것인가의 문제를 정리하였다. 세계역사의 진행과정을 보면 역사의 주역은 지도자였다. 이런 뜻에서 공동선의 세계를 이끌어 갈 공생의 리더십에 대한 방향을 제시하였다.

이 책의 원고를 탈고하기까지는 자연의 섭리에 따라 찾아온 인생열차의 잦은 고장으로 시련을 많이 겪었다. 시력의 장애를 받아 처음 계획대로 끝을 맺지 못하여 아쉽기 그지없다. 반백년의 동반자로부터 책을 출판하여 "노벨상을 받는 거요, 돈을 버는 거요" 하며 생명이 중요한 줄 알라는 압력을 많이도 받았다.

농부가 흉년든다고 농사를 포기할 수 없듯이 농부의 농사짓는 마음으로 풍년을 꿈꾸며 인생의 황혼을 불태웠다. 운명의 종점에 이를 때까지 책농사를 짓다보면 책 한 권으로 영원히 살고 싶다는 서생의 구름 같은 꿈이 이루어질 날이 올는지도 모른다. 그날을 꿈꾸며 살고 싶다.

어떤 젊은이가 "내 인생의 전성기는 초등학교 때였다"고 독백하였다는 기사를 보았다. 국민소득 $3만을 바라보는 나라의 젊은이가 이런 절망의 삶을 살고 있다니 너무 큰 충격을 받았다. 그 청년에게 인생의 전성기를 다시 찾을 수 있다는 희망의 메시지를 주고 싶었다.

인생의 길은 수기(修己), 치인(治人), 치세(治世)의 길이다. 이 미완의 책이 역사의 격동기를 살아가는 독자들이 수기, 치인, 치세의 인생을 살아가는 데 조그마한 디딤돌 역할이라도 할 수 있다면 노을진 인생길이 헛되지 않으리라!

이 소책자가 독자들의 책상 앞에 놓이는 데까지는 전남대 양동민 박사의 노력과 김광숙 선생의 수고가 많았다

끝으로 마인드탭 김중용 사장의 특별한 배려와 임직원들의 수고에 감사드리며 마인드탭의 발전을 기원하는 바이다.

2018년 겨울

설화 만발한 무등산 자락

개선산방(開仙山方)에서

김종재

차 례

1부 약육강식의 인류의 역사

2부 힘의 역사를 쓰기 위하여

3부 공동선(共同善)의 세계를 위해서

1부

약육강식의 인류의 역사

– 정의 없는 힘은 압제다 –

I 삶의 명제를 찾아서

인간의 조건

간절한 열망, 내 존재를 다 던져도 좋을 절절한 갈망,
그리고 그것을 이루어 내려고 하는 처절한 실천,
그것이 인간의 조건이다.

– 앙드레 말로 –

1. 인간의 길

1-1. 인간으로 태어나서

인간으로 태어난다는 것은 신비 중의 신비요, 경이 중의 경이이다. 2~3만 마리의 정자가 난자를 향해 미사일 속도로 날아가 겨우 한두 마리가 골인한다. 그리고 10개월 후에 자신의 의지와는 아무 상관없이 수동적으로 한 많은 이 세상에 내던져지게 된다. 이처럼 잉태할 때부터 2~3만 대 1의 경쟁을 뚫고 태어난 인간은 어디서 누구의 아들, 딸로 태어날 것인가에 대해서 아무런 영문도 모른 채 어느 날 어머니라는 한 여인의 뱃속에서 세상 밖으로 나오게 된다. 이것이 인간의 한계상황이다.

부모, 가족들의 축복 속에서 울고 태어난 인간은 태어나자마자 고행이 시작된다. 부처님은 사람으로 태어난다는 것은 실수라고 하였다. 여러 생을 거치면서 고해의 바다로 떨어지기 때문이다. 그러나 인간으로 태어난다는 것이

얼마나 어려운 일인가! 불교에서는 인간으로 태어난다는 것은, 200년 동안 태평양처럼 광대한 바다 밑에 살고 있던 거북이 한 마리가 어느 날 바다위로 떠올라서 망망대해에 떠다니는 조그만 나무토막 하나에 목을 걸치는 격이라고 한다.

이처럼 인간의 탄생은 기적이다. 다시 생각해 보자. 어떤 한 인간이 잉태되는 날 밤에 부부 싸움이 벌어져 사랑의 약속이 파기 된다면 그 인간의 운명은 어떻게 되었겠는가? 또 우리 형편에 어떻게 3명, 4명 키우겠느냐고 태어나기 전에 천당으로 보내자고 산부인과에 갔었더라면 그 아이의 운명은 어떻게 되었겠는가? 만일 그 아이의 운명이 여러분 자신이었다면 아찔하지 않는가? 이렇게 어렵게, 어렵게 태어나서 현세를 살고 있는 인간은 정말로 기적 같은 존재이다. 독자 여러분은 기적의 존재물이다.

이렇게 태어난 인간은 육체라는 집에, 정신이라는 주인을 모시고 살아간다. 육체는 정신의 렌트카이다. 정신은 육체의 주인이요, 육체는 잠깐 빌린 자동차라 할 수 있다. 이처럼 인간은 육체와 정신이 함께 살아가야 하는 존재이다. 이것이 육체와 정신이 함께 살아가야 할 운명을 타고난 공동선의 삶, 즉 함께 사는 삶이다. 육체와 정신이 함께 살지 못하는 삶은 장애인의 삶이다. 세상에는 육체 따로 정신 따로 사는 사람들이 너무도 많다.

우주는 대우주요, 인간은 소우주, 모든 인간의 조직체도 인간의 모습과 같다. 인간의 삶뿐만 아니라 나라가, 조직체가, 우주질서가 깨어져 장애인이 되고, 장애인이 되어가고 있다. 함께 사는 우주, 함께 사는 나라, 함께 사는 조직체, 함께 사는 인간사회를 건설해야 한다. 그 책임은 누구에게 있는가? 바로 인간 자신에게 있다.

여기서 명심할 것이 있다. 인간의 삶은 단 한 번 뿐이라는 사실이다. 오직 한 번 뿐인 삶을 어떻게 가치 있게 살아야 할 것인가? 이것이 인간에게 주어진 최대의 명제이다. 불교에서는 다생관을 이야기하고, 기독교에서는 천당과 지옥을 이야기하지만 인간은 죽기 전에 내세를 경험할 수 없다. 그래서 일기일회(一期一會), 오직 한번 뿐인 삶을 어떻게 살 것인가가 인간에게 주어진 최대의 화두이다.

인간의 삶은 타향살이요, 죽음은 고향 가는 길이다. 렌트카를 타고 타향살이를 하다가 고향으로 돌아가는 인생인데 고향에 가서 심판받을 때 무엇을 내어 놓겠는가? 인간은 누구나 육체라는 이상한 집을 벗어던지고 저 세상으로 돌아 갈 때 인생의 대차대조표와 손익계산서를 작성하게 된다. 흑자의 손익계산서를 내놓아야 한다. 인생을 헛되게 살고 적자의 손익계산서를 들고 빈손으로 고향에 가면 환영받지 못할 것이 자명하다. 그에게는 지옥문이 기다리고 있을 뿐이다. 우리는 매일, 매월, 매년 인생의 손익계산서를 작성하며 살아야 한다. 오직 한번 뿐인 인생인데 선(善)의 세계를 추구하며 의미 있는 인생을 살다 가야 하지 않을까?

의미 있는 삶의 길은 무엇인가?

첫째, 삶과 죽음의 극복

삶은 죽음이요, 죽음은 삶이다. 삶이 있기에 죽음이 있고 죽음이 있기에 삶이 있다. 그래서 생사일여(生死一如), 삶과 죽음은 하나라고 한다. 타향살이를 잘하면 금의환향하고 타향살이를 할 때 악행을 일삼으면 지옥 불에 떨어진다. 불교에서 49제를 지내는 것은 사람이 사망하면 49일 동안 심사를 하여 49일 되는 날, 극락이냐 지옥이냐 보충대(연옥)냐 라는 가는 길이 정해지기 때문에 극락 아니면 보충대라도 가라고 제사를 지내는 것이다.

현재 사는 모습을 보면 전생에 어떻게 살았으며 이 생을 마감하게 되면 어디로 갈 것인가를 짐작하게 된다. 죽어 갈 때 죽는 모습을 보면 그 사람의 가는 곳을 알 수 있다.

생(生)과 사(死)

여러 생을 통하여
삶과 죽음이 있어서
나고 죽고 나고 죽는다
살고 죽는다는 생각이 일어나는 순간
삶과 죽음이 거기에 있다

살고 죽는다는 생각이 죽는 순간
참된 삶이 태어난다
(生生生死生
死生生死生
死生生生死
死生死生生)

삶과 죽음을 하나로 보는 틱낫한 스님의 의미 있는 시이다.

죽는 방법을 배운 사람은 노예가 되지 않는 방법을 배운 셈이라고 몽테뉴는 말했다.

죽는 방법이란 공동선의 삶, 의미 있는 삶을 사는 길이다. 삶(타향살이)을 값있게 하면 죽음(고향 가는 길)의 길에 금의환향(錦衣還鄕)할 수 있다. 삶과 죽음은 한강 다리를 건너는 것과 같다. 삶과 죽음은 서로 연결되어 있다. 그럭저럭 살다가 다음 생에 잘살아 보자는 자위의 말은 당착이다. 현세의 삶을 잘 못 살고 있는데 어찌 내세에 가서 잘 살 수 있겠는가? 착각하지 말고 현세를 잘 살아야 한다.

둘째, 자기실현

인간의 삶의 목표는 자기실현(Self-actualization)에 두어야 하고 자기실현의 길은 수기(修己), 치인(治人), 치세(治世)의 길이다. 자기실현의 과정 수기(修己), 치인(治人), 치세(治世)에 대하여 이야기하여 보기로 하자.

1) 수기(修己)

인간을 동기유발시키는데 있어서 첫 번째 덕목은 수기(修己: self-motivation)로서 자기 자신을 개발하는 일이다. 공자와 이율곡의 기본 덕목은 수기(修己)였다. 보람 있게 사는 사람들은 자기 자신의 인생의 목표를 정하고 그 목표를 달성하기 위하여 분투하는 사람들이다. 추사(秋史) 김정희 선생은 서예 연습을 하면서 벼루 열 개가 구멍이 나고, 천 자루의 붓이 마모되었다고 한다. 공자는 주역을 공부할 때 위편삼절(韋編三絕), 즉 가죽 끈이 세 번이나 끊어질 때까지 공부를 하였다고 한다. 이들의 이런 정진의 모습이 자신을 연마하는 모습이다.

그들은
첫째, 학습하고,
둘째, 실천하고,
셋째, 건강을 유지하기 위해 운동하고,
넷째, 명상하면서 미래를 꿈꾸는 사람들이다.
수기(修己)에 성공한 사람들은 신념(信念)이 투철한 사람들이었다.
잭 캔필드는 신념에 대해 다음과 같이 이야기하고 있다.

(전략)
신념은 벌어진 틈 사이를 도약하는 것이다.
당신이 있는 곳과 갈 곳 사이에는
늘 갈라진 틈이 있게 마련이다.
신념을 가지고 미래를 향해 도약하라.
그 곳에 무엇이 놓여 있는가?
내일? 다음 주? 다음 달? 다음 해? 다음 생애?
신념을 믿어라! 신을 믿어라!

내일을 믿어라! 그리고 신념으로 도약하라!(잭 캔필드 외, 「인생의 맥을 짚어라」 참조)

2) 치인(治人)

인생에서 중요한 것은 첫째, 자기의 인생을 바꾸는 것이요, 둘째는 다른 사람의 인생을 바꿔주는 것이다. 위대한 학자나 종교인이나 정치인들은 자기 인생의 변화를 통해서 다른 사람의 인생을 변화시켰다. "남이 변하기를 원하거든 먼저 자신이 변하라!"라는 간디의 충언은 우리에게 큰 교훈을 주고 있다. 이 세상에 태어나서 받아 먹기만 하고 남을 위해 짜장면 한 그릇도 베풀지 않았다면, 한 사람의 인생에도 변화를 주지 못했다면, 무의미한 삶이다.

3) 치세(治世)

치세(治世)는 사회를 개선하는 역할을 하는 것이다. 인간으로 태어나서 진정한 삶이란 수기, 치인에 이어 치세, 세상을 변화시키기 위하여 조금이라도 역할을 하는 것이다. 인류의 역사가 시작된 이래 세상은 변하고 변하여 알파고 시대까지 이어져 왔다. 나라는 인간은 인류사회의 변화에 어떤 역할을 하였는가라고 자문해보기 바란다. 사회가 보다 건강한 사회로 발전하는 데 작은 촛불 역할을 할 수 있는 사람은 헛된 삶을 사는 사람이 아니다.

인간으로 태어나서
첫째, 나 자신을 바꾸어라.
둘째, 타인의 인생을 바꾸어라.
셋째, 세상을 바꾸어라.

1-2. 철학과 비전의 삶을 위해서

앞에서 이야기한 자기실현(수기·치인·치세)의 꿈을 이룩하기 위해서는 철학과 비전의 삶을 살아야 한다.

동물은 먹잇감을 구하기 위해서 가지만 인간은 가되, 왜 무엇을 위해서 가야 하는지를 머리에 그리고 가슴에 새기고 가야 한다. 인간이 머릿속에 그리고 가슴속에 갖고 가야할 것이 바로 철학과 비전과 전략이다. 사상과 비전을 실천하여 지혜의 유산을 남기려는 것은 인간 모두의 소망이다. 사상과 비전을 실현하기 위한 가치관으로 무장하고 지혜의 성을 쌓아 의미 있는 인생을 사는 것이 자기실현의 인생을 사는 것이다.

첫째, 사상의 정립

파스칼은 인간은 생각하는 갈대라고 갈파하였다. 인간은 물 한 방울, 바늘 하나로 죽일 수 있는 나약한 존재지만 인간을 위대하게 만든 것은 생각하는 갈대이기 때문이다. 인간의 사상의 정립은 바로 이 생각으로부터 형성된다. 생각이 생각으로만 끝나면 그 생각은 바람으로만 끝나고 만다.

인간은 하루에 삼만 가지의 생각을 한다고 한다. 그래서 인간의 생각을 바람이라고 말한다. 수만 가지의 생각이 바람처럼 스쳐가기 때문이다. 여기에서 생각해 보자. 정말로 인간의 생각은 바람으로 끝나고 마는 것인가? 아니다.

수많은 생각이라는 바람 중에 그 어떤 생각의 바람은 그 사람의 가슴에 남아 그 사람의 사상과 철학을 형성한다.

아인슈타인은 수많은 생각 끝에 상대성원리라는 물리학의 새 지평을 열어 노벨상을 받았다. 아르키메데스는 목욕탕을 드나들며 수많은 생각 끝에 부력의 원리를 발견했다. 다산은 18년 유배생활에 수만 가지의 생각을 했다. 그 수만 가지 생각은 바람이 되지 않고 다산학이라는 위대한 사상을 잉태하였다. 공자는 수많은 생각을 정리하여 「논어」라는 불후의 고전을 탄생시켰다. 공자의 유교 사상은 그를 세계 제4대 성인 중의 한 사람으로 올려 놓았다.

모든 사람들은 상상과 사상의 자유를 갖는다. 인간으로 태어난 자, 그 누구도 생각하는데 제약을 받지 않는다. 그러나 그 생각이 자신과 타인과 사회에 이익이 되는 생각이 되어야 한다. 그리고 그 생각을 인생을 살아가는 삶의 철학과 도구로 삼아야 한다.

빌 게이츠는 10대 때 모든 사람의 책상 위에 컴퓨터를 한 대씩 놓을 수 없을까 하고 생각했다. 그리고 그 것을 실천에 옮겼다. 지금 그대는 무엇을 생각하고 있는가? 지금 상상하는 그대의 생각들을 바람으로 날리지 말라. 응집된 생각은 사상과 철학을 만들어 낸다.

필자는 1960년대 어느 산사에서 여름을 보내고 있을 때 너무도 가난하게 살고 있던 산사의 일꾼의 초라한 모습을 보고 삼균주의(三均主義: 균형성장, 균형분배, 균형발전)를 생각하고 삼균주의를 실현하기 위한 수단으로 중소기업을 생각했다. 중소기업의 발전을 통해서 균형의 사회를 이룩하는데 기여해야겠다고 결심을 하게 되었다.

위대한 사람만이 철학자가 되고 사상가가 되는가? 그렇지 않다. 생각하고 상상하는 자, 그 누구라도 자기 나름의 사상과 철학을 가지고 인생을 값있게 살아 갈 수 있다. 생각은 사상으로 정리하고 사상이 공상이 되지 않기 위해서는 사상의 실현을 위한 전략이 뒤따라야 한다. 여러분 머릿속에 떠오르는 수많은 상상의 편린들을 저 하늘로 날려 보내지 말라. 인생을 살아가는 사상과 철학으로 만들어라. 그리고 전략을 세워라. 사상 뒤에는 비전이 따르고 비전

뒤에는 실천이 따라야 한다. 사상이 사상으로 끝나면 공상이 되고 비전이 비전으로 끝나면 사상누각이 된다. 사상과 비전은 실천의 열매를 맺을 때 위대한 결실을 가져온다.

모택동의 사상은 인민해방이었고 비전으로, 첫째는 농민을 잡아라, 둘째는 게릴라 전략을 내세웠다. 그리고 비전을 실현하여 천안문광장에 붉은 깃발을 꽂았다. 한국의 공무원을 가리켜 영혼 없는 인간이라고 한다. 자기의 사상과 주장은 장사 지내고 세속적 출세욕에 빠져 거수기 노릇을 하기 때문이다. 인간이 살아가는 삼대 덕목은 결혼, 직업, 가치관이라 할 수 있다. 그런데 최근에 벌어지고 있는 국가의 혼란기에 일류대학을 나오고 고시에 합격하고 미국에서 박사학위를 받고 온 엘리트들의 처참한 모습을 보라. 사상과 가치관이 없었기 때문에 권력의 똥개 노릇을 하다가 비참한 모습으로 인생의 종말을 맞고 있다. 우리의 선조들은 노(no)를 외치며 정의를 위해서 감옥에 가고 생명을 바쳤는데 아쉽기 그지없다. 공과 사의 기로에 섰을 때 공을 위해서 생명까지도 바친 선인들을 생각해 보라. 사육신을, 안중근을, 전봉준을 생각해 보라. 인촌(仁村) 김성수의 좌우명은 선공후사(先公後私)였다.

둘째, 비전과 전략

비전은 추상적인 사상을 실현하기 위한 구체적 청사진이요. 전략은 그 비전을 실현하기 위한 작전계획서이다. 인간의 삶의 진정한 열쇠는 사상과 비전의 실현을 위한 실천의 성공에 있다.

인간의 삶은 한바탕 일어났다 사라지는 파도와 같은 존재라고 한다. 과연 인간의 삶은 파도인가? 인간의 생애를 덧없음에 비유한 불교적인 이야기이지만 그렇지 않다. 삶은 사상과 전략을 구현하기 위한 실천의 장이다. 유구히 흐르는 세월에 비하면 인간의 삶은 순간에 일어났다 사라지곤 하는 파도와 같은 존재다. 이런 현상을 사람들은 무상이라 한다. 무상을 극복하는 길은 무엇인가? 파도 같은 찰나의 삶을 자기의 사상, 철학을 실천하는 승화의 장으로 삼아 의미 있는 인생을 사는 것이다. 인간은 자기 인생의 조각가이다. 한 바탕 파도 같은 덧없는 인생길이지만 조각을 잘 해놓으면 그 인생의 파도는 순간에 사라지더라도 조직의 유산은 오래 간다.

신은 모든 인간에게 공평한 선물을 주었다. 하나는 시간이다. 모든 인간은 24시간을 산다. 25시간 사는 사람은 이 지구상에 존재하지 않는다. 두 번째는 사상의 자유다. 신은 모든 인간에게 생각의 자유를 주었다. 개인의 생각을 방해하는 신은 존재하지 않는다. 이처럼 모든 인간은 24시간을 살면서 생각의 자유를 가지고 사는데 삶을 마감할 때는 천차만별의 인생 대차대조표를 그리게 된다. 삶을 마감하는 순간에 후회의 눈물을 흘리는 사람들이 너무도 많다. 왜 그럴까? 신이 인간에게 준 무한의 능력을 활용하지 못하고 운명을 탓하면서 인생을 낭비했기 때문이다. 인간은 시간을 만들지는 못하지만은 시간을 활용하는 지혜를 타고났다.

미국의 한 조사에 의하면 과거에 사는 사람이 50%, 미래에 사는 사람이 40%, 현재에 사는 사람은 10%에 불과하다고 한다. 과거는 영원한 과거, 과거는 다시 오지 않는다. 그런데 나 자신부터 과거를 후회하며 과거의 회한에 젖어 가슴태울 때가 많다. 어리석은 일이다. 그리고 오지 않은 미래를 기대하며 산다. 현재에 인생을 걸어야 희망의 미래가 내어다 보이는 것이다. 현재에 인생을 걸어라.

다산은 18년 동안 유배생활을 하면서 500권의 저서를 남겼다. 그의 삶은 한바탕 파도였는가? 아니다.

피카소는 명작 베로니카를 남겼다. 미켈란젤로는 다른 사람들이 쓸모 없다고 외면한 성당 마당에 아무렇게나 나뒹구는 금간 대리석으로 위대한 작품을 남겼다. 단테는 사형선고를 받고 도피생활을 하면서 그 유명한 불후의 명작 「신곡」을 남겼고, 사마천은 궁형을 받고 산속에 들어가 불후의 명작 「사기(史記)」를 남겼다. 에디슨은 인류의 영원한 등불 전기를 남겼다. 그들은 인생을 향락하면서 따뜻한 봄 동산을 산책하면서 위대한 작품을 남긴 것이 아니다. 상처받은 조개가 진주를 만들어 내 듯 그들은 수많은 인생의 상처와 고난을 극복하고 빛을 남겼다.

그대 생각을 모래밭에 조각하지 말고 인생의 대리석에 조각하라.
한 바탕 파도에 밀려가는 그대의 인생이 보이지 않는가?
늦기 전에 시작하라.

셋째, 유산

불교에서 인간의 죽음은 바다라고 한다.

과연 인간의 죽음은 바다인가?

인간이 한번 죽으면 그의 인생 모든 것이 끝인가? 정말로 죽음은 영원히 바닷속으로 침잠되고 마는 실체 없는 무(無)인가? 과연 그런가? 집약된 사상을 대리석에 조각한 사람들은 유산을 남기고 떠난다. 육신은 바닷속으로 사라지고 말지만 그가 남긴 유산은 우리 산 자의 가슴에 남아 산 자의 길을 안내하고 있지 않은가. 죽어도 살아 있는 자가 있고, 살아 있어도 죽은 자보다 못한 자가 있다. 어느 길을 택하겠는가! 인생의 길은 선택의 길이다.

선택은 아무도 강요하지 않는다. 자유의지에 의해 자기 길을 선택하며 인생을 조각하라! 죽음은 바다가 아니다. 죽음은 인생이라는 조각품을 남기고 떠나가는 산 자의 길을 인도하는 배다. 그래서 죽음은 새로운 삶의 시작이라고 할 수 있다.

이매창(李梅倉)이라는 350년 전에 떠난 전북 부안의 한 기생은 58수의 시를 남기고 떠났는데 지금 그녀는 부안의 이매창공원에서 우리를 부르고 있다. 중국의 시인 두보는 태산(太山)에 그의 시와 함께 살아 있다. 일람중산소(一覽衆山小)라는 그의 시비는 그를 중국의 시성으로 추앙받게 하고 있다. 이매창과 두보는 갔는가? 그들의 육신은 바닷속으로 사라져 갔지만 그들의 시는 우리의 가슴속에 남아 시적 영감을 주고 삶의 교훈을 주고 있다.

이매창의 슬픈 시 한 수를 보자.

평생에 기생된 몸 부끄러워
달빛 젖은 매화를 사랑하는 나
세상 사람들은 내 마음 알지 못하고
오가는 길손마다 추근거리네.

이렇게 비탄 속에 살다 38세로 요절한 그 기생은 지금 부안의 이매창공원에 살아 있다.

삼성의 이병철 회장은 반도체를 생각했고 사업보국의 철학관을 가지고 삼성전자를 세웠다. 그는 떠났지만 삼성전자는 살아 있다.

인생이라는 존재는 상상하고, 상상한 것을 실천하고 실천으로 얻은 결과물을 유산으로 남기고 가는 존재이다. 이병철 회장이 타계하였을 때 그의 침실에 공수래 공수거(空手來 空手去)라는 액자가 걸려 있었다. 그는 무슨 의미로 그 경구를 침실에 걸어 두고 잠을 청했는지 알 수 없지만 그는 빈손으로 왔다 빈손으로 떠난 사람이 아니다. 그는 위대한 유산을 남기고 떠났다.

인간의 상상력의 세계는 우주처럼 무한하다.

그 무한한 상상력을 통해서 삶의 아이디어를 찾아내고 그 아이디어를 현실화하여 의미 있는 인생을 사는 것이 이성을 가진 인간의 도리다. 그렇게 사는 사람들을 운명의 신은 특혜를 주었는가? 그렇지 않다. 위에서 말한 것처럼 신(神)은 모든 인간에게 공평한 시간과 무한한 상상력을 주었다. 그것을 활용하느냐 사장시키느냐의 문제는 신(神)이 인간 각자에게 준 선택의 과제다.

모든 인간의 가슴속에는 무한한 능력이 숨어 있다.

그 능력을 찾아내어 대리석에 자기의 인생을 조각하라. 인간은 삶의 조각가이다.

인생의 길은 천차만별이다. 비행기가 항로따라 비행하듯이 인생의 길도 자기 인생의 항로가 있다.

어느 길을 가든 자기 자신의 사상을 실천하면서 수기, 치인, 치세의 길을 가는 길이 공동선을 위한 최고선의 길이 될 것이다.

아름다운 인생의 한 사례를 보자.

괴테의 일생

괴테는 법원 서기의 아들로 태어났다. 그의 아버지는 괴테를 변호사로 키우고 싶었다. 그러나 괴테는 법률에는 흥미가 없었다. 이야기거리에 흥미를 느끼고 이야기를 찾아 방랑을 하기 시작하였다. 괴테의 아버지는 외출이 잦은 아들 괴테를 감시하기 위하여 집 맨 위층, 대문이 내려다 보이는 쪽에 다락방을 들이고 괴테의 외출을 감시하였다.

그러나 괴테는 아버지의 뜻과는 달리 법률공부에는 관심이 없었고 문학의 길을 택했다.

그의 적성과 강점은 문학에 있었고 인생의 목표를 문학에 두었다.

그는 구체적 목표를 소설 쓰는데 두고 「젊은 베르테르의 슬픔」과 「파우스트」라는 위대한 작품을 남겼다. 「젊은 베르테르의 슬픔」은 전쟁의 영웅 나폴레옹이 세 번을 읽을 정도로 유명한 작품이 되었고 유럽 젊은이들이 전쟁터에 나가면서도 배낭 속에 넣어 갔다고 한다. 「파우스트」는 괴테가 24세에 시작해서 82세에 완성할 정도로 평생의 역작이었고 대작이 되었다. 괴테는 적성과 강점을 소설에서 발견하여 인생의 최종목표로 설정하고 노력한 결과, 불후의 명작을 남겼다.

괴테가 얼마나 정열적인 사람이었는지 보자.

괴테는 남의 약혼녀 로테를 사랑했다. 심지어 로테의 약혼자를 찾아가서 로테를 자기에게 양보하라고 요청까지 하였다.

그는 엎드려 기도하였다.

"신이여! 로테를 저에게 돌려 주소서! 농부가 비를 내려 주시라고 무릎 꿇고 기도하듯이 저도 이렇게 간절히 기도드립니다. 로테를 제에게 돌려 주소서…"

괴테 하우스를 방문하면 괴테가 그린 16세 처녀 로테의 어두운 초상화가 지금도 괴테의 서재에 우울한 표정을 지으며 걸려 있다.

그 비련의 경험이 「젊은 베르테르의 슬픔」으로 태어났다. 이것을 승화라고 부르고자 한다. 인생의 길은 산 넘고 강 건너 고비 고비 넘기며 대리석의 탑을 세우는 승화의 길이다.

괴테의 일생은 사랑의 일생이었다. 그는 78세에 18세 소녀를 만나 "그대의 얼굴을 보면 태양을 보는 것 같고 그대의 가슴을 보면 봄바람이 불어 오는 것 같다."고 독백하였다.

그는 여인을 사랑했고 인간을 사랑했고 그리고 문학을 사랑했다.

무지개

하늘에 무지개 보면
내 가슴은 뛰노라
내 인생 시작되었을 때 그랬고
지금 어른이 돼서도 그러하며
늙어서도 그러하기를
그렇지 않으면 차라리 죽는게 낳으리
아이는 어른의 아버지
내 살아가는 나날이
자연에 대한 경외로 이어질 수 있다면

– 윌리암 워즈워스(William Wordsworth) –

2. 인간, 무한한 능력의 소유자

"우주는 육체를 덮고 마음은 우주를 덮는다."

우주는 육체를 덮고 마음은 우주를 덮는다는 말은 인간에 대한 엄청난 경구다. 인간의 능력은 무한하다는 상징적 표현이다. 수천년 진 석기시대에서 출발한 인간은 과학문명의 최고봉을 향하고 있다. 4차혁명의 시대가 왔고 알파고의 시대가 왔다. 어렸을 때부터 하늘을 나는 자동차를 타고 다니면 얼마나 편리할까를 가끔 생각하며 살았는데, 나는 공상에 그치고 다른 사람에 의하여 하늘을 나는 자동차가 꿈에서 현실로 나타났다.

아! 인간의 능력이란 무섭지 않은가? 우리 모두는 무한한 능력의 소유자들이다. 자기 자신의 능력을 믿고 개발하려고 몸부림치는 자만이 무한한 능력의 여신을 맞을 수 있다.

무한한 인간의 능력에 대해서 이야기하려고 한다.

2-1. 잠재능력이란 무엇인가

인간이 인간다운 삶을 살기 위해서는 자기의 능력을 최대한 발휘하여 자기개발을 하고 사회에 기여하여야 한다. 여기에서는 인간능력 개발의 원동력인 잠재능력 개발에 대하여 설명하려고 한다. 잠재능력이란 무엇인가? 독자의 이해를 돕기 위하여 간단히 정리하여 보기로 하자.

인간의 정신세계는 [그림 1-1]에서 보는 바와 같이 의식, 무의식으로 이루어져 있는데, 이 무의식의 세계를 잠재능력이라 할 수 있으며 이 무의식의 세계를 정리하면 다음과 같다.

① 인간의 무의식의 세계는 우주처럼 무한하다.

② 잠재의식은 24시간 가동한다.

③ 수면에 떠 있는 빙산은 1/10만 수면 위로 나와 있고 9/10는 물속에 잠겨 있는데 인간의 잠재의식은 빙산에 비유할 수 있다. 즉, 의식은 빙산의 1/10이요, 무의식은 빙산의 9/10이다. 인간의 전 의식은 의식+무의식이다.

그림 1-1 잠재능력의 예시

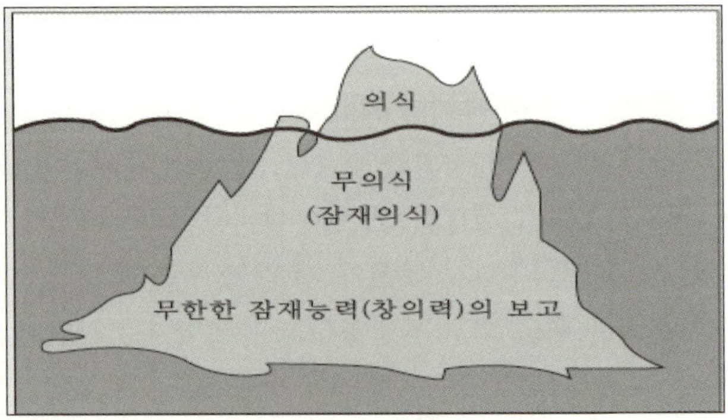

여기에서 유의해야 할 점은 빙산은 끝이 있지만 무한한 무의식은 우주처럼 끝이 없다. 인간의 무한한 능력은 이를 입증하고 있다. 우주가 끝이 없듯이 무의식, 즉 잠재의식은 끝없는 우주처럼 무한하다. 인간은 달을 정복하고 화성, 목성까지 탐사하고 있으며 먼 훗날 약 70억년 후 지구 멸망의 날이 올 때 다른 별로 이사 갈 꿈을 꾸고 관련 연구를 하고 있다. 최근 연구에 의하면 Sense Cam을 목에 부착하면 평생 동안 주위의 모든 것을 촬영하여 본인과 본인 주위의 역사를 속속들이 기억할 수 있는 장치를 개발하고 있다고 한다. 앞으로 무한한 인간의 능력이 어디까지 갈 것인지 두렵기도 하다. 인간의 두뇌는 미래 인류의 생존을 위해서 사용해야 한다. 위에서 설명한 잠재의식의 내용으로 볼 때 각자의 꿈을 달성하고 인생에서 성공하기 위해서는 잠재능력의 무한한 보고인 이 잠재의식을 활용하여야 한다.

인공지능의 혁명이 예고되고 있는 현대문명을 볼 때 인간의 능력이 무한하다는 사실은 의심할 수 없다. 이 항에서 특별히 강조하고자 하는 바는 인간 누구에게나 내재하고 있는 이 엄청난 잠재능력을 개발하여 자기개발의 꽃을 피우는 길을 실현하기를 바라는 것이다.

미국의 한 통계에 의하면 보통의 인간은 자기 능력의 1/10도 채 발휘하지 못하고 저 세상으로 사라진다고 한다. 이것은 너무나 억울하지 않은가! 수많은 아인슈타인, 수많은 뉴턴, 수많은 과학자들이 자기능력을 발휘하지 못하고 평범하게 살다가 사라지고 만다는 사실에 놀라지 않을 수 없다. 인간의 능력은 어디까지일까? 그 끝이 보이지 않는다. 4차산업혁명의 시기가 도래하여 인류는 흥분의 도가니에 빠져 있다. 인공지능, 로봇공학, 사물인터넷, 자율주행자동차, 3D프린팅, 나노기술, 생명공학, 재료공학, 퀀텀 컴퓨터(quantum computing) 등 새로운 분야에서 무서운 변화가 일어나 인류사회에 대변화를 가져 오리라 예상되고 있다. 4차혁명으로 인해 지금 초·중등학교에 다니는 학생들이 사회에 나올 때 즈음이면 현재의 70%의 일자리는 사라지고 전혀 새로운 일터에서 일하게 되리라는 예측과 기대를 하고 있다. 이 얼마나 가공할 일인가? 이러한 변화는 무한대의 능력을 소유한 바로 인간 자신에 의해서 이루어지는 것이다. 위에서 보통의 인간은 자기능력의 십분의 일도 채 발휘하지 못하고 세상을 하직한다고 말하였다. 너무 억울하지 않는가? 무한한 능력을 잠재우는 것은 인간으로 태어난 자기 자신에 대한 배신이다. 분발하라.

2-2. 조직생활에서 잠재능력을 발휘하는 지혜

잠수함은 물속에 잠겨 있는 이유가 있다. 적의 눈에 띄지 않게 숨어 있다가 필요할 때 물 위로 솟아올라 적과 싸우다 다시 물속으로 잠수한다. 또한 적이 보이지 않는 바다 깊은 물속에 숨어 적의 위치를 알아내고 공격한다. 그리고 자취를 감춘다.

인간의 삶에도 잠수함의 원리를 이용하면 인생이라는 항해를 성공적으로 할 수 있다. 학생들을 가르치는 교수에게도 20%만 가르치라는 경구가 있다. 교수가 자기가 가진 실력의 100%를 모두 가르치고 나면 밑천이 떨어져서 더 이상 가르칠 것이 없으려니와, 나체의 여인처럼 학생들에게 매력을 잃게 된다. 교수의 실력은 산속의 옹달샘에서 흘러나오는 마르지 않는 샘물처럼 마르지 않고 계속 흘러나와야 한다.

조직생활을 하는 사람들도 마찬가지이다. 신입사원이 단시일 내에 인정을 받겠다고 자기가 가진 것을 모두 토해 낸다면 그 사람은 곧 버림을 받게 된다. 그 사람은 모든 능력을 이미 발휘했기 때문에 더 이상 필요한 존재가 아니고 소모품으로 전락하고 만다. 조직생활을 하는 사람들은 잠수함의 원리를 터득하고 실천해야 한다. 본인이 가진 능력의 보고를 상황에 따라 조금씩 조금씩 열어야 조직에서 버림받지 않고 계속 쓰임을 받을 수 있다. 현명한 사냥개는 눈앞에 나타난 노루를 보고 무조건 노루의 뒤를 쫓지 않는다. 노루가 가는 길목에 잠복해 있다가 맥을 짚는다. 하물며 인간에 있어서야! 무얼 조금 안다고 상사를 놀라게 하지 말고 잠수함처럼 숨어서 능력을 발휘하며 상사에게 기대와 믿음을 주어라.

노자의 도덕경에 곡신불사(谷神不死)라는 경구가 나온다. 골짜기에 숨어 있는 귀신은 죽지 않는다는 뜻이다. 자기가 바라는 생의 봉우리에 오를 때까지 정체를 감추고 골짜기에 숨어 있는 귀신처럼 야금야금 목표를 향해서 영토를 넓혀 가야 한다.

2-3. 잠재능력의 사례

잠재능력에는 긍정적인 면과 부정적인 면이 있다. 인생을 긍정적으로 생각하고 확실한 신념을 가지고 노력하면 긍정적인 결과가 오고, 부정적인 생각, 패배의식에 사로잡혀 일을 하면 결과도 부정적으로 되고 만다. 다음에서 독자의 참고가 될 수 있도록 잠재능력의 사례를 긍정적인 사례와 부정적인 사례로 나누어 설명하고자 한다.

1) 부정적인 예

이 이야기는 서울 어느 가정에서 일어난 실화이다. 편모 슬하로 시집온 새색시가 결혼한 지 1년만에 한쪽 팔이 마비되고 말았다. 남편과 어머니는 놀라서 이 병원 저 병원을 전전하며 2년 동안 치료를 하였지만 효과가 없었다. 마지막으로 정신과에 가서 진단한 결과 남편과 시어머니 사이에서 남편의 사랑을 차지하기 위해 난 병이라는 결론이 나왔다. 그녀는 병이 남으로써 남편의 사랑을 받고 시어머니의 관심을 불러일으켰기 때문에 잠재의식에서 아프기를 원했던 것이다. 인간생활에 부정적인 암시는 이처럼 무서운 결과를 가져온다. 인간생활에서 다른 예는 얼마든지 있다. 입시를 앞둔 고등학교 3학년의 '고삼병'은 일류대학에 갈 자신이 없는 학생이 부모에게 변명할 수 있는 길이다. 현실도피를 위한 병 또는 세상을 살면서 공연한 걱정, 공포, 불안감에 쌓여 사는 사람들은 모두 잠재의식에서 부정적인 작용을 하는 사람들이다.

또 하나의 부정적인 사례를 보자.

미국의 한 철도국 직원이었던 Nick Sitzman은 어느 날 냉장창고에 들어갔는데, 일을 보고 문을 열려고 하니 문이 고장 나서 열리지 않았다. 그는 문을 두드리고 소리를 질렀으나 아무도 나타나지 않았다. 그날은 모 직원의 생일파티가 있어서 모두 일찍 퇴근하고 없었기 때문에 그의 외치는 소리를 아무도 들을 수가 없었다. 그는 구원의 소리를 지르고 지르다가 얼어 죽고 말았다. 다음날 아침 직원들이 출근하여 문을 열어보니 그는 싸늘한 시체로 변해 있었다. 그런데 그 전날은 냉장창고가 고장이 나서 냉장창고의 온도는 13℃를 가리키고 있었다.

2) 긍정적인 예

1976년 5월 어느 날 일본의 어느 시에서 한 주부가 시장에 다녀오는데 자기 애가 12층 아파트에서 떨어지는 것을 보고 순간 뛰어가서 아이를 안아서 무사히 구출한 사건이 있었다. 그 후, 그 사건은 일본 사회에서 화제가 되었는데 그 주부는 아이를 보는 순간 "오! 오오찌!" 하고 달려가 안고 쓰러진 후 정신을 잃었다고 그 때의 상황을 설명하였다. 그 후 육상선수들을 동원하여 실험을 하였지만 그 주부만큼 빨리 뛴 사람은 없었다. 더욱이 그 주부는 육상선수도 아니었다.

각종 암으로 수술을 여덟 번 하고도 살고 있는 한 할머니가 있었다. 그 할머니가 그렇게 끈질기게 살고 있는 이유는 죽으면 누구에게 맡길 수 없는 정박아 아들이 있었기 때문이었다. 어머니는 만신창이의 몸이었지만 내가 죽으면 저 불쌍한 아이를 누구에게 맡기고 떠날 것인가를 생각하면 도저히 죽을 수가 없어서 이를 악물고 살았다고 한다. 어머니의 간호 덕이었는지 3년밖에 살지 못한다는 아들은 20살까지 살아서 생일날 "어머니, 고마워요!"라고 외쳤다고 한다. 바로 이런 믿어지지 않는 사실이 긍정의 삶인 것이다.

이것은 인간 속에 내재해 있는 잠재의식의 위력이라고 하지 않을 수 없다. 인생을 살아가는 데 있어서 무엇보다 필요한 것은 자기의 무한한 능력을 믿고 성공할 수 있다는 신념을 가지고 노력하는 일이다. 자기를 개발하고 인류사를 빛낸 사람들은 불굴의 의지로 긍정적인 인생을 산 사람들이다. 아인슈타인 이후의 세계최고의 물리학자라는 영국의 스티브 호킹 박사의 예를 보라! 그는 대학 4학년 때 루게릭병이라는 불치병에 걸려 전신이 마비되어 장애인이 되어 혼자 힘으로는 아무것도 할 수 없는 식물인간이 되었으나 장애를 극복하여 세계적인 물리학자로 살고 있다. 인생의 운명이란 신만이 알 수 있는 것일까? 호킹은 대학 2학년 때 루게릭병에 걸려 실의에 빠져 있을 때 연인을 만나 결혼을 하고 그 연인의 사랑의 힘으로 장애를 극복하고 세계적인 물리학자가 되었다. 그런데 사랑으로써 자신의 인생을 바꾸어 놓은 그 아내와 이혼하고 자신을 돌보던 간호사와 재혼하였다. 보통사람의 상식으로는 이해할 수 없는 사건이 아닐 수 없다. 인간사회에서 일어나고 있는 이런 이해하기 어려운 인간사는 신만이 알고 있는 인간의 운명일까? 그는 움직이지도 못하고 말도 못하고 자기 혼자의 힘으로는 아무것도 할 수 없는 최악의 장애인이다. 그는 10명의 간호사가 24시간 간호해 주고 있는 영국의 국보이다. 그는 컴퓨터 자판기를 손가락으로 두드려 글을 쓰고 의사 표현을 한다.

2-4. 잠재능력 개발을 위한 잠재의식의 활용

"잠재의식은 의식의 하수인이다.
자기의 목표를 암시하고 암시하라."

이처럼 무한한 능력을 가지고 있는 잠재의식은 스스로는 힘을 쓰지 못한다. 바다에 떠 있는 엄청나게 큰 무동력의 유조선은 예인선이 필요한 것과 같이 잠재능력을 개발하기 위해서도 의식이라는 예인선이 필요하다. 잠재의식은 컴퓨터와 같다. 아무리 용량이 큰 컴퓨터라도 키(key)를 누르지 않으면 작동하지 않는 것처럼 잠재의식도 의식의 명령 없이는 그의 무한한 능력을 활용할 수 없다.

잠재의식은 의식이 시키는 대로 의식의 의지에 의해 움직인다. 예를 들면, 아침에 등산을 가기 위해서, 내일 아침에는 6시에 기상하자고 마음속에 다짐하고 잠자리에 들면 대개 6시경에 잠에서 깨어나게 된다. 명령하는 쪽은 의식이요, 잠에서 깨어나는 쪽은 무의식이다. 그래서 의식은 잠재의식에 계속 반복하여 암시하는 과정을 통하여 성공적인 인생의 길을 갈 수 있는 것이다. 과학자는 위대한 과학자가 되는 자기의 모습을 그리고, 기업인은 기업의 미래상을 암시하면서 기업 활동을 하며 대재벌로 성장할 수 있다는 꿈을 가지고 산다.

자기 인생의 미래상을 머리 속에 그리고 그 미래상이 달성될 수 있다고 끊임없이 암시하면서 꾸준히 노력할 때 인생의 목표는 서서히 이루어질 수 있다. 화가는 그림을 그리기 전에 마음속에서 그림을 그린다. 인간은 누구나 인생의 화가인 것이다. 미래의 그림을 그리고 그 그림을 완성하기 위하여 잠재능력을 최대한 활용하면 성공의 여신은 가까이 다가온다.

필자는 대학 3학년 때 건강이 악화되어 학교를 중단해야 할 기로에 서 있었다. 그 때 대학 근처에 한 민간요법 치료사가 있었는데 그는 나에게 강력하게 권고하였다. 아침에 일어나서 "나는 건강하다. 나는 건강하다."를 천번 씩 암시하라고…

잠재능력을 위한 암시의 방법을 제시하면 다음과 같다.

1) 묵상을 통한 방법

목표를 반복하여 묵상한다.

① 아침의 묵상
② 저녁의 묵상
③ 여가를 이용한 묵상
④ 묵상 시에 자기의 목표를 암시한다.

묵상 시에 자기의 목표달성을 암시하면서 묵상한다. 구체적인 목표를 세우고 암시하고 묵상하라. 묵상은 자기 자신을 설득하는 무기이다. 자신을 설득하지 못하는데 어찌 남을 설득하겠는가.

2) 휴식을 이용한 방법

삼매경에 빠져 일하다가 잠깐 쉬는 휴식시간에 떠오르는 위대한 아이디어를 이용하는 방법이다. 뉴턴의 만유인력은 사과나무 밑에서 발견되었고, 아르키메데스의 부력의 원리는 목욕탕에서, 왓슨의 기관차 발명은 대평원을 산책하면서 번개처럼 떠오르는 아이디어를 현실화한 것이다. 일본의 마스시다는 공원을 산책하면서 노동자들이 수도꼭지에서 흘러나오는 물을 마시는 모습을 보고 대량생산의 아이디어인 유명한 수도철학의 아이디어를 생각해 냈다.

3) 신념의 얼굴을 거울에 투영시켜라

매일 아침 거울을 볼 때마다 목표를 달성한다는 신념의 얼굴을 하고 거울을 보면서 자기암시를 하라. 신념의 얼굴은 거울에 투영되어 성공적인 인생을 살 수 있을 것이다. 영국의 처칠 수상은 의회에 나가 연설할 때는 거울 앞에서 연습을 하며 자기암시를 하고 나갔다. 2차 대전 때 처칠이 의회에서 한 연설은 너무도 유명하다. 그는 의회의 기둥을 잡고 "나는 피와 눈물과 땀을 바쳐 영국을 승리로 이끌겠다."는 열변을 토했다. 그것은 자기 자신에 대한 암시이자 영국 국민에 대한 암시였다.

인생의 목표를 암시하라. 그날의 목표를 암시하라.

'한국의 빌 게이츠가 되겠다.', '이순신 같은 장군이 되겠다.'를 암시하라. '다산 같은 학자가 되겠다.'고 암시하라. 인생은 자기가 되고자 하는 모델이 있어야 한다. 역사를 창조한 인물 중 자기의 모델을 찾아 암시하라.

2-5. 잠재능력 개발을 위한 기본자세

잠재능력 개발을 위해서는 앞에서 말한 바와 같이 긍정적이고 창조적인 인생관이 필요하다. 이를 위하여 바람직한 인생의 자세를 간추려 보자.

1) 대 생명력

긍정적인 인생을 사는 사람들은 대 생명력을 가져야 한다. 사업에 성공한다는 확신, 나는 죽지 않는다는 생명력에 대한 신념이 있어야 한다. 에디슨이 전기를 발명하기까지 1,100번의 실험을 하였다고 한다. 모택동은 장개석 군에 포위당했던 절강성의 포위망을 뚫고 일 년이라는 대장정 끝에 산넘고 물건너 죽음의 고비 고비를 넘기고 연안에 도착하여 공산당을 재건하는데 성공하였다. 모택동 군은 절강성을 탈출할 당시 10만 명의 병사였는데 연안에 도착해 보니 끝까지 남은 병사는 6,500명에 불과하였다. 죽거나 중간에 도망쳤기 때문이었다. 괴테는 「파우스트」를 24세에 시작하여 82세에 완성하였다. 단테는 사형선고를 받고 20년 동안 망명생활을 하면서 「신곡」을 썼다. 이것이 생명력이다. 다빈치는 최후의 만찬을 10년에 걸쳐서 그렸다. 아우슈비츠 죽음의 수용소에서 98%가 죽어 나갔는데 그 지옥에서 살아 나온 사람들이 있었다. 그 사람들이 어떻게 살아 남았을까? 조사해 보니 최후까지 삶의 의지를 포기하지 않은 사람들이었다고 한다. 이것이 생명력이다.

2) 위대한 인간이라는 신념

신은 인간 누구에게나 평등하게 위대한 점을 주었다. 인간은 신이 주신 선물인 자신의 위대한 점을 활용하지 못하기 때문에 실패한 인간이 된다. 자기도 이 세상에 필요한 존재이며 위대한 점을 부여받았다는 신념을 간직해야 한다. 빌 게이츠는 10대 때 세계 모든 사람들의 책상 위에 PC 한대씩을 놓을 수 없을까 하는 꿈을 가지고 노력한 결과 컴퓨터의 황제가 되어 그 꿈을 이루고 세계에서 제일의 부자로, 가장 기부를 많이 하는 사람이 되었다.

3) 적극적인 삶의 자세

인생에서 성공하기 위해서는 인생을 걸고 노력하라. 한 송이 국화꽃을 피우기 위하여 소쩍새는 봄부터 얼마나 울었는가. 생명까지도 걸고 자기의 욕구를 성취하기 위해서 노력하는 사람들을 신은 외면하지 않는다. 어떤 사람이 도사에게 물었다. "도사께서는 어떻게 그 어려운 도사가 되었습니까?" 도사 가로되, "나는 잠잘 때 잠자고, 밥 먹을 때 밥 먹고, 일할 때 일하지요." "여보시오? 누가 그렇게 안 하는 사람이 어디 있습니까?" 하니, 도사가 다시 말하기를, "다른 사람은 밥 먹으면서 딴 생각을 하고, 잠자면서 딴 생각을 하지요. 그것이 나와 다른 점이요."라고 말하였다고 한다. 인간이 숨 쉰다는 것만으로 살아 있는 것을 의미하지 않는다. 살아 있는 한 자기인생의 목적을 위해서 꾸준히 노력하는 것이 생의 기본적인 자세이다. 파란만장한 어느 대통령의 일대기를 보기로 하자.

어느 대통령의 일생

31세: 사업에 실패

32세: 주의회 의원선거 낙선

34세: 다시 사업에 실패

35세: 애인의 죽음

43~47세: 하원의원 선거에 세 번 낙선

55세: 상원의원 선거에 낙선

56세: 부통령 도전에 실패

58세: 상원의원 선거에 낙선

60세: 미합중국 대통령에 당선

4) 영원한 삶

인간은 반드시 죽는 것은 만고의 진리인데 모순의 인간은 영원히 살기를 원한다. 영원까지는 모르지만 그래도 오래 살 수 있는 길은 있다. 하나는 종교를 믿는 일이요, 하나는 창조적인 작업을 하는 일이다. 종교의 길은 보이지 않는 영혼의 길이니 여기에서는 접어 두기로 한다. 보이는 창조의 길은 시간과 공간을 초월하여 우리 가슴 속에 살아 있는 길을 말한다. 그 창조적인 인생의 길을 간 사람들은 지금도 우리 가슴 속에 살아 있다. 아인슈타인, 카네기, 소크라테스 등 헤아릴 수 없는 사람들이 지금도 살아 있다. 인간으로 태어나서 무의미하게 인생을 살다가 허무하게 딴 세상으로 가면 그 곳에서도 환영받지 못한다. 의미 있는 인생을 사는 길은 삶의 발자국을 남기는 일이다. 프랑스의 대통령 퐁피두는 "나는 살아 있는 동인 내가 할 수 있는 모든 것을 다하고 죽는다."는 유언을 남기고 떠났다. 퐁피두는 갔지만 그의 발자국은 프랑스에 남아서 후세들이 그의 발자국을 따라가고 있다. 그의 육신은 갔지만 유산은 남아서 후세들을 가르치고 있다. 이것이 창조의 길이요, 영원을 향한 길이다.

5) 사 랑

사랑하라. 사랑은 생명이요 창조이다. 괴테는 사랑은 위대한 불꽃이라고 외쳤다. 미국의 어느 기업인은 하버드 대학생들과의 대화에서 그가 미국에서 다섯 번째 안에 드는 부자가 된 것은 사랑 때문이라고 말하였다. 의미심장한 말이다. 사랑은 생명이요, 불꽃이요, 창조력의 에너지이다.

GE의 전 회장인 잭 웰치는 어렸을 때 자기 집은 가난하였지만 넘치는 사랑이 있었고, 특히 어머니의 사랑이 오늘의 자기를 있게 하였다고 고백하였다.

이처럼 인간의 능력은 무한하다. 인간의 능력은 무한하다는 확고한 신념을 가지고 인생을 출발하자. 인생에는 노력한다고 해결할 수 없는 불가사의가 있다.

첫째, 우리 인간은 태어나고 죽는 것을 마음대로 할 수 없다. 어디에서 누구의 아들, 딸로 태어날 것인가를 자신의 뜻대로 할 수 없다. 이러한 현상을 철학적 의미로는 한계상황이라 한다. 또 자살을 하지 않는 한 죽음 역시 한 인간의 마음대로 할 수 없다. 그래서 인명은 재천이라고 한다. 죽고 사는 문제는 인간의 의지대로 할 수 없기 때문에 종교가 탄생한 것이다.

둘째, 삶의 여정에서 어떤 목표를 가지고 열심히 노력한다고 다 성공하는 것은 아니다. 성공의 불꽃을 피우기도 하지만 실패의 늪에 빠져 허우적거릴 때도 많다. 그러면 어떻게 살아야 할 것인가?

인생의 길은 불확실하다. 불확실한 갈림길에서 할 수 있는 일은 자신은 무한한 능력의 소유자라는 신념을 가지고 최선을 다하는 일이다. 이러한 신념으로 무장하고, 자기의 강점을 발견하고, 목표를 정하고, 목표를 달성하기 위하여 인생을 걸면 약육강식의 세계에서 생존할 수 있다고 믿는다.

명심하라. 자기 자신의 무한한 능력을 믿어라. 신념을 가져라. 목표를 찾아라. 목표를 달성하기 위하여 인생을 걸어라.

잠자는 자에게는 신은 나타나지 않는다.

깨어나라
여인이여. 깨어나라 그만 잠자라.
밤은 이미 지나갔는데
낮 또한 잃을 셈인가?
깨어있던 다른 여인들은 아름다운 보석을 받았는데
어리석은 여인
그대는 잠들어 있느라
그 모든 걸 잃었구나
그대의 님은 현명했으나

그대는 어리석었다.
오! 여인이여
그대는 님과의 잠자리를 준비해 놓지 못했구나
정신나간 이여
그대는 철없는 놀이로 시간을 다 보냈다
젊음은 헛되이 가버렸고
그대는 자신의 님을 너무 몰랐다
깨어나라 깨어나라 그리고 보라
침대는 텅비었고
님은 밤에 그대 곁을 떠났다.
카비르는 말한다
깨어 있어야
님의 음악이 화살처럼
그대 가슴을 뚫고 들어온다고!

잠자리를 준비해 놓지 않고 잠만 자는 여인은 남자의 사랑을 받을 수 없듯이 세상살이도 준비한 자만이 기회를 활용할 수 있다. 준비하라. 철저하게 미래를 위해서!

3. 삶의 3대 핵심요인

무한한 능력을 현실화하기 위해서는 삶의 구체적인 지표가 있어야 한다. 그 핵심요인을 생각해 보자.

3-1. 시대의식을 가져라(의식의 혁신)

지식혁명(컴퓨터)의 결과 현대인은 새로운 세계를 살아가고 있다. 현대인은 갈 수 없는 곳을 가고, 볼 수 없는 것을 보고, 들을 수 없는 것을 들을 수 있는 경이로 가득 찬 세계에 살고 있다. 지난 겨울 호주의 하얀 파도가 넘실거리는 남태평양 바닷가에서 스마트폰으로 사진을 찍어 한국으로 보내고 한국의 지인들과 통화도 하였다. 몇 년 전만 하더라도 가당치 않는 경이의 사건이었고 놀라운 일인데 사람들은 당연한 일로 생각한다.

이 경이의 세계를 어떻게 살아가야 할 것인가가 우리에게 주어진 과제다. 위에서 인간이 가지고 있는 무한한 능력의 실증을 제시하였다. 간디는 인간의 평등을 믿었으며 신은 인간 누구에게나 삶의 무기를 주었다. 의미 있는 인생의 길은 자신의 무한한 능력을 믿고 목표를 향해서 정진하는데 있다.

인류의 과학문명의 역사가 어떻게 진화되어 왔는지 계산기의 발달과정을 보자. 우리 인류는 처음 숫자를 계산할 때 손가락과 머리를 사용했을 것이다. 그러다 BC 2600년 전 중국에서 인류가 만들어 낸 최초의 계산기가 출현하였다. 이 주판이라는 계산기는 정말 오래도록 장수하였다. 산업혁명에 이르도록 장수하였으며 지금으로부터 몇 십년 전만 하더라도 상업고등학교에서는 주판 시간이 있었다. 주판은 급수가 있어서 주판급수가 높은 학생은 은행에 추천 1순위였다. 주판이 전 세계적인 계산의 주역 역할을 하다가 1642년 세계최초로 수동식 계산기가 출현하였다. 이 계산기가 출현한 이후 20세기 초까지도 주판은 계산세계의 주역 역할을 하였다. 그러다가 이 계산기가 수정을 거듭하여 기계식 자동계산기가 출현하여 널리 쓰이게 되었다. 이 계산기는 휴대용까지 나와서 널리 쓰이다가 드디어 컴퓨터라는 괴물이 나와서 달나라, 나아가 화성·목성까지 가는 거리의 계산에까지 계산의 만능기 역할을 하고 있다.

여기서 컴퓨터 이야기를 하는 이유는 우리 의식이 컴퓨터 시대에 적응할 수 있도록 바뀌어야 한다는 것을 말하기 위함이다.

달까지의 거리를 컴퓨터로 계산하고 있는 시대에 주판을 가지고, 기계식 계산기를 가지고 계산을 한다면 시대의 낙오자가 되고 만다. 현대사회의 소외의 그늘에서 쓸쓸하게 살아가게 된다.

컴퓨터의 전문가는 되지 못할망정 컴퓨터 시대의 사회변화를 인식하고 컴퓨터식 사고와 의식을 가진 삶을 살아가야 한다.

특히 최근 과학기술의 발달은 상상을 초월하고 있다. 컴퓨터의 총화라 할 수 있는 인공지능의 시대가 도래한 것이다. 즉 인공지능이 핵심이 된 지식혁명의 시대가 오고 있다. 앞으로 인공지능은 여러 가지 인간의 일을 대신하게 될 것인 바, 인공지능을 어떻게 인류의 삶에 보탬이 되게 해야 할 것인가가 인간의 과제가 되고 있다. 벌써 인공지능 비서가 등장하여 실용화되고 있다. 식당에서는 손님에게 음식 주문을 받고 있다. 혼자 사는 노인의 비서 역할을 하고 있다. 곧 인공지능의 애인이 나타나 외로운 사람들의 연인 역할을 할 날도 머지않았다. 그러나 인류의 행복을 위해서 만든 기계가 역으로 인간에게 해독을 끼치게 된다면 그런 공포가 어디 있겠는가? 인공지능 시대에 적응할 수 있는 의식과 시대의식을 가지고 삶의 전쟁터에서 승자가 되어야 한다. 이것이 우리에게 부여된 절체절명의 과제라 생각한다.

명심하라. 일신우일신(日新又日新) 정신으로 혁신, 혁신의 인생을 살라. 드러커(Drucker) 교수의 말대로 우리 인류는 내일 어떤 새로운 기술이 탄생할지 모르는 단절의 시대에 살고 있다. 단절의 시대는 인간성 소외라는 슬픔을 가져다 주기도 하지만 인류가 극복해야 할 고비이기도 하다. 머지않아 자율주행 자동차가 나와서 부산에서, 광주에서 서울을 가는데 승객은 버튼만 누르고 다른 업무를 보면서 여행을 즐기게 될 것이다. 미국에서는 하늘을 나는 자동차가 개발되어 운행 허가를 받았다고 한다. 이런 무서운 변화에 대응하고 적응하는 것이 시대의식을 갖는 것이다. 시대의 변하에 관계없이 나는 지리산 자락에 들어가 옛날 생활방식대로 살아야겠다 할지라도 시대의 변화는 읽고 살아야 한다.

3-2. 삶의 무기를 개발하라

앞에서 인간은 무한한 능력의 소유자라는 것을 강조하였다. 인간의 잠재능력은 무동력선이나 컴퓨터와 같은 것이다. 아무리 거대한 무동력선도 예인선이 없으면 무용지물이다. 컴퓨터의 기능이 신도 놀랄 바벨탑을 쌓고 있지만 인간이 버튼을 누르고 사용하지 않는다면 책상 위에서 잠자는 먼지 낀 철판에 불과하다. 인공지능의 시대가 왔다고 사람들은 기대 반 우려 반이다. 인공지능의 아버지는 인간이다. 인간이 어떻게 활용하느냐에 따라 인공지능이 인류에게 행복을 가져다 줄 것인가 불행을 가져다 줄 것인가가 결정될 것이다. 인간은 잠자고 있는 잠재능력에 불을 붙여 삶의 무기를 만들어 내야 한다.

삶의 무기를 개발하기 위해서는 첫째, 자신의 강점을 살려야 한다. 세월은 우리를 기다려 주지 않는다는 것은 만고의 진리다. 할 일은 많은데 시간은 한 치의 오차도 없이 인간을 죽음의 열차에 싣고 달린다. 인간은 누구에게나 강점과 약점이 있다. 시간은 가고 있는데 약점을 가지고 씨름할 시간이 어디 있는가? 강점을 발견하고 그 강점을 삶의 무기로 개발하여야 한다.

둘째로 그 강점은 무엇인가? 어느 길이 나의 길인가를 택하여 혁신과 창조의 길을 가야 한다. 오늘의 우리는 천재도 살기 어려운 시대에 살고 있다. 토익을 거의 만점을 받아도 일자리를 찾지 못하여 거리를 방황하는 세상에 살고 있다. 공무원 2,000명을 뽑는데 20만 명이 몰려드는 사회에서 살고 있다. 세상은 살기 어렵다. 인간의 역사가 시작된 이래 어느 시대나 살기 어려운 시대라고 개탄하면서 살아온 것이 인류의 역사인데 오늘의 현실은 어렵고 어렵다. 이렇게 어려운 시대이지만 살길은 찾을 수 있고 찾아야 한다. 100세 시대라고 모두 100세를 살지는 못한다. 기대 수명을 살지 못하는 사람이 더 많다. 100세를 살기 위해서는 그만큼 노력해야 한다. 불경기라고 해서 모든 기업이 부도가 나는 것은 아니다. 불경기에도 수평적 사고를 발휘해서 살아난 기업도 많다. 한 통계에 의하면 기업을 설립하여 5년이 지나면 50%가 사라지고 10년이 지나면 10%만 생존한다고 한다. 우리는 10% 내에 들 수 있는 능력을 타고났다. 그 길은 창조적 사고를 통하여 무한한 인간의 능력을 최대한 발휘하는 것이다. 김연아가 피겨스케이팅에, 황영조가 마라톤에, 조성진이 피아노에 강점이 있음을 발견했다 하더라도 피나는 노력을 계속하지 않았다면 그들은 동네 피겨스케이팅 선수로, 동네 마라톤 선수로, 동네 피아니스트로 인생이 끝났을 수도 있었을 것이다.

컴퓨터 시대라고 하지만 컴퓨터를 전혀 모르는 사람들도 많다. 그들도 그들 나름의 인생을 열심히 빛나게 사는 사람들도 많다. 유명한 소설가나 시인 중에는 컴퓨터가 아닌 펜으로 소설을 쓰고 시를 쓰는 사람들이 많다. 다만 그들은 컴퓨터식 사고와 의식의 혁신과 시대의식을 가지고 있다.

자신의 무기를 개발해서 갈고 닦아라. 칼은 갈지 않으면 녹슬게 된다. 인간의 두뇌도 칼과 마찬가지다. 헤밍웨이가 하루 아침에 태어난 것이 아니고 김소월이 하루 아침에 태어난 것이 아니다. 헤밍웨이는 「노인과 바다」를 80번이나 수정하였다고 한다. 그는 노벨문학상 수상식에서 언어의 마술사라는 찬사를 받았다. 김소월은 '진달래'가 완성되기까지 3년이라는 세월 동안 퇴고와 퇴고를 거듭하였다. 그 산고의 결과가 우리 민족의 애송시로 탄생한 것이다. 천재는 하루 아침에 태어난 것이 아니다.

여기저기서 못 살겠다고 아우성이다. 그러나 이 세상에 살고 있는 사람들 모두가 아우성인 것은 아니다.

금호고속 창업자 박인천 회장은 고물 트럭 2대로 운송업을 시작하였는데, 70년이 지난 현재 2,200대의 버스를 보유한 한국 제일의 버스 회사 CEO가 되었다. 이것이 강점을 발견하고 그 강점을 혁신시킨 결과이다.

릴케는 시인이 되고자 하는 청년들에게 진정 시인이 되고자 한다면 밤중에 뜰에 나가 가슴에 손을 얹고 "나는 정말 시인이 될 자격이 있는 인간인가" 라고 자문해 보라고 말하였다. 그렇게 고민해보고 일을 시작하라는 의미이다.

아인슈타인은 수학 천재였다. 그러나 그는 피아노에 취미가 있었다. 하루 4시간씩 피아노 연습을 하기도 하였다. 그러나 그의 피아노 실력은 진전이 없었다. 피아니스트가 될 수 있다면 그가 이룬 모든 학문적 업적과 노벨상까지도 포기할 의사가 있다고 독백하였다. 그러나 그에게는 완벽한 현악기 연주자가 되기 위한 필수 조건인 양팔과 양손을 조화롭게 움직이는 재능이 없었다. 그의 강점은 수학과 물리학에 있었다. 그는 강점을 살려 상대성원리라는 물리학의 새로운 분야를 개척했고 노벨상까지 받은 불멸의 학자가 되었다. 그는 2차대전 후 이스라엘의 초대 대통령을 제안받았으나 거절하였다. 대통령 자리까지도 거절한 학자, 부럽고 대단하지 않은가!

우리나라의 한 가수 이야기를 들어 보자. '신라의 달밤'을 부른 가수 현인은 아버지가 판사가 되라고 일본 유학을 보냈는데 그는 아버지가 원하는 법률

공부는 하지 않고 가수가 되어 한국에 돌아와 집에도 들어가지 못하고 떠돌이 신세가 되어 노래를 불렀다고 한다. 현인의 강점은 노래에 있었고 그는 노래를 위해 인생을 바쳤다. 약점을 강점으로 바꾸어 성공한 사람들도 있지만 인생길은 바쁘고 시간은 가고 간다. 강점을 개발하는 길이 성공적인 인생을 살아가는 지름길이다.

명심하라. 강점을 개발하라.

3-3. 포기하지 말라

인간은 태어나서 봄동산의 산보객처럼, 순풍에 돛단배 타고 유람하듯이 행복하게 살기를 원한다. 그러나 인생은 봄동산의 산보객이 아니다. 인생길은 파도타기처럼 험난할 때가 많다. 너무 험난하여 때로는 포기하는 사람들이 생기고 포기하고 싶을 때가 많다.

유신론의 입장에서 보면 길거리의 돌멩이 하나, 봄동산의 이름 없는 야생화 한 송이도 의미가 없는 것이 없는데 하물며 인간에 있어서 오죽 하겠는가? 인간은 특별한 사명과 의미를 가지고 이 세상에 태어났다. 생을 포기하는 것은 신에 대한 배신이다. 신을 배신하지 말고 인생이라는 파도타기를 완주해야 한다. 서울의 한 원룸에서 29세 청년이 자살했고 25세 청년도 자살했다는 비보를 들었다. 얼마나 극한상황에 처했으면 젊음이 넘치는 나이에 자살을 택하였을까? 누구나 부러워하는 명문대 3학년 학생이 목숨을 끊었다는 슬픈 사연을 들었다. 가슴 아픈 비극이다. 절대로, 절대로 삶을 포기해서는 안 된다.

영국에 러셀과 토인비라는 두 석학이 있었다. 러셀은 자기가 인생에서 성공할 수 있었던 것은 연민과 정열이 있었기 때문이라고 하였다. 러셀은 네 번 결혼을 하고 75권의 책을 썼다. 20세기 인류의 사상에 큰 영향을 준 인물이다. 러셀은 자신의 사망 날짜까지 예언한 학자였는데 자기가 예언한 날짜를 지나서 7~8년이나 더 살았다. 네 번 이혼한 러셀은 반도덕적 인물로 낙인 찍혀 영국에서 교수직을 얻지 못하고 미국으로 가서 교수직을 구하려고 하였으나 미국에서도 그를 받아 주는 대학이 없어 다시 영국으로 돌아왔다고 한다. 지금 생각하면 웃기는 이야기이지만 그때는 그렇게 보수적인 시대였다.

역사 연구의 석학 토인비는 자기가 성공할 수 있었던 것은 오래 살았기 때문이라고 하였다. 자기 동기들은 전쟁터에 나가 거의 50% 이상이 사망하였는데 자기는 오래 살았기 때문에 연구를 계속하여 세계적인 역사학자가 될 수 있었다는 것이다. 21세기는 황인종의 시대가 될 것이라는 그의 미래세계의 진단은 필자에게 엄청난 충격으로 다가왔다. 21세기 중국은 G2로 급부상하여 미국을 누르고 세계 제1의 강대국의 꿈을 불태우고 있다.

필자는 태어날 때부터 병약하여 평생 사선을 넘나들며 살고 있다. 지금까지 살고 있는 것도 기적이라고 생각한다. 위장병으로 피골이 상접하여 시체 같은 몰골로 대학을 다니던 3학년 때 회계학 교수가 강의 중 "위장병은 절대 나을 수 없는 병이다. 어제 한강에서 한 여대생이 위장병으로 고생하다가 투신자살하였다."는 이야기를 하였다. 나는 절망했다. 큰 충격이었다. 내 인생에는 청춘이 없었다. 병을 치료하지 못하고 이렇게 지옥에서 살 바에야 나도 그 여학생처럼 가는 것이 삶의 고통에서 해방되는 길이 아닐까 생각했다. 그 여학생이 투신했다는 한강교에 갔다. 무심히 흐르는 한강물을 바라보며 20대에 투신자살이라니 가슴이 막막했다. 그때의 심정을 이 세상의 무슨 말로 표현할 수 있겠는가. 그때 한 아서씨가 다가왔다. "지네 여기서 뭐하고 있어? 자살하는 것은 죄악이야. 신은 뜻이 있을 거네. 돌아가서 다시 살아보게." 그는 강하게 나의 등을 떠밀었다. 회계학 교수의 말처럼 나의 위장병은 불치병이 되었지만 나는 사선을 넘나들면서 아직 살고 있다. 그래도 생각해보면 그 때 한강에 투신한 것보다 눈물 어린 삶이었지만 포기하지 않고 살아서 자신을 위해서 세상을 위해서 조그만 일이라도 하고 사는 것이 의미 있는 인생이 아닌가 한다.

오늘의 한국사회를 생각하면 너무 암울하다. OECD 국가 중 자살률 1위, 노인빈곤층 1위, 노인 자살률 1위, 2014년 청년층 자살이 2,340명이라고 한다. 대학 4학년 강의실에는 웃음이 없다. 어떤 코미디 같은 이야기를 해도 영혼을 빼앗긴 사람들처럼 멍하니 앉아 있다. 삶의 출구가 막혀 있기 때문이다. 안타까운 현상이다. 해방, 6.25, 4.19, 5.16, 5.18이라는 역사의 격동기를 겪으면서 말할 수 없는 고통 속에서 고난을 겪고 살아온 기성세대는 젊은 청년들에게 기대를 걸고 그들의 미래를 믿었었는데 한국의 청년들은 꿈을 잃고 방황하고 있다. 너무도 안타까운 현실이다. 일과 사랑은 인간 삶의 2대 기본명제인데 그 길은 보이지 않고 세상은 어수선하다. 57만 명의 대학생이 졸업을 미루고 휴학을 하면서 방황하고 있다. 이러한 비극의 극복은 한국사회의 민족적 과제인데 그 일차적 책임을 지고 있는 사람들은 우왕좌왕하고 있다.

청년들이여 그래도 죽지 말라. 앞문이 막히면 뒷문이 열리는 것이 인생의 섭리다. 두드리는 자에게 출구는 반드시 있다.

병마에 신음하던 나의 젊은 시절은 정말 가난했다. 대학 3학년 때 5.16이 일어났는데 그때 한국의 국민소득은 80$이었다. 지금 세계에서 국민소득 80 $인 나라는 아마도 없을 것이다. 그런 빈곤 속에서 병마에 시달리면서 희망을 버리지 않고 살았다. 이것이 인생인가 자탄하며 살다 보니 꿈이 현실로 다가올 날이 오기도 했다.

어떤 질병보다 더 무서운 질병은 삶을 포기하는 질병일 것이다. 마음으로 질병도 치유할 수 있고 고난도 이겨낼 수 있다고 한다. 마음의 치유 의사는 바로 나 자신이라는 것을 명심해야 한다.

대부분의 사람들이 은퇴할 시기에 삶을 포기하지 않고 제2의 인생을 살았던 한 화가를 생각해보자. 드가라는 화가는 60세가 되어 화가로서의 인생을 되돌아보니 남의 그림을 복사하고 살았던 아무 의미 없는 복사기 인생이었다는 것을 깨달았다. 그는 자신만의 무엇을 만들어 보기로 결심하고 새로운 화가의 길을 걷기로 했다. 과거의 삶에 등을 돌리고 어두운 작업실에 틀어박혀 있다가 마침내 남들에게 보여 주거나 팔기 위한 작품이 아닌, 자기 자신을 위한 특별한 무엇인가를 창조하기로 결심하였다. 그는 작업실에서 쫓겨난 뒤 눈이 멀고 외로움과 절망에 빠져서 83세로 비참하게 생을 마감하였다. 그러나 60세부터 생을 마감할 때까지의 20년 동안 위대한 작품을 남긴 위대한 화가로 다시 환생하였다.

그의 인생 20년은 고행의 길이었지만 그 고행 길을 포기하지 않고 노력했기 때문에 무명의 복사 회가에서 위대한 창조의 화가로 재생할 수 있었던 것이다.

우리나라 정치인 중에 김대중이라는 정치인이 있었다. 그는 하의도라는 외딴섬 바닷가에 있는 염전 모퉁이 오두막집에서 작은 부인의 아들로 태어났다. 태어날 때부터 그는 천민이었고 미래가 없었다. 그의 어머니는 동네 유지의 작은 부인으로 염전 옆 조그만 주막집에서 염부들을 상대로 막걸리 장사를 하였다고 한다. 지금 그 오두막집은 자취를 감추어 흔적만 남아 있다. 그가 태어난 태 자리 옆에 외딴 초가집이 있는데 그 집에서 김대중은 12살까지 살고 목포국민학교로 전학을 와서 목포에서 고등학교까지 다닌 것이 그의 학력의 전부이다. 그가 초등학교 때 목포로 전학가게 된 일화가 있다. 김대중이 어느 날 잠을 자고 있는데 그의 어머니가 아버지한테 "대중이는 앞으로 큰 인물이 될 싹이 보이니 목포로 전학 시킵시다." 아버지를 설득하는 이야기를 들었는데 얼마 후 그는 목포로 전학을 하게 되었다고 한다. 훌륭한 아들 뒤에는 훌륭한 어머니가 있다. 김대중 대통령의 어머니뿐만 아니라 아인슈타인의 어머니도, 잭 웰치의 어머니도 말 더듬고 미숙아로 평가받은 아들에게 사랑을 주고 위대한 아들로 성장시킨 위대한 어머니들이었다. 김대중 대통령이 태어난 곳을 가보면 어떻게 이런 곳에서 대통령이 나올 수 있을까하고 모두 의아해 한다. 풍수지리에 관심이 있는 사람들이 때때로 방문하는데 그들은 한결같이 이런 집터는 대통령이 태어날 집터가 아니라고들 한다.

그렇게 살았던 김대중은 정계에 입문하여 네 번의 죽을 고비를 넘기고 6년의 감옥생활을 하고 17년의 가택연금을 당하였다. 한번은 현해탄에 꽁꽁 묶인 채로 바다로 던져지려는 찰나에 구제되어 동교동 그의 집으로 눈을 가린 채 이송되기도 하였다. 정치인 중에 김대중 대통령처럼 드라마틱한 인생을 산 사람은 동서양을 막론하고 드물 것이다. 그는 사형선고까지 받고 살아남아 끝내는 그의 인생의 목표였던 대통령까지 하게 되었다. 그것도 4수만에 어렵게 어렵게 대통령이 되었다. 그의 기본적인 정치철학은 한반도에서 전쟁은 피해야 한다는 것이었다. 남북 간 평화정착을 위한 노력의 결과가 노벨 평화상을 받게 하였다. 그의 인생은 사선을 넘나드는 가시밭길이었지만 숨쉬고 있을 때까지 포기하지 않았다. 김대중의 인생은 포기하지 않는 인생이었다. 그의 정치철학에 대한 호불호를 떠나서 포기하지 않는 인생의 길에서 교훈을 얻어야 하리라 생각한다. 김대중은 어떠한 역경에서도 포기하지 않는 불사조 같은 인생을 살다간 초인적인 사람이었다.

3-4. 식물에서 배우자(올리브 나무)

유대인들은 2,000년 전 팔레스타인인들에게 쫓겨나 2,000년 동안 세계를 유랑하다가 2차대전 후 옛 영토로 250만 명이 모여 들었다. 그들이 2,000년 동안 소멸되지 않고 끈질기게 살아남은 것은 시오니즘을 뿌리삼아 혈통, 전통문화, 종교를 지키며 유대인으로서의 삶을 지켜왔기 때문이다. 그런데 유대인의 생명력에 비견할 하나의 나무가 있다. 그 나무가 바로 올리브 나무이다. 올리브 나무는 유대인처럼 강인한 생명력을 가지고 있다. 유대인들은 모래사막을 개간하여 이 나무와 더불어 살아간다. 올리브 나무는 땅속 깊이 뿌리 내리고 성장속도를 줄이고 나이테를 겹겹이 짧게 쌓는다. 이와 같이 사막에서 생명력을 키운 나무는 무려 15년이 지나야 열매를 맺는다. 올리브 나무의 가장 중요한 부분은 15년을 지켜온 땅속 깊은 곳에 있다.

올리브 나무의 생명력은 무섭다. 갈릴리의 한 올리브 나무는 알렉산더 대왕이 페르시아 정복 전쟁에 나섰던 기원전 331년부터 생존했다고 한다. 무려 수령이 2,300년을 넘었다. 엄청난 생명력이 아닌가? 지상에 이렇게 생명력이 강한 나무가 또 있을까 싶다. 여기서 주목할 것은 이렇게 길고 긴 수명을 자랑하고 있는 특별한 이유이다. 메뚜기 떼가 공격해서 올리브나무를 갉아 먹으면 독특한 냄새를 뿜어 내는데 이것이 바람에 날려 옆의 나무로 옮겨 간다고 한다. 그러면 옆의 나무들은 메뚜기 떼의 공격을 막는 화학물질을 만들어 낸다. 이렇게 해서 먼저 공격당한 나무는 죽지만 옆의 나무는 살아남는다. 이것이 살신성인의 원리다.

놀라운 일이다. 올리브 나무 같은 식물도 엄청난 생존의 법칙을 지키며 종족을 보존하는데 하물며 사람에 있어서야 오죽하겠는가! 올리브 나무에 비견할 인간의 삶도 있다. 올리브 나무와 함께 살아가는 유대인의 삶이다. 유대인들은 가족의 삶에서부터 유대민족의 삶에서도 올리브 나무와 같은 생명력 강한 공생의 규범을 지키며 살고 있다. 그래서 유대인은 2,000년 동안 유랑하면서도 살아남아 세계가 두려워하는 민족으로 살아가고 있는 것이다(「유대인 창의서의 비밀」, 홍익희 참조).

"청하여라. 너희에게 주실 것이다. 찾아라. 너희가 얻을 것이다.
문을 두드려라. 너희에게 열릴 것이다. 누구든지 청하는 이는 받고, 찾는 이는 얻고,
문을 두들기는 이에게는 열릴 것이다." (성경)

최고의 날은 아직 살지 않는 날들…
가장 넓은 바다는 아직 항해하지 않았고
가장 먼 여행은 아직 끝나지 않았다.
불멸의 춤은 아직 추어지지 않았으며
가장 빛나는 별은 아직 발견되지 않은 별
무엇을 해야 할지 더 이상 알 수 없을 때
그때가 비로소 진정한 여행의 시작이다.

나짐 히크메트(Nazim Hikmet), 「예술가의 초상에서」 –

Ⅱ 약육강식의 인류의 역사

세계사는 자유의 투쟁사다.

— 헤겔 —

서양 속담에 자유라는 나무는 피를 먹고 자란다는 말이 있다. 헤겔은 세계사는 자유의 투쟁사라고 일찍이 갈파하였다. 세계사는 한 사람의 자유에서 몇 사람의 자유로, 몇 사람의 자유에서 만인의 자유를 위한 투쟁사이다. 자유를 위한 투쟁을 하면서 우리 인류는 너무 많은 피를 흘렸다.

인류의 역사는 피로 쓰여진 역사다. 한국의 자유를 위한 투쟁사에서 5·18처럼 처절한 투쟁의 역사도 찾아보기 쉽지 않을 것이다. 필자는 민주화를 요구하는 교수 선언문을 주동하였다 하여 죄인 아닌 죄인으로 군기관 지하 감방에서 갖은 고초를 당하였다. 지하 감방에서 고초를 받을 때 담당수사관도 사람인지라 상부의 지시에 의하여 수사를 하지만 민주, 정의, 인권을 요구하는 시민들의 진정한 외침을 인지하고 있었다. 5·18이라는 민주화를 요구하는 평화로운 시위가 비상계엄하의 신군부라는 국가 권력에 의하여 무참히 진화되고 군부정권이 들어섰다.

군사정부는 민심의 동요를 막는 것이 급선무였던 모양이다. 필자를 담당했던, 상당히 높은 직위의 보안사 수사관이 광주로 필자를 찾아왔다. 광주를 찾은 그는 좀 불안해 하였다. 지하 감방에서 많은 사람들을 수사하였기 때문에 혹시 그를 알아볼 사람들이 있지 않을까 생각한 모양이었다. 그가 교수님에게 할 말이 있어서 상부의 지시를 받고 서울에서 찾아왔다고 하며 조용한 곳으로 가기를 원하여 무등산 계곡 산장으로 갔다. 여기서는 그와 나눈 한 가지 이야기를 소개하고자 한다. 그에게 물었다. 광주시민의 민주화 봉기를 어떻게 보느냐고. 그는 어른과 어린이가 싸웠는데 어린이가 옳았다. 그러나 어린이는 힘이 없었다라고 한마디로 대답하였다. 민주화를 요구하는 광주시민은 힘 없는 어린이요, 이를 억압하는 자는 총으로 무장한 힘 있는 군부였다.

힘 없는 정의는 공허하고 정의 없는 힘은 압제라는 칸트의 명제가 그때처럼 실감날 때가 없었다. 그 후 김영삼 전 대통령의 문민정부가 수립되어 5·18 민주국립묘지가 조성되었다. 여기까지 온 것은 민주화라는 정의의 힘이 조성되었기 때문이다. 역사는 수많은 투쟁의 세월을 거치면서 힘을 가진 승자에 의하여 쓰여졌다.

힘! 힘을 가져야 한다. 힘이 정의로 무장될 때 세계는 민주, 자유, 평화를 누리게 될 것이다. 오늘도 세계 도처에서 자유를 향한 투쟁이 계속되고 있다.

군기관의 지하 감방은 정말 무서웠다. 조그만 독방에 수사관과 피의자 사이에 책상 하나, 의자 두 개 그리고 구석에 어른 키 정도의 긴 몽둥이가 세워져 있었다. 아침에 지하실 독방에 구금시켜 놓고 하루 종일 조용하였다. 그것도 나중에 알고보니 일종의 고문이었다. 무섭고 불안하였다. 오후에 수사관이 들어오더니 양면 괘지 한 권을 내밀면서 태어나서 지금까지 무엇을 했는지 써내라고 하였다. 이상하게 생각하면서도 고문을 당하지 않으니 다행이라 생각하고 밤새워 나의 인생 역정을 썼다. 수사관이 다음날 아침에 들어오더니 중학교 졸업하고 지금까지 살아온 이력을 쓰라고 하였다. 그날 종일 밤까지 쓰고 썼다. 처음에는 글 읽고 쓰는 것이 직업인데 고문당하지 않고 글 쓰는 정도야 다행스러운 일이라고 생각하면서 썼다. 그런데 웬 일인가? 글 쓰는 일도 고문의 시작이었다. 다음날은 고등학교 졸업 후, 다음날은 대학교 졸업 후, 다음날은 대학교수가 된 후, 다음날은 80년 봄에 어떤 일을 하였는가를 쓰라고 하였다. 며칠을 쓰다 보니 어깨가 무너질 듯 하고 차라리 매를 맞고 싶었다. 다음은 그 써놓은 글을 읽어 보고 그것을 수사의 자료로 삼아 수사를 하기 시작하였다. 내란음모를 전제로 묻고 답하기를 반복하면서 수사관의 뜻대로 기록을 하였다. 수사관은 자기가 묻고 자기가 답을 썼다. "아니다. 아니다." 하다가 포기하고 말았다. 너무 어이가 없어서 "허허" 하고 웃음이 나왔다. 수사관이 함께 웃기도 하였다.

옆방에서 고문당하는 비명소리가 귀를 찢었다. 안절부절이라는 말이 그때처럼 실감날 때가 없었다. 앉지도 서지도 못하고 다음은 내 차례라고 생각하니 불안이 극에 달해 컴컴한 지하 감방을 종일 서성거렸다. 저녁이 찾아와 밤이 깊었다. 그 공포 속에서도 잠을 자야겠다는 생각이 들었다. 침대도, 배게도, 덮을 것도, 아무것도 없었다. 책상에 누워보니 다리가 무릎까지 책상 밖으로 나왔다. 공포와 불안 속에서 엎치락 뒤치락 하며 밤을 세웠다. 그 공포의 와중에서도 순간 순간 잠이 들었던가 보다. 눈을 감았다 떴다하며 순간 순간 눈을 붙일 때가 있었다. 잠은 무서운 것. 전쟁에 나가서도 잠 때문에 죽는 경우가 많다더니 여기서 잠이 들다니… 다리가 가려워서 만져보니 모기떼가 공격하여 무릎 밑 다리가 벌겋게 부어올라 있었다. 그렇게 다리가 험하게 상처를 입었는데도 모기에 물린 줄을 몰랐다. 눈을 뜨고 나서야 감지를 하였다. 긴장이란 것이 감각을 둔하게 한다는 것을 처음 느꼈다. 공포란 무서운 것이었다. 2~3일 지나니 잠잘 때 배게와 담요를 구해야겠다는 생각이 들었다. 지하 감방 여기저기 기웃거려보니 조사받으러 간 사람 빈방에 담요와 배게가 있었다. 나는 슬쩍 가져다 감춰 놓았다가 밤이 되면 침구로 이용하였다. 도둑놈(?)이 된 것이었을까? 그렇게 무서운 5·18이었다. 힘이 없었기 때문에.

내가 한 달 살았던 지하 감방은 손가락 하나 들어갈 정도의 조그마한 틈이 밖으로 나 있었다. 그 틈으로 파란 하늘을 볼 수 있었다. 그 조그만 구멍으로 하늘을 볼 수 있었던 것은 정말 행운이었다. 그 틈을 통해서 저 자유 세계로 나가리라는 희망의 꿈을 꿀 수 있었기 때문이었다. 희망이란 인간에게 생명줄이다. 희망이 사라지면 생명이 사라진다. 아프리카의 만델라 대통령이 27년간 감옥생활을 할 때 때때로 밖으로 나갈 때가 제일 행복했다고 술회하였다. 파란 하늘을 볼 수 있었기 때문이었다고.

나는 손가락 하나 들어갈 만한 문틈으로 파란 하늘을 보고 자유세계로 나가리라 꿈을 꾸었다.

수용자 98%가 죽어나가는 죽음의 수용소라 부르는 폴란드 아우슈비츠 수용소에서 살아남은 사람들이 있었다. 그들이 왜 살아 남았는가를 조사했더니 최후까지 삶에 대한 희망을 포기하지 않았기 때문이라는 결과가 나왔다.

신군부는 광주 민주화운동을 빌미로 계엄령을 발동하여 총칼로 제압하고 군사 독재정권을 세웠다. 광주시민의 민주화운동은 무력의 힘에 의하여 무너지고 말았다. 정의 없는 악의 힘이 이 나라를 지배하게 되었다. 그 후 전국민이 민주화에 대한 희망을 버리지 않고 싸우고 싸워서 민중의 힘을 키워 민주정부를 세우게 되었다.

정의 있는 힘이 우리에게 절실하다.

우리가 살기 위해서는 힘이 필요하다. 살기 위한 힘! 인류문명의 이동사를 보면 힘의 이동사이다. 그 힘의 흐름을 보자.

1. 인류문명의 이동 — 힘의 이동

세계문명의 이동경로를 보면 문명의 서천설(西遷說)이 나오게 된 이유를 알 수 있다.

[그림 1-2]에서 보는 바와 같이 세계문명은 지식에서 지식으로, 지식사회가 문명의 중심이 되었음을 알 수 있다. 지식은 과학을 발전시키고 과학은 다른 민족을 정복할 수 있는 무기를 개발하였다. 무기는 문명 이동의 힘으로 작용하였다. 세계문명은 유프라테스 → 그리스문명 → 로마문명 → 프랑스 중심의 유럽문명 → 영국 → 미국 → 아시아 순으로 서천하였으며, 이들 문명국가는 호전적인 민족으로 모두 정복국가였다는 공통점을 가지고 있다.

그림 1-2 세계문명의 이동경로

문명의 서천설(西遷說)의 지도를 보면 새로운 과학과 기술을 개발하고 신천지를 정복하는 길이었다. 문명의 발상지를 출발하여 미국에 도달하였는데 문명 이동의 길이 발상지에서 서쪽으로, 서쪽으로 이어져 나갔기 때문에 문명의 서천설이라고 한다. 토인비는 21세기는 황인종의 시대가 올 것이라고 예언한 바 있다. 서구문명의 종착역 미국은 지금 흔들리고 있다. 옛 소련이 붕괴되고 새로 태어났듯이, 미국도 현재의 경제·사회 시스템에 혁명적인 변화가 와서 새로운 미국이 탄생할런지 모른다. 그렇게 되면 세계의 질서에 큰 변화가 오게 될 것이다. 21세기 지식사회의 선두주자는 아시아의 황인종 중 누가 될 것인가? 새로운 지식으로 무장하고 새로운 길을 찾아가는 민족이 세계의 지배세력이 될 것이다.

토인비의 예언은 적중하여 지금 중국은 G2라는 세계 강대국으로 성장하여 미국과 쌍벽을 이루는 초강대국이 되어 미국을 위협하고 있으며 세계의 리더가 되고자 중국의 지도자들은 세계를 누비고 있다. 왜 중국은 짧은 기간 동안 이렇게 강대국으로 급부상할 수 있었을까? 그것은 힘 때문이다. 군사적·경제적 힘을 길렀기 때문이다. 중국은 13억 인구에, 달러 보유량 세계 1위를 달리고 있다. 힘이 있기 때문에 그 힘으로 세계에 대해서, 한국에 대해서 영향력을 확대하고 있는 것이다. "힘 있는 자의 말은 언제나 정의였다."라는 명제는 바로 중국의 오늘에서 찾을 수 있다. 중국은 무서운 나라이다. 고조선, 고려 시대부터 조선왕조 500년 동안 그리고 8.15 해방 후 중국은 한국에 어떤 나라였던가를 분석하고 교훈을 얻어야 한다. 최근 국제정세를 보면 힘, 힘의 지배를 실감할 수 있다. 중국은 남중국해의 산호초를 섬으로 개발하여 중국의 영토라고 우기고 군사력을 동원하여 주변국을 위협하고 있다. 필리핀이 제소하여 국제재판소에서 중국은 패배하였지만 국제재판소의 판결에 불복하고 군사적 위협을 가하고 있다. 드디어 필리핀 대통령은 미국과의 70년 동맹을 무시하고 중국을 방문하여 시진핑 앞에서 머리를 조아렸다. 시진핑은 필리핀과 중국은 한 핏줄이라고 두테르테를 위로하였다. 그러한 오만과 억지는 어디서 나오는가? 힘에서 나온다.

중국은 경제적·군사적 힘을 길러 그 힘으로 영유권 주장을 계속하고 있다. 중국은 사드 배치를 반대하며 한국에 보복의 칼을 빼들고 있다. 롯데마트 80여 곳을 영업 정지시키고 관광, 수출입 등 한국의 모든 제품에 제약을 가하고 있다. 한국은 묘수가 없다. 이랜드는 중국에서 철수를 선언하였고 현대자동차, 기아자동차는 매출이 50% 급감하였다고 한다. 이 어인 날벼락인가. 우리는 이 엄청난 날벼락에 항의 한번 제대로 못하고 있다. 왜? 힘 없는 약소국이기 때문에, 지도자가 병들어 있기 때문에, 최근 양국이 적당한 선에서 타합하여 교류를 확대하고 있지만 사드 보복의 후유증은 계속되고 있다. 약소국은 여자와 같은 존재라고 하는데 한국은 상체와 하체가 분리되어 있어서 여자로서의 기능도 발휘하지 못하고 미국과의 동맹만 외치고 있다. 안타까운 일이다.

2. 힘이 지배하는 인류의 역사

2-1. 초강대국이라는 미국의 모습

2015년 8월 찌는 듯한 더위를 무릅쓰고 미국을 여행할 기회가 있었다. 30년 전 유학시절 이후 오랜만의 방문이라 감회가 새로웠다. 세계 최초의 국립공원(1872년 지정)이라는 옐로우스톤(Yellowstone)을 둘러보고 유타주의 넓은 평원을 달리고 달려 솔트레이크시티(Solt Lake City)에서 L.A로 가는 비행기에 몸을 실을 계획이었다. 3,000m 높이의 옐로우스톤에 올라 가이드의 경고를 무시하고 겁 없이 자연에 취해 육신을 무리하다가 호흡곤란으로 사경을 넘나들기도 하였다. 옐로우스톤은 유황천이 곳곳에 있어서 유황을 뿜어내기 때문에 무리해서는 안 되는데 나이를 잊고 젊은 청년처럼 행동하다가 이역만리에서 불귀의 객이 될 뻔하였다. 동행한 반려자가 가이드와 비상연락망을 켜 놓고 잠자는 나의 숨소리를 들어보느라 밤을 지새웠다. 명재경각(命在頃刻)이라더니 인간의 운명은 순간에 왔다 갔다 한다는 것을 실감하였다. 생사일여(生死一如) 삶이 죽음이요, 죽음이 삶이라는 순간을 온 몸으로 경험하였다.

옐로우스톤에서 솔트레이크 시까지 끝없는 농장이 이어졌다. 저 광활한 농토에 농사를 어떻게 지을 수 있을까? 세계에서 곡물생산을 가장 많이 하는 미국의 농업인구는 3%에 불과하다고 한다. 그렇게 농업인구가 적은 것은 기계문명의 덕이다. 기계영농을 하기 때문이다. 기계로 영농을 할 수 없었을 때에는 어떻게 농사를 지었을까? 미국의 영토 주인은 원주민이었다. 원주민(Indian이라는 이름은 틀린 이름)의 평화스러운 땅은 콜럼버스가 발견한 이후 백인들에게 모두 빼앗겼다. 원주민들끼리 살 때는 소유의 개념이 없었다고 한다. 백인들은 짐승한테도 할 수 없는 잔혹한 방법으로 원주민을 학살하고 그들의 영토를 차지했다. 아메리카라는 끝없이 광활한 땅을 빼앗은 백인들은 농사지을 일꾼이 필요했다. 처음에는 인디언들을 노예로 삼아 농사를 지었지만 노동력이 부족하게 되니 아프리카 흑인들을 노예로 끌고 와 농노로 삼고 갖은 노동일을 시켰다. 흑인 노예선은 지옥이었다. 아프리카에서 아메리카까지 긴 항해를 하는 동안, 화물선에 콩나물시루처럼 가득 실어 놓은 탓으로 못 견디고 죽어간 병약한 노예들, 그리고 상품력이 떨어지는 노예들은 대서양 물속으로 던져 버렸다. 지금은 농사짓는데 인간 노예가 필요 없다. 기계라는 새로운 노예를 만들어 냈기 때문이다.

오늘의 미국은 무엇으로 건설되었는가? 힘이 있는 백인들이 힘 없는 원주민을 학살하거나 인디언을 보호구역에 몰아넣고 남의 땅을 빼앗아 힘 없는 흑인들을 강제로 끌고 와 농노로 삼았다. 그것이 오늘날 세계 최강대국을 자랑하는 미국의 모습이다. 원래 주인인 인디언을 학살하고 아프리카에서 죄 없는 흑인을 잡아다 건설한 나라가 미국이다. 그 미국이 세계 최강국으로 위세를 떨치고 있다. 그 원인은 과학의 힘에 있다. 아메리카 원주민과 흑인들은 원시생활을 하고 있는데 유럽의 백인들은 총을 만들어 냈다. 모택동은 모든 권력은 총구에서 나온다고 하였다. 총은 백인에게 힘을 제공했다. 그 총의 힘이 아메리카 대륙을 점령한 무기가 된 것이다.

오늘날 세계강국의 요건은 군사력, 과학문명 그리고 경제력이다. 그런데 미국이라는 나라는 세 가지 요소를 다 갖추고 있다. 미국은 군사력, 과학문명, 경제력에서 세계 최대 강국이다. 이 세 가지 요소에 따라 강대국의 서열이 정해진다. 지금 세계는 영토전쟁이 계속되고 있다. 과거에는 식민지를 확보하기 위한 영토전쟁이었지만 지금은 새로운 형태의 영토전쟁이 벌어지고 있다. 영향력을 행사하고 동맹을 맺고 무역전쟁을 하고 이 모든 것이 새로운 영토전쟁이다. 힘 있는 자들의 싸움에 약소국은 살려 달라고 매달리거나 눈치 보기에 바쁘다. 한국이라는 나라는 미국에 얼마나 매달리며 중국의 눈치를 얼마나 보는가? 가련한 생각이 들지 않는가? 이 얼마나 답답한 모습인가?

이런 현상은 어디에서 나오는가? 힘! 힘에서 나온다. 오늘의 세계는 힘의 싸움이 계속되고 있다. 세계 분쟁의 중재 역할을 하는 UN이 있지만 강대국의 입김에 공정한 역할을 하지 못하고 있다. UN에 상임이사국이라는 강대국이 있어서 거부권을 행사하면 세계에서 벌어지고 있는 복잡한 일들을 공정하게 처리할 수가 없다. 그 강대국들은 미국, 중국, 러시아 등 힘 있는 나라들이다.

힘 있는 정의가 세계를 주도하는 시대가 와야 하는데 그날이 언제 올려는지? 세월이 흐르고 흘러서 역사의 변동기가 오면 가능할까? 그날을 기대해 보자.

2-2. 힘 없는 종족의 멸망—미국의 인디언

힘 없는 미국의 인디언과 흑인의 역사를 보자.

1492년 콜럼버스(Columbus)가 아메리카 대륙 서인도제도의 조그마한 섬인 산살바도르라는 곳에 상륙하였다. 그때는 아메리카라는 이름도 서인도제도라는 이름도 없었다. 산살바도르라는 섬의 이름은 스페인어로 신성한 구세주라는 뜻으로 콜럼버스가 지은 이름이다. 이 섬은 스페인인에게는 구세주였을지 모르지만 원주민에게는 지옥 그것이었다. 콜럼버스가 동방의 진주, 인도를 정복하기 위해 서쪽으로, 서쪽으로 항해를 하여 도착한 곳이 거대한 대륙의 서쪽에 위치한 산살바도르라는 섬이었다. 그때 스페인 사람들은 서쪽으로, 서쪽으로 항해하면 아시아의 인도라는 나라가 나온다고 믿고 있었다. 콜럼버스는 그곳을 인도라고 믿고 서인도제도라는 이름을 붙였다. 콜럼버스는 죽을 때까지 그곳을 인도라고 믿었다고 한다. 콜럼버스는 어떻게 아메리카를 발견하였을까? 스페인 여왕의 후원이 있었기 때문이었다. 이사벨라라는 여왕의 후원과 세계 제일의 항해술이 없었더라면 불가능했을 것이다. 힘이 있었기에 가능한 일이었다.

미국의 인디언은 2,000만 명에 이르렀다. 그런데 1900년대 미국의 인디언은 23만 명으로 급감하였다. 만일 콜럼버스가 미 대륙을 침탈하지 않았더라면 오늘날 미국의 인디언은 2억 명도 넘었을지도 모를 일이다.

왜 이렇게 비참하게 되었을까. 백인들이 모두 죽인 것은 아니지만 백인들에게 학살당하고 이리저리 쫓겨 다니느라 닥친 환경변화로 비참한 말로를 맞이하게 된 것이다. 콜럼버스가 1492년 10월 12일 산살바도르 해안에 발을 들여 놓은지 10년만에 부족 수십만 명이 몰살당했다. 한술 더 떠서 콜럼버스는 원주민을 포로로 잡아 노예로 팔아 넘겼다. 콜럼버스는 노예무역의 원조인 셈이다. 금에 눈이 먼 콜럼버스 일당들은 원주민들이 금을 내지 못하면 양손을 자르고 개를 풀어 물어죽이게 하고 도망가는 원주민들을 무자비하게 칼질을 하여 학살하였다.

인디언들의 멸종에 이르기까지 어떠한 상황이 벌어졌는지 상징적인 사건들의 예를 들어보자.

1862년 9월 칼턴이라는 백인 지휘관은 인디언들과의 싸움에서 다음과 같은 지침을 내렸다.

"인디언들과는 어떤 회의나 회담도 갖지 않을 것이다. 남자들은 장소나 시간을 막론하고 어느 때, 어느 곳에서 발견되든지 즉시 사살해 버려야 한다. 아녀자들은 죽이지 말고 포로로 잡아라." 이렇게 백인들은 인디언들을 무자비하게 사살하였다.

이렇게 잔인하게 학살을 당하면서 어떤 인디언 추장은 "인디언이 미국정부와 조약을 맺는 것은 화살에 꿰인 들소가 사냥꾼과 조약을 맺는 것과 같다. 들소가 할 수 있는 일은 드러누워 항복하는 길밖에 없다."고 독백하였다.

한 인디언 추장의 독백을 들어 보자.

"오늘날 피쿼트 족은 어디에 있는가? 내러겐시 족, 모히칸 족, 포카너켓 족, 그 밖에도 수없이 많던 강대한 부족들은 모두 어디로 갔는가? 여름의 태양을 만난 눈처럼 그들은 모두 백인의 억압과 탐욕 앞에서 사라져 갔다.
그러면 이번에는 우리 차례인가? 위대한 정령(The great spirit)이 주신 정든 땅과 집 그리고 조상의 무덤을 그냥 포기해야 할 것인가? 싸워보지도 않고서 소중하고 성스러운 것들을 포기하고 몰살당해야 하겠는가? 여러분도 나와 똑같이 외치리라."
"절대로 절대로 안된다"

– 쇼니 족의 테쿰세 –(나를 운디드니에 묻어주오)

백인들은 너무도 잔혹하게 인디언을 말살하였다. 어느 주에서는 인디언의 머리가죽 하나에 25$의 현상금을 걸었다. 인디언은 백인들에게 산짐승과 같은 사냥감이었다.

2,000만 명이었던 인디언을, 현재는 미국 어느 곳에서도 발견하기가 쉽지 않다. 백인들의 손에는 성경이 들려 있었다. 힘 있는 자의 말은 정의였다. 신

은 인디언의 신이나 백인의 신이나 침묵하였다. 신은 승자의 편이었다. 오늘날 우리는 어떻게 살고 있는가? 정도의 차이는 있지만 약육강식의 시대는 계속되고 있다.

30여년 전 미국에서 유학생활하면서 가끔 미국의 이곳저곳을 들러 볼 기회를 가졌었다. 그때 흡사 동물원 원숭이처럼 보호구역에 살고 있는 인디언들이 너무도 불쌍하고 안타까웠다. 정복자 백인들이 증오스러웠다. 그러나 시간이 흐를수록 인디언들이 불쌍하기도 하지만 미워지기도 하였다. 하늘이 준 그 광대한 땅을 지키지 못하고 동물원 원숭이 신세가 되다니.

인디언 말살행위는 아메리카에서만 행해진 것이 아니었다. 북아메리카에서 남미까지 백인의 발길이 닫는 모든 곳에서 행해졌다. 17세기 백인에 의해서 잔혹하게 살해된 인디언은 1,500만에서 2,000만 명에 이른다고 한다. 백인들은 인디언을 자신의 노예로 삼거나 또 다른 나라로 팔아 넘겼다.

미국에서 공부하던 시절 한 백인 사업가를 만나서 백인의 잔학상을 비판하였다. 그는 나의 비판에 다음과 같이 대답하였다.

"우리 백인은 싸우고 싸워서 오늘의 번영을 가져왔다. 우리가 싸우는 동안에 너희 황인종, 인디언, 흑인들은 무엇을 하였느냐?"고 반문하였다. 나는 할 말을 잃고 말았다. 인간 세상이란 전쟁터 아닌가? 패자가 승자 앞에서 푸념하는 꼴이 되었다.

슬프게도 약육강식의 역사는 오늘도 여전히 계속되고 있다. 패자에게는 패자의 변이 있겠지만 핑계는 핑계일 뿐이다. 싸워서 이길 수 있는 힘과 무기를 개발하지 못한 사람들은 압박 속에 살기 마련이다.

백인들은 노동력이 필요했다. 인디언들은 체구가 작았고 인디언만으로는 광활한 농장을 운영할 수 없었다. 아메리카뿐만 아니라 남미 일대도 마찬가지였다. 노동력 확보를 위해 아프리카 흑인들을 노예로 수입했다. 아프리카 흑인들을 노예로 수입하게 된 일화를 예로 들어 보자. 아메리카 대륙을 발견하고 정복한 사람들은 스페인인들이었다. 아메리카를 정복한 스페인인들은 상상할 수 없는 잔인한 방법으로 인디언들을 학살하였다. 그 때 아메리카에서 선

교활동을 하던 라스카사스라는 수도사가 있었다. 그는 스페인인들이 너무 잔인하게 인디언들을 착취하고 살인하는 것을 보고 분노를 느껴 그 실상을 카롤 5세 황제에게 알리기 위한 보고서를 작성하여 제출하였다. 그리고 황제를 만날 기회를 얻어 황제와 그의 신하들 앞에서 아메리카 인디언들에 대한 잔인한 학살을 멈추어야 한다고 진언하였다. 진언 중에 그는 인디언들은 체질이 약하여 너무 심한 노동에는 적합하지 않다고 말하며 강인한 신체는 아프리카 흑인들이라는 실언을 하게 되었다. 이 말을 들은 신하들이 아프리카 흑인들에게 눈을 돌리게 되어 흑인노예의 역사가 시작되었다는 것이다. 이에 대해서는 찬반의 논란이 있지만 이때의 그의 실수는 두고두고 비난의 대상이 되고 있다. 1450~1850년 사이 아메리카 대륙에 보내진 노예들을 보면 16세기 90만 명, 17세기 275만 명, 18세기 700만 명, 19세기 400만 명에 이른다. 비참한 노예들의 실상을 보면 상상을 초월한다. 상자 안에 든 청어처럼 손발이 묶인 채 45cm 간격으로 선적되어 이송되는 과정에 수많은 흑인들이 죽어나갔다. 이때의 잔혹사를 보면 노예 1,800만 명 중 아메리카에 도착한 노예는 불과 300만 명뿐이었다고 한다. 더욱 기가막힌 것은 노예 1,800만 명을 잡기까지 2,000만 명의 흑인들이 살해되었다는 것이다. 흑인들이 잡히지 않기 위해 산으로 도망치면 산에 불을 놓아 잡았고 그래도 도망치면 총살하였다. 백인들은 노예잡는 것을 짐승을 사냥하는 게임 정도로 생각하였다. 이렇게 수입된 흑인노예들은 미국 남부의 농업지역에서 주로 농노로 일생을 보냈다(「인류의 역사」, 리더스북 참조).

미국에 동물처럼 수입되어 노예로 살던 흑인들은 링컨 대통령의 흑인노예 해방 이후 점점 지위가 상승되어 드디어 흑인이 대통령이 되는 기적을 일으켰다. 지금 미국의 흑인은 3,300만 명에 이르고 있다. 노예해방이 되었다고 당장 자유인이 된 것은 아니었다. 오늘날 흑인 인권이 보장받도록까지 그들은 싸우고 싸웠다. 마틴 루터 킹 같은 위대한 민권운동가의 투쟁이 없었더라면 두 명의 흑인 국무장관과 흑인 대통령 선출이라는 이변은 없었을 것이다.

흑인 대통령이 선출될 정도로 흑인 인권이 신장되었지만 미국은 지금도 흑백 차별 문제로 잠잠할 날이 없다. 미국 언론에서 내전이라고 보도할 정도로 흑백 갈등은 심각하다. 그래도 오늘날 미국의 흑인 인권이 신장되도록까지는 미국의 흑인들이 싸우고 싸운 결과이다. 헤겔의 '세계사는 자유의 투쟁사'라는 선언은 미국 흑인의 자유 투쟁사에서 실감할 수 있다.

2-3. 미국의 팽창정책

라틴아메리카의 역사는 평화와는 거리가 먼 역사이다. 역사가 존 찰스 채스틴은 그 곳은 피와 불, 정복과 노예제도 안에서 태어났다고 말하고 있다. 스페인 사람들이 가장 강력한 정복자들이었고 포르투갈 또한 남아메리카에서 거대한 지역을 정복하였다. 중앙아메리카에서 스페인은 16세기에서 19세기에 이르기까지 그 지역의 판도를 좌지우지하였다. 후에는 프랑스, 영국, 독일 같은 나라들이 중대한 역할을 하게 되었다.

북아메리카는 미국의 팽창정책의 결과로 현재의 텍사스 주, 뉴멕시코 주, 애리조나 주, 콜로라도 주, 네바다 주, 유타 주, 캘리포니아 주, 그리고 다른 몇몇 주들의 일부를 합병하게 되었다. 미국인들은 그런 지역들에 대해서 법적인 권리가 거의 없었다. 그러나 미국은 멕시코 사람들을 군사적으로 무찌르고, 괴롭히고, 협박함으로써 그곳을 차지하게 되었다. 미국 텍사스 주의 수도 오스틴은 멕시코와의 전쟁에서 텍사스를 빼앗은 장군의 이름이다. 휴스톤이라는 시의 이름 역시 멕시코와의 전쟁에서 승리한 장군의 이름이다. 멕시코는 힘이 없었기 때문에 미국 팽창정책의 제물이 되었다. 인간의 역사는 힘의 역사라는 사실을 멕시코의 역사에서 볼 수 있다. 미국의 영토 확장의 근원은 힘이었다.

영토팽창 정책의 선두자 루즈벨트 대통령은 이렇게 말하였다.

> "문명화된 세계의 호전적인 힘만이 세계에 평화를 가져다 줄 수 있다."
>
> –「평화의 미래」 참조 –

2-4. 스페인의 남미 정복

오늘날 남미는 카톨릭 국가들이 대부분이다. 존경받는 교황도 남미 출신이다. 왜 남미는 카톨릭 국가가 되었는가? 카톨릭 국가였던 스페인은 남미를 점령하고 토착종교를 붕괴시키고 카톨릭을 강요하였다. 그 과정은 너무 참혹했다. 스페인 장군 코르테스는 멕시코의 왕 몬테수마를 사로잡아 멕시코의 금을 모두 걷어주면 살려 주겠다고 약속하였다. 태양과 같은 절대적인 황제는 두 달에 걸쳐 멕시코의 황금을 모아 방으로 가득 채워 스페인 장군에게 바쳤다. 그러나 그에게 돌아온 것은 비참한 화형이었다. 이런 방법으로 스페인은 남미 전역을 정복하였다. 이래도 되는 것인가. 백인들은 본래 원주민을 학살하거나 노예로 만들어 버리고 백인들의 천국을 만들었다. 캐나다로부터 아르헨티나까지 그들의 세계를 만들었고 그들이 신봉하는 종교를 이식하였다. 17세기에는 남북 아메리카 대륙을 영국, 프랑스, 스페인, 포루투갈이 4분하여 지배하였다. 영국과 프랑스는 식민지전쟁을 7년이나 하였다. 이 때 스페인 정복자들은 1,500만~2,000만의 원주민을 학살하였다(「라스카사스의 혀를 빌려 고백하다」 참조). 그들은 한 손에 정복의 사탄을, 한 손에 성경을 들고 있었다.

종교의 진정한 의미는 무엇인가? 그 악랄한 정복이 신의 뜻이란 말인가? 신이 마약을 하지 않았다면 '이놈들 무슨 짓들이냐!' 하고 막았을 것이다.

그러나 신은 침묵하였고 오늘도 침묵하고 계신다. 신은 누구의 편인가? 과연 하늘에 계시기나 한 것인가? 다른 우주로 나들이 가신 것인가?

신이 침묵하고 정복자를 묵인하고 있는 사이 오늘도 정복의 역사는 계속되고 있다.

스페인인들은 어떻게 광활한 남미의 영토를 쉽게 점령하였을까? 그것은 힘과 속임수였다. 그 때 스페인인들은 대포를 사용했고, 말이 있었고, 순진한 인디언들에 비하여 간악한 속임수가 있었다. 전쟁은 속임수이다. 당시 남미 인디언들에게는 철제 무기가 없었고 말도 없었다. 스페인 장군은 불과 500명의 병사와 27명의 기마병으로 아스텍(멕시코)을 점령하였던 것이다. 무엇으로? 힘으로!

스페인인들의 원주민에 대한 잔혹사를 「라스카사스의 혀를 빌려 고백하다」라는 한 저서를 통해 밝히고자 한다.

스페인인들은 인디언들을 바다 깊숙이 던져 넣었다. 이른 아침부터 저녁

해질 때까지 원주민들은 약 4브라자에서 5브라자의 깊은 물속으로 잠수해야 했다. 인디언들은 하루 종일 숨 한번 제대로 쉬지도 못한 채 물속에서 이리저리 헤엄쳐 다녀야 하였다.

오로지 진주조개를 캐라는 명령 때문이었다.

그물 바구니가 조개로 가득차면, 인디언들은 그제야 잠깐 밖으로 나와 호흡을 가다듬을 수 있었다. 진주 해안 부근에는 스페인 출신의 사람이 작은 배를 타고 다녔다. 그의 임무는 바로 사형 집행인과 다름이 없었다.

오랫동안 물위에서 쉬고 있는 인디언들을 발견할 경우, 그는 이들을 주먹으로 내리치거나, 다시 물속으로 집어 던지거나, 머리카락을 잡아당겨서 바다 깊숙이 처넣었다. 인디언들은 쉬지 말고 진주를 캐야 한다는 것이었다.

인디언들의 음식은 카자비 빵, 약간의 옥수수 빵, 진주가 숨어 있는 조개류가 전부였다. 빵이라고는 구경할 수도 없었다. 조개류와 옥수수는 보존하기 힘들었을 뿐 아니라, 구워먹는 일 자체가 매우 어려웠다. 게다가 양도 항상 충분하지 않았다. 인디언들은 밤에 땅바닥에서 잠을 잤다. 때로는 도망갈 수 없도록 대부분의 사람들이 창고에 갇히기도 하였다.

일하는 도중에 인디언들은 물속에서 다시 솟아오르지 못할 때가 더러 있었다. 상어나 백상아리에게 물려 죽었기 때문이다. 특히 백상아리는 대식가이기 때문에 어른 한 사람 정도는 거뜬히 한 번에 집어삼킬 수가 있었다.

스페인 사람들은 이러한 방식으로 진주를 얻어서 이득을 보고 있었다. 그들은 신과 이웃에 대한 사랑을 주장하는 신의 명령을 과연 얼마나 잘 따르고 있는가! 탐욕으로 인하여 이웃의 몸과 영혼을 얼마나 위험 속으로 빠뜨리고 있는가! 대부분의 인디언들은 기독교 신앙을 알지 못한 채 죽어 갔다. 거의 모두가 오랫동안 지속되는 끔찍스러운 삶을 도저히 견뎌낼 수 없었기 때문이다.

숨 한 번 제대로 쉬지 못하고 물속에서 일해야만 하는 사람들이 오랫동안 생명을 부지한다는 것은 그야말로 불가능한 일이었다. 물속에서 생활하는 그들의 몸은 끊임없이 오한에 떨어야 하였고, 가슴은 숨을 제대로 쉬지 못해 항상 압박감을 느껴야 하였다. 그로 인하여 피를 토하거나 설사가 잦아 결국에는 목숨을 잃고 마는 것이었다.

원래는 검었던 머리카락 색깔도 바다 여우의 털 색깔처럼 새빨간 색으로 변하였다. 등에는 검은 반점들이 생겨났다. 간략하게 말하면, 그들은 시간이 흐름에 따라 인간의 형상을 한 괴물처럼 변하거나, 인간과는 전혀 다른 기괴한 형상을 지니게 되었다. 스페인인들은 고통스러운 노동과 지옥 같은 고문으로 루카이 섬의 모든 원주민들을 이런 식으로 죽였다. 그러고는 채취한 진주들을 모두 팔아 넘겼다. 정부가 잔악한 진주 채취를 금지시키려고 온갖 수단을 동원하였지만, 모두 허사였다. 이 밖에도 스페인 사람들은 다른 섬들의 수많은 사람들도 이 같은 방법으로 몰살시켰다(「라스카사스의 혀를 빌려 고백하다」, 박설호 저 참조).

2-5. 힘 없는 소수민족의 비애—중국의 티베트 침공

역사의 신은 인간의 역사는 강자의 역사라고 말해주고 있다. 힘이 지배하는 역사의 사례는 수없이 많지만 중국의 티베트 침공에서 그 예를 볼 수 있다.

티베트에는 2만년 전부터 사람이 살았다고 한다. 토번이라는 나라를 형성하고 있던 7세기경 33대 왕인 손첸캄포라는 민족의 영웅이 나타나 나라를 발전시키고 중국과 화친도 맺고 잘 살고 있었다. 그 무렵 티베트에는 린포체라는 도승이 나타나 그들 나름의 불교국가를 형성하고 국민들 100%가 불교신자로 살게 되었다. 그런데 13세기경부터 중국의 황제들이 티베트를 넘보기 시작하면서 갈등과 화해의 순환 속에 살았다. 1950년대에 와서 약소국 티베트에 비극이 일어났다. 1950년 10월 22일, 중국 공산군이 티베트 인민을 해방시킨다는 명분을 내걸고 티베트를 침공하여 중국에 합병시키고 티베트를 공산화시키기 위하여 전통 불교문화를 파괴시키고 가혹한 인권 침해를 하였다. 티베트를 발전시킨다는 명분하에 경제적 지원을 하였지만 본토의 한족들이 몰려들어 어느 틈에 한족들이 핵심 세력이 되고 티베트인들은 변방인이 되고 말았다. 이에 대항하여 민란이 일어났으나 힘 앞에 무릎을 꿇고 정치적, 영적 지도자인 달라이라마는 인도로 망명하였다. 저항세력이 소멸하게 된 데는 비폭력주의자인 달라이라마의 반대로 항복하였기 때문이었다. 티베트의 산중에서 저항하고 있는 저항세력에게 총을 내려놓으라고 명령하였다. 달라이라마의 결정의 옳고 그름은 훗날 역사가 증명해 주리라 생각한다.

1965년 9월 9일 중국은 티베트를 시장자치구로 만들었다. 티베트인들의 통한의 눈물은 전국을 적시었고 수만명이 목숨을 잃고, 수많은 승려들이 분신을 하였건만 힘 앞에 속수무책이었다. 부처 없이 못 사는 티베트인들인데 부처님도 빙그레 웃고만 계신다. 중국은 이 밖에도 위구르, 내몽고 등 네 개의 자치구를 두고 있다. 러시아의 체첸공국, 중동 크루드족들의 비극은 힘 없는 소수민족의 비극이다. 한국의 불교신도들은 달라이라마를 초청하고 싶지만 중국의 눈치를 보느라 이루지 못하고 있다.

사드 문제의 비극을 보라. 슬프다. 힘을 길러야 하는 약소국은 영원한 약소국이요, 강대국은 영원한 강대국으로 힘을 과시하고 힘으로 지배하고 살 것인가!

힘 있는 정의가 세계를 지배하는 날, 그날이 오리라는 꿈을 꾸어보자.

2-6. 힘 없는 한국의 슬픈 역사

우리는 지정학적으로 강대국의 틈바구니에서 어렵게, 어렵게 살아왔다. 드넓은 만주 벌판이 영토였던 고구려에 의해서 삼국통일이 되었더라면 나라의 운명이 달라졌을 것이다. 남쪽 끝자락에 있는 신라에 의해서 통일이 될 때부터 고난의 역사는 시작되었다. 그것도 당나라와 연합군을 형성하여 통일이 되었기 때문에 통일 후에도 당나라는 멸망한 고구려와 백제의 옛 땅에 9도독부와 5도독부를 설치하고 신라 땅에까지 계림대도독부를 설치하여 신라에 영향력을 행사하였다. 원나라의 고려에 대한 영향력은 막대하여 흡사 속국 같은 형상이었다. 정말 눈물겨운 약자의 운명이랄까? 한스럽기 그지없다. 고려의 왕중에 충선왕이나 충렬왕같이 충자가 붙은 왕은 원나라에 대한 충성을 의미하였다.

청나라에 대한 굴욕은 어떠하였는가? 정묘호란, 병자호란으로 조선은 쑥대밭이 되었고 정묘호란 때는 강화도로 피란가면서 2개월 동안 싸웠는데 파죽지세로 청군은 남쪽으로 진군하였고 그 전쟁 중에 조선군은 청군 포로 한 명도 못 잡았다. 이것이 나라인가? 어처구니없는 전쟁이었다. 정묘호란 때 강화도를 지키라는 명을 받은 김경진이라는 사령관이 지세만 믿고 술 파티나 하고 허세만 부리다 허망하게 함락당하고 말았다. 청군의 성폭행을 피하려고 바다로 뛰어든 수많은 부녀자들의 하얀 수건이 강화도 바다를 연못 위 하얀 연꽃처럼 수놓았다고 한다.

임진왜란 7년의 재앙은 상상을 초월한 비극이었다. 왜군은 부산을 침공한 후 평양까지 20일만에 도달하여 명나라에서는 조선을 의심하기까지 하였다. 혹시 일본이 명나라를 침공하는데 조선이 길을 터주는 것이 아닌가 하고…. 그것이 조선의 실상이었다.

임란 중의 참상을 보자.

조선 전역이 굶주림에 허덕이고 있었으며, 군량 운반에 지친 노인과 어린이들이 곳곳에 쓰러져 있었다. 힘이 있는 자들은 모두 도적이 되었으며 전염병이 창궐하여 살아남은 사람도 별로 없었다. 심지어 아버지와 아들이 서로 잡아먹고 남편과 아내가 서로 죽이는 지경에 이르러 길가에는 죽은 사람들의 뼈가 잡초처럼 흩어져 있었다(「징비록」, 유성룡). 이것이 힘 없는 민족의 비극이다.

더불어 우리는 일제 식민통치, 남북분단, 6·25 등 너무 많은 역사의 비극을 겪었다. 이 모두가 힘 없는 민족사의 고난이었다. 왕과 지배층은 도망치고 힘 없는 백성들만 지옥을 헤매었다.

슬픈 예를 들어 보자.

100년 전 한일 강제늑약이 체결되자 고종은 미국과 영국에 도움을 요청했지만 답은 냉랭하였다. 일본과 미국, 영국은 식민지 지배의 분할에 대하여 이미 밀약이 되어 있었기 때문이었다. 고종은 이준, 이상설, 이의종을 밀사로 헤이그 만국평화회의에 파견하였지만 거기서도 외면당하였다. 힘 있는 일본의 책동 때문이었다.

그림 1-3 고종의 퇴위

이 사건을 기화로 일제는 이완용 등 친일파를 앞세워 고종의 퇴위를 강요하였고 고종은 강압에 의하여 아들 순종에게 왕위를 물려주게 된다. 이때 기가막히고 웃지 못할 일이 벌어진다. 고종과 순종은 왕위 위양식에 불참하며 저항하였다. 일제는 내시들을 고종과 순종으로 위장하여 왕위 위양식을 진행하였다. 이 얼마나 분하고 억울한 일인가! 이 세상에 이런 희극이 또 있을까? 이것이 힘 없는 약자의 설움이다. 이렇게 나라를 빼앗기고 37년을 식민지로 살았다. 더욱 부끄러운 역사의 수치는 명성황후 시해 사건이다. 친청정책을 쓰고 있던 황후를 암살하였는데, 일본의 낭인 조폭들이 일본 공사의 사주를 받고 왕궁을 쳐들어가 칼로 난자하여 시해하고 불을 질렀다. 황후를 살해한 그 칼은 아직도 일본의 박물관에 전시되어 있다. 한 나라의 궁궐이 칼을 든 조폭들에게 파괴당하고 황후의 가슴을 난도질하여 살해하고 불을 지르다니 어처구니없는 치욕이었다. 그 때 경복궁 정문에는 보초가 있었지만 불발총으로 흉내만 내고 있었다. 그것이 나라인가? 그것이 조선 왕궁의 모습이었다.

하나의 비극을 더 이야기해 보기로 하자.

덕혜옹주라는 영화가 세인의 주목 속에 상영되었다. 덕혜옹주는 고종이 강제로 퇴위당하고 고심의 세월을 보내던 중에 얻은 고명딸이었다. 고종은 60세를 넘어 얻은 그 딸을 특별히 총애하였다고 한다. 그런데 고종이 갑자기 서거한 후 이름뿐인 허수아비 순종이 왕이라는 이름으로 앉아 있을 때 일본인들은 덕혜옹주를 현대식 교육을 시킨다는 명분으로 일본으로 강제 유학을 보냈다. 조선 왕족의 씨를 말리고 일본화하기 위한 술책이었다. 덕혜옹주는 불과 14세의 어린나이에 어머니인 엄귀인과 고국을 뒤로 하고 일본으로 끌려갔다. 이 얼마나 서글프고 분통이 터질 일인가! 일본에 끌려가서도 자유로운 생활을 하지 못하고 일본의 감시 속에 살았다. 그리고 마음에도 없는 대마도주의 아들 소다 케유키와 강제로 결혼하여 대마도에서 살았다. 형식적인 부부관계로 사는 남편과의 사이에 정혜라는 딸 하나가 있었지만 자살하고 만다. 그녀는 결혼 후 조현병으로 시달리다가 끝내는 1946년 정신병원에 입원하게 된다. 해방 후에 귀국을 시도했지만 이승만 정부는 조선왕족의 귀국을 허락하지 않았다. 왕실복원운동이 일어날 것을 우려한 나머지 왕족의 귀국을 막았던 것이다. 그녀의 오빠 영친왕도 11살 어린나이에 일본에 볼모로 끌려 갔지만 박정희 정권에 이르러서야 귀국 허가를 받고 반신불수의 몸으로 귀국하여 불행한 최후를 맞이하였다. 그는 일본에서 양육되어 육군 중장까지 진급했고 귀족 이방자 여사와 결혼하여 이구라는 아들까지 낳았다.

일본의 정신병원에 입원해 있던 덕혜옹주는 일본에 볼모로 끌려간 지 37년만인 1962년에 병들어 불쌍한 몸으로 꿈에 그리던 조국에 귀국하게 된다. 그녀는 경복궁 낙선재에서 이방자 여사와 함께 살았다. 꿈에 그리던 조국에 귀국하였으나 병마를 이겨내지 못하고 불행하게 살다가 1979년 한 많은 생을 마감하게 된다. 그들은 왜 그렇게 비극적인 삶을 살았을까? 힘이 없었기 때문이다.

힘! 힘이 없었기 때문에 어이없이 나라를 빼앗기고 그들 남매의 의지와는 상관없이 일본의 조선왕실 말살정책에 의하여 비극적인 삶을 살았던 것이다.

최근 남북은 일촉즉발의 긴장상태에 있다. 전쟁이 나면 어떻게 되겠는가? 러셀은 "전쟁은 가장 어리석은 인류의 유산이다."라고 경고하였다. 전쟁은 인간을 파괴시킨다. 전쟁은 우리 민족을 파괴시킬 것이다. 그런데 우리 운명을 스스로 결정하지 못하고 강대국에 둘러싸여 운명을 강한 자에게 의지하고 있는 꼴이다. 핵 문제, 사드 문제, 남북대화 문제 어느 것 하나 독자적으로 해결하지 못하고 있다.

이것이 힘 없는 자의 비극이다. 인류의 역사 이래 세계의 역사는 힘의 논리가 지배하고 있다. 우리 한반도의 오늘은 백년 전 한반도의 역사를 재현하는 모습을 보이고 있다. 슬픈 일이다. 백년 전 조선반도를 둘러싸고 벌인 청일전쟁, 러일전쟁에서 모두 일본의 승리로 끝난 결과 조선의 식민지정책이 시작되었던 것이다.

과거를 망각하는 자는 과거를 반복하게 된다. 우리는 과거를 망각하고 있지 않는가! 심히 우려된다.

역사는 '힘 있는 자의 말은 정의'라는 것을 증명해 주고 있다. 힘! 힘! 힘을 길러야 한다.

힘 없는 자의 비극의 예를 들어 보자.

병자호란이 일어나 인조는 남한산성으로 피란을 갔으나 20만 명의 군사를 이끌고 조선에 쳐들어 와 항복을 강요하는 청태종에게 무릎을 꿇는다. 높은 용상에 앉아 있는 청태종 앞에 나아가 아홉 번 목례하고 세 번의 큰절로 군신의 의를 맺고 항복을 한다. 조선의 역사에서 그 이상의 치욕은 없을 것이다. 청군은 항복을 받고 철군하면서 조선의 부녀자 50만 명을 심양으로 끌고 갔다. 목적은 돈을 받고 되돌려 주려는 계략이었다. 많은 돈을 주고 부녀자를 찾아 온 사람들도 있었지만 대부분 가난했기 때문에 방치한 경우가 더 많았다고 한다. 그 중에 얼마의 여성들이 귀국하였는지 확실한 통계는 없지만 상당수 여인들이 고향으로 돌아왔다. 그러나 고향에서는 그녀들을 받아들이지 않았다. 청군에 몸을 준 여자들이라 하여 오히려 문전에서 쫓겨난 경우가 많았다. 그녀들은 집 밖에서 얼어 죽기도 하고 굶어 죽기도 하고 다시 청나라 심양으로 돌아가기도 하였다. 지금도 심양에 가면 '서탑거리'라는 데가 있는데, 그 '서탑거리'는 조선에서 잡아온 여자들을 노예로 팔던 곳이었다. 서탑 가는 길에는 큰 호수가 지금도 있다. 조선에서 다시 돌아온 여자들, 돌아갈 수 없던 여자들, 노예시장으로 끌려간 여자들이 수없이 몸을 던져 자결하였던 슬픈 호수이다. 중국 심양을 10여 번이나 여행하였는데 심양을 갈 때마다 그 '서탑거리'를 가보았다. 아! 그 여인들의 고통을 생각해 보라. 그 때 조선에는 환향녀(環鄕女)라는 새로운 유행어가 생겼다. 심양에서 돌아온 여자들을 두고 한 유행어인데, 이 환향녀가 환향년이라는 품행이 단정하지 못한 여자를 지칭하는 비속어로 남게 되었다. 아무 죄 없는 수많은 여인들이 비참하게 생을 마감한 책임은 누구에게 있는가?

병자호란 때 청으로 끌려간 여인들, 임진왜란 때 왜군에 능욕당한 수많은 조선의 여인들, 위안부로 끌려가 성의 노예로 인생을 망쳐버린 위안부 할머니들, 왜 그렇게 되었을까? 힘이 없었기 때문이다. 역사에서 이런 사례는 수없이 많다. 무능한 정부는 임란 때 조선의 선조처럼, 6.25 때 이승만처럼 도망치는데 앞장서고 전쟁이 끝나면 돌아와서 피란가지 못하고 남아 있던 백성들을 부역자라 하여 핍박을 주었다.

2-7. 힘 없는 종족의 비애

다른 나라에서 일어나고 있는 한 종족의 비애를 보자.

한 힘 없는 종족의 비애를 보고 불면의 밤을 보냈다. 너무도 비통하고 비통한 일들이 인간의 탈을 쓴 사탄들에 의해서 자행되고 있다. 미얀마에 가면 가난한 동네가 있다. 그 곳 처녀들을 납치하여 태국의 유흥업소로 끌고 가서 성매매를 시킨다. 그녀들은 감금 상태이기 때문에 탈출하지도 못하고 평생을 성노예로 보낸다고 한다. 세월이 가고 그들의 인생도 흘러 육신이 쓸모가 없어지면 그곳에서 마저 쫓겨난다. 사창가에서 버림받은 그녀들은 갈 곳이 없기 때문에 고향으로 돌아간다. 고향으로 돌아가면 고향에서는 반겨주기는커녕 부정탄 몸으로 왜 왔느냐고 다시 쫓겨난다. 그 불쌍한 여인들은 갈 곳이 없다. 그러면 그녀들은 나병환자촌으로 들어가서 나병환자와 함께 산다고 한다. 세상에 이런 일이 있을 수 있을까? 인간은 인간에 대해서 무서운 이리가 되는 경우가 너무도 많다.

믿을 수 없는 비극이다. 그러나 그 비극은 현실이다. 이 이야기는 어느 목사님이 새벽에 어느 방송사 라디오 프로에 나와서 한 이야기이다. 그들은 왜 비참한 인생을 살았을까?

힘이 없었기 때문이다.

그런데 그 목사님은 그녀들과 같은 불행한 사람들을 위해서 30년 동안 현지에서 봉사활동을 하고 있다고 한다. 감히 그 누구도 흉내낼 수 없는 하느님 사업을 그 목사님은 멀리 타국에서 하고 있는 것이다. 인간의 탈을 쓰고 그렇게 사악한 일을 하고 있는 사탄들이 있는가 하면 그 목사님 같은 천사의 일을 하고 있는 선인들도 있다. 그 목사님 같은 선인들에게 희망을 걸어보자.

위에서 이야기한 약육강식의 인류의 역사는 대표적인 사례에 불과하다. 인류의 역사가 시작된 이래 인간의 역사는 약육강식의 역사였다. 인간의 역사는 피로 쓰여진 역사다.

Ⅲ 힘의 원류 — 신천지를 찾아서

1. 신천지 — 혁명을 통해서

가지 않는 길

(전략)
단풍진 숲속에 길이 두 갈래
두 길을 갈 수 없어 유감이구나
나는 남들이 덜 다닌 길을 택했지
그것이 오늘을 있게 했구나

－로버트 프로스트－

인류의 발상지는 아프리카라는 것이 정설로 굳어지고 있다. 아프리카에서 약 600만년 전에 태동한 인류는 수많은 세월이 흐르면서 변화를 거듭하여 약 15만년 전에 오늘과 같은 인류의 모습으로 진화하였다고 한다. 이렇게 진화를 거듭하여 오늘에 이른 인류는 상상할 수 없는 경이적인 발전을 하여 왔다. 바둑 9단 이세돌과 인공지능 알파고의 대결에서 예상을 깨고 알파고가 4대 1로 승리하자 세계가 경악하였다. 인간의 감정에는 기복이 있지만 인공지능에게는 얼음 같은 이성의 두뇌가 있기 때문이다. 가까운 미래에 인간의 감정까지도 감지하는 로봇의 시대가 오리라고 예상하고 있다. 아무리 로봇이 발전하더라도 사랑하고 미워하는 감정까지 가질 수 있겠느냐고 생각했는데 머지않아 그 벽을 넘으리라는 예측이 나오고 있다. 로봇인간이 사람과 사랑을 속삭이는 시대가 온다면 우리 인간사회에 얼마나 무서운 변화가 올까?

인간이 이룩한 과학의 힘이 알파고를 만들어 냈고 알파고가 태어나기까지 인간은 혁명적인 혁신을 계속하여 왔다. 인류는 혁명과 혁신을 통해서 새로운 세계를 창조해 왔다. 그 결과 오늘의 최첨단 과학문명의 세기를 맞이하게 되었다. 신천지를 개척한 혁명의 역사를 간단히 조명해 보기로 하자.

첫째는 농업혁명이다.

인류는 아프리카에서 발상한 이후 수렵, 어업, 농업 등 원시적인 방법으로 식생활을 해결하다 농업혁명을 일으켰다. 비로소 인간에 의해서 경작이라

표 1-1 농업혁명의 출현

지 역	출현시기	작물화된 식물과 가축화된 동물	
		식 물	동 물
비옥한 초승달 지역	기원전 8,000년경	밀, 보리	염소, 양, 소 ,돼지
중국 중부 (양쯔강 유역)	기원전 6,500년경	쌀	돼지, 물소
중국 북부 기원전 (황허강 유역)	기원전 6,500년경	기장	닭, 돼지
앙 아메리카 (멕시코)	기원전 3,000년경	옥수수, 호박, 콩	
남아메리카 (페루,칠레)	기원전 2,500년경	감자, 키누아	라마, 알파카 기니피그
아프리카 (사하라 이남)	기원전 2,000년경	사탕수수, 기장	소

(「인류의 역사」, Cyril Aydon)

는 것이 시작되었다. 농업혁명은 수만년 계속되어 왔다. 인간이 개를 기르기 시작한지가 14,000년 전이라고 하니 인간은 그 이전부터 농경사회를 유지하여 온 것이다. 동굴에서 삶을 이어온 원시생활에서 인간에게 농업의 눈이 뜨이기 시작하였다.

둘째는 산업혁명이다. 17세기 영국에서 수공업이 발달하면서 산업혁명, 이른바 기술이 인간사회에 본격적으로 도입되기 시작하였다. 산업혁명의 주체는 석탄과 철이었다. 그러나 산업혁명기에 가장 눈부시게 발전한 분야는 면공업이었다. 면공업 중심의 산업혁명을 통해서 인근 도시들이 눈부시게 발전하였다. 리버풀은 1600년에 겨우 인구 1,000여 명이었으나 1700년 무렵 5,000여 명으로 늘어났고 1800년에는 7만여 명으로 급증했다. 인근 맨체스터는 최초의 면직공장이 들어서면서 면공업의 상징이 되었다. 산업혁명으로 인하여 자본주의가 도입되기 시작하였다고 볼 수 있다.

영국에 산업혁명이 일어날 당시 마르크스는 영국 도서관에 다니면서 공부하던 시기였다. 당시 영국에서는 노동력이 부족하여 런던 거리에서 승합차로 여학생들을 납치하여 섬유공장에서 일을 시키는 일까지 일어나고 있었다. 마르크스는 산업혁명기에 노동력을 착취하고 노동자에게 비인간적인 대우를 하는 자본가 계급의 착취에 눈을 뜨게 되었다. 마르크스가 영국에서 깨닫고 외쳤던 일성이 인간적인 사회주의였다. 그 후 공산주의 이론에 인생을 바치게 된다. 그 결과가 자본론이다.

마르크스는 20대에 박사학위를 받고 대학 교수가 되기를 희망하였으나 조국 독일에선 어느 대학에서도 그를 받아주지 않았다. 그는 실망한 나머지 영국으로 떠났다. 영국에서 노동자들이 착취당하는 것을 보고 가난했던 마르크스는 공산주의에 눈을 뜨게 되었던 것이다. 역사에 만일이라는 단어는 없지만 독일 어느 대학에서 만일 교수로 채용해 주었더라면 그는 영국에 가지 않았을 것이고, 영국에 가지 않았더라면 공산주의는 태어나지 않았을지도 모른다. 역사란 사소한 사건이 빌미가 되어 변혁이 일어나기도 한다.

셋째로 생산성혁명이다. 생산성혁명을 통해서 인류는 자본주의 시대를 여는 획기적인 변화의 시대를 맞이하게 되었다. 대량생산의 역사가 시작되었고 자본주의 사회가 공산주의 사회를 극복하는 계기가 되었다. 마르크스가 죽기 2년 전에 미국의 테일러(Tayler)에 의해서 생산성(Productivity)혁명이 일어났는데 마르크스는 생산성이라는 단어를 알지조차 못했다. 생산성혁명으로 인해 대량생산과 '선생산 후분배'라는 자본주의 경제체제가 본격화되기 시작하였다 하여도 과언이 아니다.

넷째, 경영혁명이다. 생산성혁명을 통해서 대량생산이라는 기업경영의 시대가 돌아와 자본주의 사회의 급격한 발전을 가져오게 되었다. 여기에서 효율적이고 능률적인 기업경영에 부응하기 위해서 태동한 혁명이 경영혁명이다. 경영혁명을 통해서 이른바 경영자의 시대가 도래하게 되었다. 자본주의 사회의 핵심은 기업이며 자본주의 사회 발전의 핵심을 담당하는 계층이 경영자이다. 미국에서는 빌 게이츠라는 경영자가 혜성처럼 나타났고 한국에서는 이병철, 정주영이라는 거인들과 함께 많은 경영자들이 나타나 기업경영의 선봉에서서 한국경제의 발전에 견인차 역할을 하였다.

인류 혁명사를 보면 인간의 세계는 지식에서 지식으로 이어오면서 지식의 발전에 바탕을 둔 혁명이 일어났던 것이다. 앞에서 말한 인공지능 알파고 이야기는 지식혁명의 좋은 사례이다. 경영혁명은 새로운 기술, 새로운 기업경영의 발전을 가져온 지식을 통해서 이루어졌다. 인류의 발전사, 인류의 혁명사는 지식의 혁명사라 할 수 있으며, 인류가 추구해 온 역사의 흐름은 지식의 흐름이라 할 수 있다. 즉, 인류의 역사란 지식에서 지식으로의 이동의 역사요, 지식의 이동은 힘의 이동을 동반하였다. 중국이 G2가 되어 미국에 맞서겠다고 으름장을 놓고 있지만 아직까지 세계 최강대국은 미국이라는 것을 부인할 수 없다. 그 힘은 어디서 나오는가? 국토, 인구 등 환경적 요인과 더불어 지식과 과학에 있다. 미국은 여전히 영토대국에, 지식의 종주국이요, 과학의 종주국이다. 세계 모든 나라 젊은이들이 지식을 학습하기 위해서 미국으로 몰려든다. 중국이 미국에 버금가는 과학기술을 자랑하고 있지만 오늘날 중국의 과학기술은 미국유학파에 의해서 뿌리가 심어졌다.

지식이동의 역사가 인류문명의 이동에서 밝힌 바와 같이 신천지를 개척해 온 인류의 역사라 할 수 있다. 신천지를 개척한 민족이나 개인이 힘을 가지게 되고 그 힘으로 영토를 넓히고 지배하여 왔다.

지식에 바탕을 둔 경영혁명을 통해서 발전해 온 오늘의 사회를 우리는 지식사회라 부른다. 이 지식사회에도 변화의 바람이 태풍처럼 불고 있다.

자율주행자동차 시대가 오고 학습하는 로봇인간의 시대가 다가오고 있다. 아니 이미 이러한 시대가 왔다. 하늘을 나는 자동차가 등장하였다. 스마트폰이라는 백과사전을 애인처럼 끼고 산다. 인간생활에 엄청난 변화의 시대가 오고 있다.

다섯째, 지식혁명은 컴퓨터 혁명을 가져 왔다. 컴퓨터는 지식발전의 결정체이다. 컴퓨터 없는 현대사회는 암흑이요, 장님이다. 몇십 년 전 비포장도로를 다닐 때가 있었다. 그 때는 길이 너무 험하여 비오는 날에는 장화를 신어야 했었다. 필자가 근무했던 어느 대학도 학교로 들어가는 길이 너무 험하여 비오는 날에는 장화가 꼭 필요했었다. 그 대학에서는 마누라 없이는 살아도 장화 없이는 못 산다는 말이 떠돈 적도 있었다. 현대는 마누라 없이는 살아도 컴퓨터 없이는 못 사는 시대가 되었다. 컴퓨터는 현대인의 우상이요, 신이 되었다. 컴퓨터 혁명은 지식혁명의 총화라 할 수 있다. 새로운 산업혁명시대가 왔

표 1-2 인류혁명의 흐름

문명의 구분	권력의 무기	부의 원천	기간	교육
농경사회	칼, 창	토지	수만 년	전수, 붓
산업사회	총	자본/노동	300여 년	인쇄된 교과서
지식사회	지식, 정보, 기술	지식	30년 20년 10년 ?	컴퓨터

다고 떠들썩하다.

인류문명 발달과정 중 혁명의 기간을 보면 농업혁명은 수만년, 산업혁명은 18세기 중엽부터 19세기 중엽까지 100년이나 걸렸다. 생산성혁명이 세계적으로 전파되는 데는 1880년부터 제2차대전이 끝날 때까지 70년이 걸렸는데 경영혁명이 세계적으로 파급되는 데는 1945년부터 1990년까지 50년이 채 걸리지 않았다. 그러나 컴퓨터혁명은 2~30년 사이에 세계를 휩쓸고 있다. 앞으로 인류의 미래에 무슨 혁명이 일어날지는 예측하기 어렵지만 그 혁명의 주기는 단축되리라는 것을 예측할 수 있다. 컴퓨터혁명이 진일보하여 이른바 인공지능의 시대가 도래하였다. 인공지능의 시대를 통칭하며 4차 산업혁명이라고 부른다. 인류문명 이동의 힘은 4차 산업혁명의 선두에 선 나라에게로 쏠리게 될 것이다. 4차 산업혁명은 새로운 생산성혁명이 될 것이다. 생산성혁명은 과거의 생산성혁명과는 그 차원이 다른 혁명이 될 것이다.

예컨대 인공지능 시대가 오면 인공지능의 역할은 상상을 초월하는 기능을 발휘할 것이다. 인공지능은 잠을 잘 필요가 없으며, 휴식도 필요 없고, 휴가도 필요 없다. 월급도 필요 없고 연금도 필요 없다. 고급 주택도 필요 없다. 오직 인간의 설계에 의해서 인간이 원하는 일을 24시간 할 수 있다. 테일러식 생산성혁명은 아이들 장난에 불과할 것이다.

인공지능이 인간의 감정을 이식받아 인간과 같은 요구를 한다면 세계는 대혼란이 일어날 것이다. 인류의 미래는 예측불허의 대폭발이 일어날지 모른다. 여기에 대비하는 길은 인공지능은 인간이 지배하는 인간을 위한 도구가 되어야 한다는 것이다.

인공지능의 발달로 자율주행자동차 시대가 도래하고 있다. 영국에서는 자율주행자동차법을 만든다고 한다. 자율주행자동차 시대의 사회변화 모습을 보자.

인류는 혁명을 통해서 신천지를 개척하고 창조해 왔다. 인류의 혁명은 지식에서 지식으로의 혁명이었고, 문명에서 문명으로, 힘에서 힘으로의 혁명이었다. 신천지를 찾아 가는 길은 궁극적으로 힘을 찾아 가는 길이요, 영토를 넓

표 1-3 자율주행자동차의 영향

긍정적인 영향	부정적인 영향
1. 안전성이 강화된다. 2. 업무나 미디어 콘텐츠에 집중할 수 있는 시간이 증가한다. 3. 운전하며 발생하는 스트레스와 분노가 감소한다. 4. 노년층과 장애인들의 이동성이 향상된다. 5. 전기자동차가 도입된다.	1. 일자리(택시, 트럭운전사 등)가 감소한다. 2. 자동차 보험과 긴급출동서비스가 변화한다. 3. 도로교통법 위반으로 발생하는 세수가 감소한다. 4. 자동차 수요가 줄어든다. 5. 운전에 대한 법률구조가 변한다. 6. 해킹과 같은 사이버 공격이 발생한다.

(「4차 산업혁명」, 클라우스 슈밥 참조)

히는 길이었다. 인류의 역사는 전쟁의 역사다. 지상에 총소리 없는 날은 거의 없었다. 과거 전쟁의 3대 원칙은 영토, 살상, 속도였다. 많은 영토를 차지하고 적을 한사람이라도 많이 살상하고 얼마나 빨리 영토를 넓히고 사람을 죽이느냐에 달려 있었다. 오늘날도 내용만 달라졌을 뿐 방법에는 변화가 없다. 오늘의 영토는 식민지 시대와 달라 정치적·경제적 영토의 확대에 있다. 현실적인 예로 미국과 중국은 그들의 정치적·경제적 영토 확장을 위해서 엄청난 경쟁을 하고 있다. 그들은 영토전쟁을 하고 있는 것이다. 오늘날 살상의 의미는 무역전쟁을 통해 무역의 영토를 넓히는 데 있다. 자기 나라 제품을 세계에 수출하기 위해서 피나는 경쟁과 노력을 하고 있다. 한국이 무역전쟁을 통해서 경제적 영토를 넓히지 않았더라면 오늘 한국경제는 초라하기 그지없을 것이다. 한국은 무역전쟁을 통해서 경제적 기적을 이룩한 나라이다. 사드 문제로 중국은 한국에 얼마나 경제적 보복을 하고 있는가? 이것이 전쟁이 아니고 무엇이겠는가?

인간의 역사는 속도전이다. 얼마나 빨리 적을 살상하고 제압하느냐에 초점을 두고 있다. 징기스칸이 그 시대에 그 광활한 땅을 정복한 것도 속도전에서 승리하였기 때문이었다. 그들은 달리는 말에서 활을 쏘고 비에 젖지 않은 화살을 개발하고 오늘날의 패스트푸드와 같은 마른 육포를 전쟁용으로 이용하였다. 농경문화의 유럽인들은 이 유목민의 기동성에 손을 들었던 것이다.

전쟁의 속도전은 무역전쟁으로 이전되었다. 얼마나 빨리 자기의 우수한 제품을 소비자가 원하는 장소에 배달하느냐에 무역전쟁의 승패가 달려 있다. 한국의 빨리빨리 문화가 이 무역전쟁이라는 속도전에서 빛을 보고 있다고 할 수 있다.

그렇다고 전쟁의 기본 틀이 사라진 것은 아니다. 군사적 전쟁의 요소는 여전히 살아있어 인간의 도를 넘는 전쟁을 하고 있고 전쟁을 준비하고 있다. 그것이 몇 천 킬로미터를 날아가는 장거리 미사일의 개발이다. 북한의 ICBM 실험은 한국뿐만 아니라 세계를 긴장하게 하고 있다. 군사전쟁, 경제전쟁은 오늘도 계속되고 있다. 평화의 세계를 구축하여 전쟁 없는 세계를 만들고 공동선의 삶을 누리는 것은 한 바탕 꿈일런지. 그 꿈의 실현을 위해서 인류의 지혜를 모을 그날을 기대하여 본다.

인간의 역사는 신천지를 찾아가는 역사이다. 신천지를 찾아가는 선두에 선 자가 미래사회를 이끌어가는 주역이 될 것이다.

2. 신천지 창조의 사례를 찾아

2-1. 신천지 창조의 3대 요인: 변화, 생산성, 경영

1) 초강대국 소련의 패망

신천지를 창조하고, 창조한 신천지를 계속 유지·발전시키기 위해서 새로운 세계를 창조했다는 안일한 만족감에 젖어 있어서는 안 된다. 곧 몰락의 그림자가 찾아오게 된다. 자동차 세계의 끝없는 변화에서, Google의 끝없는 도전에서 우리는 생존을 위한 투쟁은 변화라는 것을 읽을 수 있다. Google은 인공지능을 개발하여 세계적 바둑천재 이세돌을 제압했고 중국의 바둑왕 커제를 완패시켰다. 또한 무인자동차의 실용화를 내다보고 있다. 하늘을 나는 자

그림 1-3 하늘을 나는 자동차의 출현

동차를 개발하여 그 영업 허가권을 따냈다. 이 얼마나 놀라운 일인가? 세계는 왜 이렇게 급변하고 있을까? 그 답은 혁명적인 변화를 하고 생산성 향상을 위한 기술을 발전시키고, 변화와 생산성 향상을 충족시킬 수 있는 효과적인 경영능력이 발전하였기 때문이다. 혁명적으로 변하고 있는 사회에 적응하고 선도하기 위한 답은 변화, 생산성, 경영에 있다고 믿는다.

그 실증적 예를 한 나라의 흥망의 운명에서 찾아보자.

만법귀일(萬法歸一), 모든 조직경영의 원리는 하나의 원칙에서 출발한다. 공산혁명을 일으켜 초강대국이 되었던 소련이 74년만에 어이없이 무너진 원인을 찾아보자.

레닌은 공산혁명을 일으켜 신천지를 창조하였다. 그런데 74년만에 막을 내렸다. 수십 개의 위성국을 거느리고 세계를 양분하여 공산주의 종주국으로 74년 동안 군림하던 초강대국 소련은 왜 하루 아침에 역사의 장막 뒤로 사라졌을까.

드러커(Drucker) 박사는 그 원인을 다음과 같이 분석하고 있다. 소련의 패망원인을 찾으려면 2,000가지도 넘겠지만 요약하면 다음 3가지로 집약할 수 있다.

변화에의 실패
생산성 낙후
경영의 부재

드러커는 그의 저서 「새로운 현실」에서 소련이 패망할 것이라고 예언적인 진단을 내렸는데 그의 진단은 적중하였다.

변화에 실패한 소련: 인류의 역사는 신천지를 찾아 가는 역사요 신천지는 변화를 통해서 이루어진다. 따라서 변화를 추구하여 신천지를 개척한 민족이 세계를 이끌어 가는 것이 역사의 현실이다. 그런데 소련은 74년 동안 마르크스-레닌의 공산주의 사상을 일관되게 추종하여 왔다. 다른 나라에 자기 나라의 공산주의 교리의 적용을 강요하고 거부한 국가는 수정주의라 하여 탄압을 하고 무력으로 정권을 무너뜨리기도 하였다. 헝가리, 체코 등이 좋은 예이다. 체코의 수도 프라하에 가면 자유를 위해서 소련의 군홧발에 맞서 싸웠던 자유의 벽이 있다. 그 자유의 벽에는 소련 군의 침공에 맞서 싸웠던 체코인들의 처절한 자유를 위한 투쟁사가 쓰여 있다. 이에 반하여 자본주의 사회는 변화를 거듭하였다. 생존에 필요하다면 공산주의 정책까지도 수혈하였다. 자본주의도 문제가 많지만 그 결과 자본주의는 지금까지 생존하고 있다. 변화, 특히 오늘날 컴퓨터 시대에 있어서 변화하는 시대사조를 선도하지 못한 국가와 개인은 사라지게 되어 있다.

둘째, 생산성의 문제다. 현대 국가 사회의 생존 요건은 생산성 문제에 있다. 자본주의의 선도국가 미국은 생산성에 있어서 세계 우위를 달리고 있다. 미국은 테일러가 등장하여 생산성이론을 제창하고 이를 기업경영에 적용하여 생산성혁명을 일으켰다. 앞에서도 언급한 바와 같이, 칼 마르크스가 죽기 2년 전에 테일러에 의해서 생산성혁명이 일어났지만 마르크스는 생산성(productivity)이라는 말을 알지도 못하였다. 이 생산성의 낙후는 공산주의 소련이 사라지는 결정적 요인이 되었다. 공산 말기 가장 인기 있는 직업은 택시 운전수와 콜걸

(call girl)이라는 소문이 떠돌 정도였다. 소련의 노만크라스트라는 공산주의 귀족 200만 명을 제외한 대다수 국민의 생활은 비참하였다. 이것이 군사 초강대국 소련의 실상이었다.

소련의 패망은 자본주의 국가와의 전쟁에 의해서가 아니라 스스로 무너진 것이다. 변화하는 세계사의 조류를 선도하지 못하고 생산성 싸움에서 미국과 다른 서방국가에 졌기 때문이다. 생산성의 문제, 이는 국가나 조직이나 개인이나 생존에 있어 관건이라 할 수 있다.

다음은 경영의 문제이다. 현대사회는 경영자 사회이다. 미국은 경영자혁명을 통해서 세계 초강대국으로 성장하였다. 현대사회에 있어서 모든 조직은 효과적인 경영을 통해서 발전하고 있다. 그런데 소련은 현대적인 경영기법을 도입하지 못하고 공산주의 교리의 포로가 되어 생산성 향상을 통한 국민경제의 성장은 멈추고 말았다. 생필품이 부족한 국민들은 비참한 생활을 할 수밖에 없었다.

소련의 패망원인을 변화, 생산성, 경영에서 찾았지만 이는 신천지를 찾아가는 모든 조직과 개인에게 타산지석의 교훈을 주기 위해서 거론한 것이다.

국가도, 조직도, 개인도 새로운 세계를 건설하기 위해서는 변화, 생산성, 경영이라는 세 가지 핵심요인에 대한 철저한 시대의식으로 무장하여 혁명적 혁신을 계속하지 않는 한 몰락하고 마는 것이 역사의 증언이다. 소련의 패망에서 우리는 값진 교훈을 얻어야 한다.

만법귀일(萬法歸一), 세상의 모든 이치는 하나의 원리에 귀착되고 하나의 원리에서 출발한다. 소련의 패망원인인 변화, 생산성, 경영의 3대요인은 어느 나라, 어느 기업, 어느 개인이나 모두 교훈으로 삼아야 할 핵심 요인이다. 망하지 않고 실패하지 않고 계속 생존하기를 원하거든 3대 핵심요인 관리에 성공하라. 변화, 생산성, 경영의 논리도 시대의 흐름에 따라 변화되어야 한다. 알파고식 변화, 생산성, 경영의 혁명이 필요하다.

나라는 허망하게 무너지는데 소련의 지도자들은 무엇을 하고 있었던가? 지도자는 미래에 대한 예측 그리고 창조적인 대처능력이 있어야 한다. 지금 한국의 지도자들은 무엇을 하고 있는지?

2) 신천지를 개척한 중국의 주역, 등소평

같은 공산국가이며 소련보다 더 빈곤했던 중국은 종주국 소련과 동구 여러 나라들이 패망했음에도 불구하고 패망하지 않고 어떻게 하여 초강대국 미국을 위협하게 되었을까? 그 원인을 찾아보자.

모택동과 장개석 두 거인의 투쟁은 중국의 역사를 바꾸어 놓았고 세계의 역사를 바꾸어 놓았다. 이들이 투쟁을 시작할 때(1930년대) 장개석 군대는 정규군 50만, 모택동 군대는 오합지졸 5만에 불과하였다. 그들은 혈투를 계속하다가 모택동이 승리하여 1949년 10월 모택동은 천안문광장에 붉은 기를 꽂았다.

여기서 잠깐 두 진영의 승패요인을 보자. 모택동의 전략은 첫째, 게릴라 전법, 둘째, 농민을 잡아라였다. 장개석은 뚜렷한 핵심 전략이 없었다. 평범한 재래식 전략이었다. 그렇다면 패인은 무엇인가. 모택동은 군사 교육을 한 시간도 받지 않은 사람이었지만 영웅적인 전략가였다. 그는 두 가지 핵심전략을 구사하여 장개석의 군대를 패배시키는데 성공하였다. 모택동이 승리하게 된 것은 뛰어난 전략과 장개석의 국가 운영의 실패도 한 몫을 하였다. 역사가들에 의하면 장개석의 패배에 대하여 첫째는 인플레, 둘째는 부패라고 주장하기도 하였다. 인플레와 부패가 국가경영에 얼마나 중요한 요인인지 명심할 필요가 있다.

모택동은 기발한 게릴라 전략으로 승리하여 공산정권을 수립하였지만 그가 약속한 빈곤문제는 해결하지 못하였고, 집권 말기 한 때는 연 3,000만 명씩이나 아사자가 생겼다. 10여년 전 북경을 방문하였을 때 중국의 한 교수에게서 모택동의 집권 말기에는 2,000만 명이 신발 없이 맨발로 살았다는 이야기를 들은 적이 있다. 그것이 인민들에게 낙원을 약속하며 세운 정권의 참상이었다.

이때 중국을 살릴 영웅이 나타났다. 등소평이라는 거인이다. 모택동 시대가 가고 등소평 시대가 온 것이다. 중국은 운이 좋은 나라이다. 두 거인은 적당한 때 출현한 것이다. 모택동이 공산혁명을 일으켰다면 등소평은 경제혁명을 일으켰다. 등소평의 흑묘백묘(黑猫白猫)론(흰 고양이든 검은 고양이든 쥐만 잡으면 된다)은 중국 개혁·개방의 상징이 되었다. 심천에 가면 등소평이 흑묘백묘론을 선언했던 장소가 남아 있다. 등소평은 인구 2만의 소도시 심천을 개방특구로 삼았다. 등소평의 개방정책이 오늘날 중국이 정치적으로는 공산주의를 추구하면서도 경제는 개혁·개방정책을 추구하여 미국을 위협하는 세계 제2의 경제대국으로 성장하여 위안화가 드디어 세계 기축통화가 되었다. 놀라운 변화이다. 만일 중국이 소련처럼 마르크스－레닌주의를 고집하고 모택동의 인민공사식 농업정책을 계속하였더라면 오늘의 중국의 운명은 어떻게 되었을까? G2라는 세계 강대국이 되어 미국을 위협하고 세계에 영향력을 행사할 수 있었을까? 아마도 중국은 북한처럼 세계 최빈국이 되었거나 소련처럼 붕괴되었을런지도 모른다.

등소평이라는 거인이 소련의 패망원인인 변화, 생산성, 경영에 대한 문제의식을 가지고 중국의 빈곤문제를 해결하는 위대한 혁명을 성공시켜 영웅으로 등장하였다. 그의 최우선의 과제는 13억 중국인의 빵 문제를 해결하는 것이었다. 그 때 중국 휘난성 농촌마을에 18인의 농민결사 사건이 일어났다. 그 마을 농민들은 인민공사 시절 "공동으로 농사를 지어 국가에 할당량을 제공하고 나면 식량이 부족하여 굶어 죽는 사람들이 속출하였다. 어느 날 18인의 농민들은 역사적인 결의를 하였다. 인민공사에서 할당해 준 마을의 공동경작지를 18등분하여 각자 농사를 짓자. 소득이 나면 국가에서 할당한 양을 납부하고 나머지 소득은 각자 소유하기로 하자. 만일 우리 중에 주자파라고 하여 감옥에 가거나 사형당한 사람이 발생할 경우 그 자식들은 남아 있는 사람들이 책임을 지자."라고 결의하였다. 일 년 후 이 마을은 농사가 풍작이 들어 할당량을 내고도 남아 그 식량으로 굶주림을 면할 수 있었다. 다른 마을에서는 아사자가 속출하였으나 이 마을에서는 굶어 죽은 사람이 나오지 않았다. 이 소식이 등소평의 귀에 들어갔다. 등소평은 주자파라고 감옥에 보내는 대신 "이것이구나!"하고 무릎을 쳤다. 등소평의 유명한 말 "흰 고양이든 검은 고양이든 쥐만 잘 잡으면 된다."는 경구는 18인 농민결사에서 얻은 아이디어였다. 등소평의 위대한 개혁·개방의 교사는 칼 마르크스의 자본론이나 북경대학의 경제학 교수들이 아니라 휘난성의 무식한 농민들이었다.

한 사람의 위대한 지도자가 나라의 운명에 얼마나 큰 역할을 하며, 한 사람의 위대한 기업인이 나라 경제에 얼마나 큰 역할을 하는가를 생각해야 한다.

지금 이 순간 여러분의 살고 있는 세계는 패망의 소련처럼 닫힌 사회인가? 등소평의 중국처럼 변화, 생산성, 경영에 대혁신을 일으키는 열린사회인가? 지금 이 순간 나는 나 자신을, 나의 조직을, 이 시대를 변화시키기 위해서 어떤 역할을 하고 있는가? 생산성혁명을 일으키고 있는가? 조직체를 효율적으로 경영하고 있는가라는 명제에 고민해 보라.

고뇌 없는 인간의 삶은 공허하다.

3) 가지 않은 길—삼성전자 이병철

삼성전자는 1969년 1월 13일 삼성그룹 고 이병철 회장에 의해서 설립되었다. 이회장이 삼성전자를 설립하겠다고 나섰을 때 참모진은 물론 비서진까지도 반대했었다. 심지어 이병철 회장이 자문을 구했던 일본의 친지들까지도 삼성전자의 설립을 반대했었다. 한국은 전자회사를 설립하기에는 너무 이르다는 것이었다. 이회장은 두 차례의 오일쇼크를 겪으면서 고부가가치 산업(하이테크, 반도체)으로 전환을 주장했고 철저하게 준비를 하였다.

사람이 어떤 결정을 내릴 때 모두의 반대를 무릅쓰고 독단적인 결정을 내린다는 것은 어려운 일이다. 특히 개인적인 사소한 일도 아니고 회사의 운명이 달려 있는 의사결정을 한다는 것은 더욱 어려운 일이다. 이병철 회장은 모두가 반대하는 전자회사를 그의 나이 73세에 설립하였다. 당시 73세면 은퇴하여 먼 나라로 떠날 준비를 할 나이였다.

지도자는 미래를 내다보는 탁견과 그 탁견을 실행할 수 있는 결단력이 있어야 한다. 이회장은 위대한 결정을 내렸던 것이다. 주위에서 비웃고 걱정하는 동안에 그는 미국, 일본 등 세계의 경제를 연구하고 반도체 사업을 시작하기 위해서 준비를 철저히 하였다.

삼성전자는 2017년 1분기 매출액 50조원, 영업이익 9조 9,000억원에 이르고 있다. 영입실직이 기복이 있기는 하지만 기업경영에서 기복은 있기 마련이다.

삼성전자 없는 삼성, 삼성전자 없는 한국경제는 생각할 수조차 없다. 세계를 여행하다 보면 유명도시의 요지마다 삼성전자 광고판이 눈을 부시게 한다. 한국인이라는 자부심이 생긴다. 위대한 지도자는 역사를 창조하고 무능한 지도자는 역사를 퇴행시킨다. 가지 않는 길을 가기 어렵지만 황량한 광야에 새 길을 내 놓으면 인생을 헛되이 살지 않았다고 미소짓고 떠날 수 있지 않을까?

지나간 일을 생각하지 말라
흘러간 일에 마음을 묶어 두지 말라
보아라 내가 이제 새 일을 시작하였다
이미 싹이 돋았는데 그것이 보이지 않느냐
내가 사막에 큰 길을 내리라
광야에 한 길들을 트리라

— 이사야서 43장 —

4) 모험의 기업인, 손정의 소프트뱅크 창업자

재일 기업인 손정의, 그는 일본에서 태어난 재일 한국인 2세이다. 그는 한국 국적을 보유하고 일본에서 세계적인 기업을 경영하고 있다. 그는 1980년 3월 미국 유학에서 돌아와 1년 6개월 동안 빈둥빈둥 놀았다. 친척들은 그가 미국에서 뭘 배워가지고 왔는지 모른다고 수근거렸다. 그러나 그냥 놀고 있는 것이 아니었다. 놀고 있는 것처럼 보였지만 오늘의 세계적인 기업가 손정의를 있게 한 사업 구상을 하였다. 사업 구상 결과, 80년대 PC 대중화 시대가 오리라는 것을 예견하고 그에 필요한 소프트웨어 개발에 뛰어들기로 하였다.

1981년 9월, 그의 고향과 가까운 후쿠오카현 오도시로시에서 소프트뱅크를 창업하였다. 에어컨도 없는 허름한 건물 2층에서 직원 두 명을 구했다. 첫날 그들을 앞에 놓고 귤 상자에 올라 한 시간 가량 열변을 토했다. 곁에서 낡은 선풍기가 윙윙 돌았다.

"우리 회사는 세계 디지털 혁명을 이끌 것이다. 30년 후에는 두부 가게에서 두부를 세듯 매출 1조(엔), 2조(엔) 단위로 세게 될 것이다. 사업을 하겠다는 자가 천억이니 오천억이니 하는 것을 숫자라 부를 수 없지 않은가!"

이렇게 고래고래 소리를 지르니 둘 다 완전히 기가 질린 듯 했다. 그들은 결국 두 달을 못 채우고 나가 버렸다. "저 인간 제 정신이야?", "미친놈!" 하면서…

손정의는 그렇게 사업을 시작하였다. 손정의의 성공핵심은 다음 [그림 1-4]로 정리할 수 있다.

손정의의 성공비결은 어디에 있을까?

첫째, 미래 변화에 대한 정확한 예측

둘째, 업종을 선택하기 전 100번의 노크(100 Knocks). 경영진단 시스템을 통한 점검 후 사업 선택. 그는 특정 사업에 대한 100가지 지표를 그래프화해 일목요연하게 살필 수 있도록 했다. 검토 항목을 일만 개까지 늘릴 수 있다.

그림 1-4 손정의 창업 키워드

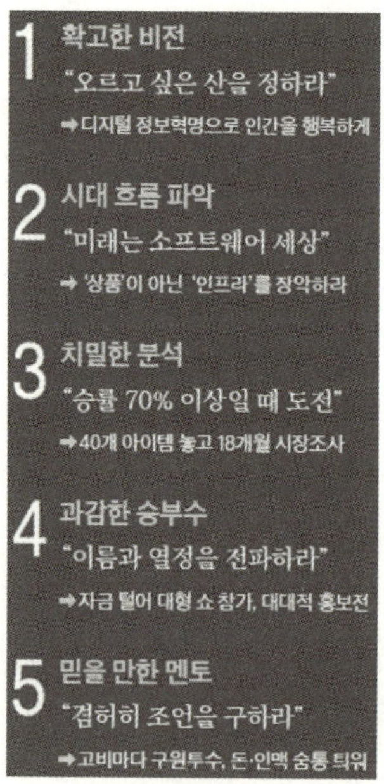
1 확고한 비전
"오르고 싶은 산을 정하라"
➡디지털 정보혁명으로 인간을 행복하게

2 시대 흐름 파악
"미래는 소프트웨어 세상"
➡ '상품'이 아닌 '인프라'를 장악하라

3 치밀한 분석
"승률 70% 이상일 때 도전"
➡40개 아이템 놓고 18개월 시장조사

4 과감한 승부수
"이름과 열정을 전파하라"
➡자금 털어 대형 쇼 참가, 대대적 홍보전

5 믿을 만한 멘토
"겸허히 조언을 구하라"
➡고비마다 구원투수, 돈·인맥 숨통 틔워

출처: 중앙일보, 2011

그렇게 세밀하게 검토하고 승률 70%의 확신이 설 때 도전한다는 경영전략을 세웠다.

셋째, 과감한 전략의 수행. 그는 일단 시작한 사업에 대해서는 불같이 뜨겁게 추진하였다.

넷째, 천재적인 상상력과 결단력 그리고 강력한 추진력에 있다고 하겠다.

이러한 경영전략을 세우고 사업을 시작한 그는 짧은 기간에 자기가 설립하는 소프트뱅크를 세계적인 기업으로 성장시켰다(중앙일보 참조). 손회장은 무일푼으로 아이디어 하나만 가지고 사업을 시작하여 단시일 내에 세계적인 기업인이 된 전설적인 사람이다. 신은 모든 인간에게 무한한 능력을 주었다. 능력의 빛은 그 능력을 발휘하기 위하여 고뇌하는 자에게만 찾아든다. 여기에서 왜 손회장의 사업 사례를 들었는가. 그는 무일푼으로 오직 미래를 예측하고 사업 아이디어의 실현 여부에 대한 확실한 승률을 발견하고 인생을 걸었다. '미친놈' 소리를 들으면서…

우리 사회가 어렵다고 인생을 포기할 수는 없지 않는가? 젊은 청년들이 사랑을 포기하고 직장을 포기하고 결혼을 포기하고 포기, 포기하면 인생을 포기하게 된다. 손회장 같은 사람도 있으니 다시 일어서 보자는 간절한 연민에서 손회장의 사례를 소개하였다.

인간은 모두 천부적으로 무한한 능력을 가지고 태어났다. 토익 만점을 맞고도 갈 곳을 찾지 못하고 거리를 방황하는 젊은이들이 많다. 나라의 지도자들, 지도자가 되겠다고 떠드는 사람들이여 현실을 보아라. 그대들의 책임이 얼마나 막중한지. 젊은 청년들이여! 그래도 포기하지 말자! 그 무한한 능력의 힘으로 살길을 찾아보자.

2부

힘의 역사를 쓰기 위하여

– 부유한 채 죽는 것은 인간의 치욕이다 –

I 인생의 길 — 창조의 길

서산대사가 묘향산에서 수도하고 있는 사명당을 찾아갔다.

사명당: (누운 채로) 어느 길로 왔는고?

서산대사: 옛 길을 따라 왔습니다.

사명당: (벌떡 일어나며) 옛 길을 따르지 말라.

서산대사의 이마에서 번쩍 번개가 쳤다. 순간 새로운 서산대사가 태어났다.

새로운 길

내를 건너서 숲으로
고개를 넘어서 마을로
어제도 가고 오늘도 갈
나의 길 새로운 길
민들레가 피고 까치가 날고
아가씨가 지나고 바람이 일고
나의 길은 언제나 새로운 길
오늘도, 내일도,
내를 건너서 숲으로
고개를 넘어서 마을로

– 윤동주 –

1. 수평적 창조의 길은 연상작용으로부터

우주는 육체를 덮고 마음은 우주를 덮는다는 엄청난 경구를 생각해보자. 앞 장에서 설명한 바와 같이 마음은 우주처럼 무한하며, 무한한 마음은 무한한 능력의 보고이다.

그렇다면 어떻게 무한의 능력을 발휘하여 신천지를 개척하고 의미 있는 인생을 살 것인가. 그것은 연상작용을 최대한 활용하는 것이다. 연상작용이란 이것을 보고 저것을 생각해 내는 것이다. 러시아의 공격으로부터 통신시설을 지켜낼 수 있는 것은 무엇일까를 연구한 결과가 인터넷이었다. 인터넷을 실용화하도록까지는 20년이라는 세월이 걸렸다. CNN 사장 터너는 20대에 중소기업을 경영하던 아버지가 사업에 실패하여 자살하자 절망에 빠져 천정만 바라보고, 방에서 뒹구는 나날을 보내다가 군사용 통신위성이 발사되었다는 보도를 보는 순간 그의 뇌리에 번개처럼 떠오르는 아이디어가 있었다. 군사위성을 통신위성에 이용할 수 없을까. 그 아이디어가 생방송이라는 역사를 창조하고 CNN을 세계적인 방송사로 성장시켰다. 이것이 연상작용이다. 하늘 아래 새로운 것은 없다고 한다. 신은 이 세상에 존재하는 모든 원리를 인간사회에 모래알처럼 뿌려 놓았다. 그 뿌려 놓은 모래알을 연상작용을 통해서 조립하면 새로운 창조물이 탄생한다. 원자탄의 원리도, 자동차의 원리도, 불법의 원리도 비행기의 원리도, 컴퓨터의 원리도, 이 세상 모든 것의 원리는 이미 존재하고 있었다. 신은 인간에게 조립하라는 과업만 주었다. 인간은 달을 정복하고 화성을 정복했다. 스마트폰이라는 PC 지갑을 만들어 내어 세계는 시간을 단축시키고 공간을 압축시켰다. 이런 경이적인 발명은 모두 연상작용을 통해서 이룩한 것이다. 3,000m 높이의 미국 옐로우스톤(yellow stone)에 올라 한국의 가족, 친구와 이야기하고 연인과 밀어를 속삭이는 공간의 초월시대에 우리는 살고 있다. 이는 인간의 연상작용이라는 것을 통해서 만들어 낸 기적이다.

세상이 어렵다고 한숨 소리가 진동하고 있다. 앞문이 닫히면 뒷문이 열리는 것이 인류가 살아온 역사다. 사방이 닫혀 있는 문은 누군가 열어 주기를 기다리고 있다.

1-1. 자동차의 안전유리 아이디어

프랑스의 화학자였던 아두아르 베네딕투스는 어느 날 파리 시내를 걸어가고 있었다. 그런데 때마침 자동차 사고로 유리창이 깨어져 운전자의 얼굴이 처참하게 상처가 나서 검붉은 유혈이 범벅이 되어 있는 것을 목격하였다. 그는 그 광경을 안타깝게 생각하고 그의 연구실로 향하였다. 연구실에서 선반을 청소하다 그만 실수로 병 하나를 바닥에 떨어뜨리고 말았다. 그 병을 치우려고 보니 그 병은 산산 조각이 나 있었지만 파리 시내에서 보았던 자동차 사고 때의 유리처럼 산산이 흩어진 것이 아니고 병의 형태를 유지한 채 조각들이 서로 엉켜 있었다. 그 병을 자세히 보니 오래된 실험용 병속의 약품은 모두 사라지고 얇은 막이 형성되어 병의 깨어진 조각들은 흩어지지 않고 그 막에 부착되어 있었다. 그는 무릎을 쳤다. "바로 이것이구나!" 그는 파리의 자동차 사고와 깨어진 실험용 유리병의 원리를 이용하여 자동차의 안전유리를 발명하게 되었다. 이러한 현상을 연상작용(association)이라 부른다. 인간은 신으로부터 상상력이라는 선물을 받았다. 연상작용은 상상력을 통하여 일어난다. 그 교수의 자동차 안전유리의 발명은 연상작용을 통한 창의적 사고요, 창의적 능력이다.

1-2. 미켈란젤로와 라파엘의 세계

미켈란젤로와 라파엘은 라이벌 관계에 있었다. 라파엘은 그림을 그릴 때 여러 젊은 조수들을 이용했고 미켈란젤로는 홀로 작업을 했다. 교황은 미켈란젤로에게 성당의 천정화를 부탁하였다. 그는 조각가였기 때문에 반대도 많았지만 교황은 그를 믿었다. 어느 날 밤이었다. 미켈란젤로가 작업을 마치고 퇴근하고 없는 조용한 밤, 라파엘은 미켈란젤로의 천정화를 보고 싶었다. 그는 조심스럽게 문을 열고 들어가 보았다. 라파엘은 지금까지 보지 못했던 나체 그림을 보고 큰 충격을 받았다. 돌아와서 그는 수많은 밤을 지새우며 인체공

천사가 베드로를 풀어 주는 장면

부에 몰두하였다. 그러나 그는 미켈란젤로와 똑같은 인체를 그려서는 그를 이길 수 없다는 것을 깨달았다. 그는 미켈란젤로와 다른 차원의 그림을 그려야겠다고 결심하고 새로운 아이디어를 생각해 냈는데 그것은 인체에 빛을 사용하기로 한 것이었다.

그는 천사가 베드로를 풀어 주는 장면에 빛을 사용하였다. 그 그림은 위대한 작품이 되었고 라파엘을 유명한 화가로 만들었다.

미켈란젤로는 신시네티 성당의 천정화를 그렸는데 그때까지 성화에 도입하지 않았던 나체를 그렸다. 그는 인체에 대해서 공부를 많이 하였다. 천지창조의 천정화는 400여 명의 인물을 그린 명작 중의 명작으로 평가받고 있다. 라파엘은 교황의 집무실을 그렸는데 성모마리아의 초상화는 타의 추종을 불허하는 유명한 걸작이다.

그들은 각자 자기들의 세계를 창조하였다. 만일 라파엘이 미켈란젤로의 인체를 능가하는 인체를 그리려고 하였더라면 화가로서 라파엘은 생명 없는 3류 화가에 지나지 않았을런지 모른다.

한국의 화단에는 위작이 많다. 위작은 배움을 받은 스승 이상의 그림을 그리더라도 가치가 없다. 어느 대학에 임교수와 그의 제자인 황교수가 있었다. 황교수는 스승의 그림을 모방하여 오랫동안 그리다 보니 그의 그림은 임교수 그림의 복사판이 되어 누구의 그림인지 구별할 수 없을 정도가 되었다. 황교수의 그림은 죽은 그림이었다. 어느 날 임교수가 황교수를 불러서 이제 습작을 많이 하였으니 회색을 사용하여 독창적인 그림을 그려보라고 충고하였다. 그 후 황교수는 회색을 사용하여 독창적인 화풍을 개발하여 국무총리상까지 받고 유명한 화가로 성장하였다.

위작이 없는 한 화가가 있다. 겸제(謙齊) 정선(鄭敾)의 진경산수화인데 위작이 없다고 한다. 그의 혼이 들어갔기 때문에 위작을 할 수 없다는 평가를 받고 있다.

잠시 멈추고 생각해보자. 나의 인생을 무슨 그림으로 그리며 살고 있는지?

1-3. 양처럼 살지 말라

유럽의 어느 목장에서 일어난 일이다. 양을 기르는 목장이 있었다. 어느 날 아침 주인이 목장에 나가 양을 점검해 보니 양 70마리가 행방불명되었다. 농장 일대를 조사해 보니 그 목장에는 큰 언덕이 있었는데 양들이 그 언덕에서 떨어져서 모두 죽어 있었다. 주인은 깜짝 놀라서 원인을 조사해 보았더니 양의 우두머리가 죽은 양들의 제일 밑에 죽어 있었다.

양은 무조건 우두머리를 따르는 동물이다. 인간으로 치면 똥개 같은 인간인 Yes-man이다. 양들이 몰사한 원인은 무조건 대장을 따르는 그들의 속성 때문이었다.

우두머리 양이 제일 앞에 서서 부대를 이끌고 가다가 실수로 발을 헛디뎌 낭떠러지로 떨어져 그만 사망하고 말았던 것이다. 우두머리 양의 시체가 죽은 양들의 제일 밑에 깔려 있는 걸로 보아 이런 결론을 내릴 수 있었고 양은 따르기를 좋아하는 동물이라 우두머리를 따라 가다 낭떠러지로 떨어지고, 떨어지고 하여 양의 가족은 모두 사망하고 만 불행한 일이 일어나게 된 것이다.

인간사회는 어떤가? 인간사회는 양의 사회와 달라서 인간은 비판기능이 있다. 양은 맹목적으로 따르지만 인간은 맹목적으로 따르면 안 된다. 인간에게는 이성이 있어서 양의 가족과 같은 문제에 당면하게 되면 수평적 사고를 하여 우두머리를 따를 것인가, 아니면 다른 길을 갈 것인가를 고민한 후에 의사결정을 해야 하고 그렇게 하는 동물이다.

그런데 인간사회도 양처럼 맹목적으로 사는 사람들이 많다. 히틀러가 유대인 600만 명을 학살할 때 히틀러 혼자 그 많은 유대인을 학살한 것이 아니었다. 양처럼 히틀러를 맹목적으로 따르는 인간들에 의하여 학살의 만행이 저질러진 것이다. 양은 본능적으로 살지만 인간은 본능과 이성으로 산다. 그런데 인간 중에도 이성이 마비되어 양처럼 사는 인간들이 많다. 만일 모든 인간들이 양처럼 산다면 인간의 역사는 어떻게 전개되어 왔겠는가?

비판이 없는 맹목적인 사회, 저항이 없는 양들의 사회는 죽은 사회다. 비판이 있었기에 알파고 시대가 왔고 저항이 있었기에 민주주의 시대가 올 수 있었다.

인류의 역사는 끊임없는 반항의 역사다. 헤겔은 '역사는 자유의 투쟁사'라 하였다. 반항하고 투쟁하였기 때문에 오늘 우리가 이만큼의 자유를 누리고 살 수 있으며, 비판과 저항이 있었기에 석기시대에서 첨단 과학문명으로의 발전이 가능했다. 한국의 민주주의가 이만큼 꽃을 피울 수 있었던 것은 독재에 대한 비판과 저항이 있었기 때문이다. 4.19, 5.18을 통해서 치열하게 싸웠던 저항의 힘이 최근 들어 약화된 듯하여 슬픈 생각이 든다. 노(NO)가 없는 사회는 죽은 사회다. 우리의 역사가 왜 퇴행하고 있는지 안타깝기 그지없다. 그런데 다행히도 촛불혁명을 통해서 한국의 민주주의의 봄이 다시 찾아 왔다.

명심하라! 양처럼 살지 말라! 똥개처럼 살지 말라!

1-4. 피카소의 깨달음

피카소 하면 떠오르는 것이 무엇인가? 20세기 위대한 화가, 여성편력의 노벨상 감, 그가 사망한 후 그의 곁을 떠난 두 사람의 여인이 저승에 가서라도 그를 지켜 주어야겠다고 자살을 하였으니 놀라운 일이 아닐 수 없다. 그는 함께 살았던 여성들에게서 영감을 얻어 특이한 그림을 그렸다. 그가 위대한 예술가가 되는 데에는 위대한 깨달음의 순간이 있었다.

피카소와 연인 지로

피카소는 네 살 때부터 그림을 그리기 시작하였다. 그의 아버지도 미술 교사였는데, 그의 어머니는 피카소의 그림을 가리켜 아버지의 그림보다 훌륭하다고 칭찬을 하였다. 그는 자기가 그림을 제일 잘 그린다고 자부심을 가지고 살고 있었다.

24세가 된 어느 날 루브르 박물관을 방문할 기회가 있었다. 루브르 박물관을 방문하여 많은 명화들을 보고 깜짝 놀랐다. 그렇게 자부심으로 넘쳤던 피카소의 그림은 아무것도 아니었다. 그는 절망에 빠져 아버지에게 루브르 박물관을 방문했던 소감을 말하였다. 아버지는 그에게 파리 교외 무명화가들의 그림을 모아둔 창고로 가 보라고 충고하였다. 피카소는 그곳에서 아프리카 흑인들의 그림을 보고 큰 깨달음을 얻고 자기 세계의 화풍을 창조하기 시작하였다. 그곳에서 영감을 얻어 그린 그림이 그 유명한 '아비뇽의 농부들'이었다.

20세기 피카소라는 위대한 화가는 파리 교외 창고 속의 무명화가들의 그림 속에서 탄생하였다.

신은 여러분 주위에 많은 것을 뿌려 놓았다. 잠만 자지 말고 깨어나서 새로운 세계를 찾아보라고!

1-5. 새로운 세계를 개척한 스필버그 감독

어린 시절: 스필버그는 유대인으로 태어났다. 그의 어린 시절은 왕따의 연속이었다. 학교에서 이상한 아이, 겁쟁이, 멍청이로 놀림을 받았다. 담임선생은 "다른 애들은 모든 일을 자신의 마음대로 하기를 바라는데 그는 그렇지 않았나. 왜 그랬는지는 잘 모르겠지만 자신감 부족 때문이었다는 생각도 든다. 나는 정말 꿈에도 그가 어른이 되어 지금의 그가 될 줄은 상상도 못했다."고 말했다. 책을 읽지 못하는 난독증에 시달렸던 소년, 학습 지진아 학급에 편성되기도 했고 급기야 고등학교 2학년 때 학교를 그만둔 소년이 스필버그다. 그런 그가 어떻게 세계 100대 갑부에 오르는 세계적 감독이 되었을까.

상상력을 길러 준 부모님의 특별한 교육: 그의 어머니 레아는 피아니스트였다. 어렸을 때 어머니의 피아노 소리를 들으며 상상력을 키웠다. 학교에서 외톨박이였지만 그의 어머니는 자신의 아들은 다른 아이들과 다르다는 믿음과 기대를 버리지 않았다. 아버지는 어린 아들의 상상력과 창의력을 키워 주었다. 10살 때쯤 저녁에 차에 태워 아리조나 사막을 달려 모래벌판에 내려놓고 사막에 누워 하늘을 쳐다보라고 하였다. 스필버그는 처음엔 무서웠지만 하늘에 반짝이는 수많은 별들을 보면서 상상력을 키웠다고 했다. 스필버그는 "그때의 경험은 가히 우주적인 경험이었다. 그 경험이 나의 삶에 상상력의 원천이 되었고 영화감독으로 성공하는 계기를 제공해 주었다."고 회상했다. 영화는 상상력에서부터 출발한다. 그는 12세 때 영화감독이 되기로 결심하고 13살 때 「백 투 더 퓨처」를 제작하면서 유대인이라고 자기를 못살게 굴었던 덩치 큰 애에게 주연이 되어 달라고 부탁하여 그를 영화에 등장시켰다. 그는 이길 수 없으면 타협해야 한다는 생각이 들어 그를 영화 주인공으로 캐스팅하였다고 하였다. 16살 때는 「불꽃」이라는 2시간 30분짜리 영화를 제작하였다. 감독의 꿈을 안고 대학에 들어가 1978년에 제작한 영화가 「앰블린」이었다. 이 영화가 행운을 가져다 주었다. 베니스 영화제와 애틀랜타 영화제에서 수상을 하였다. 이로 인해 유니버셜 영화사의 인정을 받아 스필버그와 7년 계약을 체결하였다. 당시 그의 나이 20세였다.

세계적인 감독으로 성장: 이 영화사에서 그는 크게 명성을 얻는다. 더러운 유대인 놈에서 가장 영향력 있는 영화인으로 빛을 발한다. 그의 창의성의 원천은 상상력, 호기심, 도전정신이었다. 그 중에서도 성공의 열쇠는 단연 무한한 상상력이었다. 그의 영화는 환상과 모험, 미지에 대한 호기심으로 가득 차 있다. 그는 「죠스」, 「쉰들러 리스트」를 감독한 명감독이 되어 매일 50만 달러를 벌어들이고 1,200만 달러를 호가하는 대저택에 살고 있다(「유대인 창의성의 비밀」, 홍익희 참조).

상상력을 키워라. 상상력을 현실에 접목시켜라. 스필버그, 그는 그의 인생을 혁명한 위인이다.

스필버그의 출세가도를 보면 기적을 창조해 냈다는 생각을 지울 수 없다. 유대인은 전 세계 인류 중 상상력과 창조력이 특별히 뛰어난 사람들이다. 그것을 입증하는 사례를 보자. 1901년 노벨상이 시작된 이래 1911년까지 노벨상을 받은 사람은 총 180명인데 이 중 22%가 유대인이라는 통계가 나와 있다. 이는 노벨상 수상자 5명 중 1명이 유대인이라는 이야기이다. 전 세계에 흩어져 살고 있는 유대인이 1,400만 명으로 전 세계인구의 0.2%에 불과한데 노벨상 수상자 중 22%를 차지했다는 것은 놀라운 일이 아닐 수 없다. 이는 유대인의 상상력과 창조력에서 나온 힘의 결과라 할 수 있다.

명심하라! 유대인에게서 상상력과 창의력을 학습하자.

1-6. 극한 유배지에서 핀 꽃; 강진에서의 다산의 모습

우리나라는 역사 이래 많은 학자들을 배출하였지만 다산만큼 위대한 업적을 쌓은 학자는 찾아보기 어렵다. 그는 18년이라는 길고 긴 강진 유배생활 중에 500여 권의 저서를 남긴 위대한 학자이다. 다른 유배인들은 시나 읊고 현지처를 두고 민폐를 끼치기도 하였지만 다산만은 예외였다. 그는 일관되게 백성과 나라의 미래를 위해 고뇌하고 500여 권의 저서를 남겼다. 18년 유배생활의 고통을 위대한 저술로 승화시킨 인간 승리의 영웅이다. 경기도 남양주에 가면 그의 기념관이 있는데, 평일에는 300여 명 주말에는 1,000여 명의 방문객이 찾아온다고 한다. 놀라운 일이다. 우리나라 선인들의 묘소나 기념관에 그렇게 많은 사람들이 방문한 예는 없으리라 생각된다. 그는 우리나라뿐만 아니라 인류사에 위대한 발자국을 남긴 학자다. 그는 갔지만 위대한 교훈을 남겼다. 그의 위대한 작업은 피나는 고행 속에서 피어났다. 그의 아들이 강진에 아버지를 찾아왔는데 숙식을 할 곳이 없어서 그 애절함을 몇 줄의 시로 남겼다. 그의 시를 통해서 그가 유배 생활을 얼마나 가난과 고통 속에서 보냈는가를 알 수 있다. 그런 고난 속에서 불후의 명작을 남겼다. 그의 시를 보자.

날씨는 춥고 바람은 세차게 불어
대나무 밭에 나는 소리 슬프기도 하여라
유배객에게 식구하나 늘었으나
내 지혜로는 배고픔을 구제할 길 없노라
손잡고 산에 올랐으나
너와 나 어디로 가야 하는가
기구하게 산사에 이르러
거지처럼 구걸하는 안색
비굴하기만 하네

요행이 작은 방 하나 빌려서
아들과 함께 예불을 알리는
종소리를 들었노라

이 애절한 시를 통해서 강진에서의 유배생활이 얼마나 어려웠는가를 알 수 있다. 고난 속에서 그는 불후의 유산을 남겼다. 언제 풀려날지 모르는 유배생활, 아들이 천리 길을 찾아왔으나 숙식조차 해결할 수 없는 비참한 상황 속에서도 그는 너무도 가난하고 힘 없는 백성의 생활을 바꾸어야겠다는 꿈을 버리지 않았다. 그 꿈이 있었기에 18년을 버티며 위대한 학자로 탄생하였다. 우리나라에서 다산을 연구하는 학자들이 300명에 이른다고 한다. 250년 전의 선배가 후세들에게 밥그릇을 챙겨 주고 떠난 것이다.

이런 비참한 유배생활 중에서도 백성을 구해야겠다는 생각을 버리지 않고 고뇌하고 수많은 저서를 집필하였다. 다산초당에 기거하고 있는 동안 초당 아래 어느 마을에서 웃지 못할 사건이 일어났는데 그 사건은 다산에게 큰 깨달음을 주는 사건이었다.

갈밭 마을에 사는 어느 집에 경사가 났다. 아들을 낳은 것이다. 그런데 3일 후에 불행이 찾아왔다. 아들을 낳으면 군포라는 세금을 내야 하는데 그 집은 가난하여 세금 낼 돈이 없었다. 3일 후 이방이 찾아와 세금 안 낸 대가로 소를 빼앗아 가버렸다. 남편이 너무 분하여 식도로 자기의 남근을 잘라버렸다. 이것이 없었더라면 아이를 낳지 않았을 것이고 아이를 낳지 않았더라면 자식 같은 소를 빼앗기지 않았을 것인데 하고… 남편의 신음 소리에 밥 짓던 아내가 방으로 뛰어들어 가보니 남편은 피가 낭자한 성기를 부여잡고 신음하고 있는 것이 아닌가.

아내는 너무도 기가막히고 억울하여 남편의 성기를 들고 원님을 찾아 갔다. 그러나 아전한테 발길질만 당하고 돌아서야 했다. 이 사건의 이야기가 다산의 귀에 들어갔다. 다산은 크게 깨달았다. 비록 힘 없는 유배객이지만 이런 비참한 백성들을 위해서 무언가 해야겠다고… 그 결과로 500여 권의 불후의 저서를 남기게 되었다. 다음은 그 말로 다 표현할 수 없는 그 슬픈 소식을 듣고 쓴 시이다.

애절양(哀絕陽)

갈밭 마을 젊은 여인 울음도 서러워라
고을 문 내달으며 하늘 보고 통곡하네
남편 군역 징발은 오히려 참으련만
자고로 남절양은 들어 보지 못 했노라
(중략)
낳고 사는 법칙은 자연의 이치이고
아들 낳고 딸 낳는 건 사람 사는 도릴 텐데
말 돼지 거세함도 오히려 가엾거든
하물며 후손 있는 사람에 있어서랴
(후략)

영혼 없는 비너스가 되지 말라

인간은 누구나 아름다움(美)을 추구한다.

그리스 신화에 나오는 가장 아름다운 미인은 미의 여신 Venus다. 전해오는 일화에 의하면 Venus는 그리스에서 가장 예쁜 여인 600여 명을 모아 놓고, 그 중에서 가장 아름다운 곳만을 떼어다가 모자이크한 조각이라고 한다. 그래서 Venus는 아름다운 여인의 상징이요, 대명사다. 모든 여인은 Venus를 닮기를 원한다. 그리고 매일 거울 앞에서 미(美)를 가꾼다.

그러나 여기에서 잠깐 생각해보자. 600여명의 여인의 예쁜 면만을 모자이크해 놓은 Venus는 생명력이 있을까? Venus만의 개성이 있을까?

Venus는 아름답지만 생명력이 없다. 개성이 없다. 인간은 생명력 있고 개성이 있어야 한다.

아름다움은 넘치는 생명력과 개성에서 묻어 나오는 것이 아닐까!

어리석은 인간들은 미의 여신의 모습을 그려 보려고 애를 썼다. 비너스상의 기원은 약 6,000년 전으로 거슬러 올라간다. Molta에 5,600년 전의 석고상이 있다. 리비아의 수도 트리폴리에도 Venus는 서 있다. 루브르 박물관에는 팔 없는 걸작품이 전시되어 있다. 위대한 예술작품이라고 찬사들 하지만 생명력이 없고 특성 없는 작품을 어찌 걸작이라 할 수 있겠는가?

생명력 없고 개성 없는 비너스를 따르지 말고 자신의 생명력과 개성미를 찾아내라. 그러면 비너스 이상의 비너스로 탄생할 것이다.

2. 순간의 의사결정이 인생을 좌우한다

셰익스피어의 비극 「햄릿」에서, 햄릿의 아버지 왕이 죽자 어머니가 아버지의 동생(숙부)과 결혼하여 그가 왕이 되도록 한다. 햄릿은 어머니의 그런 급한 행동에 분노한다. 슬픔과 분노의 밤을 보내던 어느 날 밤 부왕 아버지의 영혼이 나타나 왕이 된 동생에게 살해되었다고 알려준다. 그의 숙부는 왕인 형을 죽이고 형수와 결혼하여 왕이 된 것이다.

햄릿은 원수를 갚겠다고 결심하고 고민한다. 원수를 갚을 것인가 말 것인가 선택의 기로에서 고뇌한다. “To be or not to be, that is question” 살 것인가 죽을 것인가 그것이 문제로다. 의사결정의 순간에 고뇌를 독백한다. 우리들도 인생을 살면서 의사결정의 기로에서 고뇌할 때가 많다.

삼성 고 이병철 회장은 중요한 문제를 결정할 때 모든 대안을 탐색하여 마지막 대안을 결정할 때 최후의 결정은 영감이라고 하였다. 아무리 계산으로는 성공할 수 있는 확률이 높은 사업이라도 마음이 가지 않으면 결단을 내리지 않았다는 것이다. 반도체 사업은 그의 참모 일본의 지인들까지 반대하였지만, 주위의 모든 반대를 물리치고 반도체 사업을 결단하였고 지금은 세계적 회사가 되었다.

한국전이 발발하자 맥아더 장군은 오산 비행장으로 날아와 수원지방의 한 언덕에 올라 20분 동안 한국의 지형을 살폈다. 그는 그때 한국전에 대한 전략을 짰다. 장군의 인천상륙작전 계획은 그때 짜여졌다고 한다. 그 20분은 한국전의 운명을 가름하는 결단의 20분이었다.

스타벅스 Howard Schultz 회장: 그는 26세에 가정용 제품업체 헤바플라스트의 영업담당 부사장으로 잘나가고 있었다. 조그마한 커피 소매상 스타벅스가 이례적으로 주식제품인 드랍식 커피 추출기를 대량 주문하는 것을 보고 흥미를 느꼈다. 궁금증을 해결하기 위해 시애틀을 방문한 그는 특정한 커피를 맛본 뒤 스타벅스의 무한한 가능성을 발견했다. 한 사람의 마음을 끌 수 있다면 전체 미국인의 마음도 끌 수 있을 것이라는 생각이 든 슐츠는 스타벅스 경영진에게 자신을 영입하라고 제의했다.

스타벅스는 커피 마니아 3명이 창업한 조그마한 회사였다. 슐츠는 사장인 제리 볼드윈에게 나를 고용하라고 설득하는 데만 1년이 걸렸다. 슐츠의 열정에 감복한 제리는 1982년 입사를 허락하였다.

슐츠는 뛰어난 혜안으로 스타벅스의 미래를 내다보고 결단을 내렸다.

그가 합류할 당시 점포 4개에 불과했던 스타벅스는 전 세계 49개국에 1만 7,000여 개의 점포를 가지고 거대 다국적기업이 되었다. 그는 나중에 독자기업을 창업하고 스타벅스라는 기업을 인수까지 해버렸다.

한국에도 상륙하여 성업 중이다.

위대한 결단은 맥아더나 슐츠처럼 섬광처럼 빛나는 영감의 안목에서 온다.

명심하라. 인간은 누구나 혜안을 소유하고 있지만 눈을 뜨고도 보지 못하고, 문제의식을 갖지 못하고 맹목적으로 의미 없는 삶을 살면서 타고난 무한한 능력을 사장시키는 경우가 많다.

어떤 문제에 대하여 의사결정을 할 때는 목적과 이유를 파악하여 왜 이 일을 해야 하는가의 물음에 답할 수 있어야 한다. 그리고 정보를 파악하고 여러 가지 대안 중에서 하나를 선택하여 평가를 하고 확신이 서면 실행한다.

실행할 때는 망설이지 말라. 인간은 누구에게나 기회가 오는데 그 기회를 망설이다가 놓치고 후회하는 경우가 많다. 결단을 내리면 인생을 걸어라.

사마천은 「사기(史記)」에 인생을 걸었고, 모택동은 인민해방에, 베토벤은 음악에, 징기스칸은 정복자의 길에 인생을 걸었다. 허준은 「동의보감」에 인생을 걸었다.

3. 인간은 홀로 있을 때 위대한 창조력을 발휘한다

인간은 더불어 사는 동물이다. “이 세상에 홀로 존재하는 것은 아무것도 없다.”는 사실은 만고의 진리이다. 인간은 홀로 있되 홀로 있지 않는 존재다. 홀로 암자의 토굴에서 수도하는 수도승은 홀로 있는 것인가? 홀로 있는 것처럼 보이지만 그는 홀로 있지 않다. 보이지 않는 것에서부터 토굴에 넣어 줄 음식을 준비하는 사람들이 있고, 그의 토굴 속 수도생활을 보살피는 밖의 스님도 있고, 농촌에서 농사지어 식량을 마련하는 농부도 있고, 아들을 낳아준 시골의 어머니 그리고 많은 신도들, 많은 인자들이 그를 둘러싸고 있다. 한 사람의 수도승이 수도하기 위해서는 수많은 인자들이 그를 둘러싸고 있는 것이다. 홀로 있다는 것은 그런 인자들과 직접적인 접촉을 피하고 물리적인 거리를 두고 혼자만의 세계를 만들어 그 세계 속에서 자기의 화두를 깨우치는 것이다. 그 곳에서 위대한 깨달음이 탄생하는 것이다. 그곳에서 위대한 사상이 태어난다. 석가는 6년이라는 긴 세월을 보리수 나무 아래서 수행한 끝에 깨달음을 얻고 불교가 이 세상에 태어났다. 현대인은 고독을 잃어 버렸다. 홀로 있되 홀로 있는 것이 아니다. 집에서는 TV의 노예요, 거리에서는 스마트폰의 노예로 살고 있다. 어떤 모임에 나가보면 거의 모든 이들이 스마트 폰을 보고 있다. 중고등학교 학생들은 그 도가 더 심하다. 어떤 중학교 3학년 학생은 아버지가 스마트폰을 빼앗으니까 자살을 하였고 어떤 학생은 가출하였다고 한다. 사춘기, 상상의 나래를 펴고 우주여행을 하여야 할 나이에 큰일이 아닌가.

어른들도 마찬가지다. 홀로 있는 시간을 피하기 위하여 갖가지 모임에 참여하고 시간 때우기 위한 여가활동을 한다. 인간은 홀로 있는 시간이 필요하다. 신은 고독의 심연에서 몸부림치는 인간에게 창의력이라는 위대한 선물을 주었다.

법정 스님은 전기도 수도도 없는 심산유곡 화전민의 버려진 집을 찾아다니면서 홀로 수도했다. 산중의 호롱불 밑에서 그는 「무소유」 등 수많은 명작을 출간하여 방황하는 중생들에게 큰 영향을 주었다.

마하트마 간디는 21일간의 긴 단식을 통해서 인도 독립의 투사를 넘어서

20세기 인류의 스승으로 다시 태어났다.

반 고흐는 하이티에서 외롭게 살면서 명화를 그렸다. 너무 가난하였기 때문에 동생의 도움으로 전시회를 열었는데 80여 점의 작품 중 단 한 점이 팔렸다고 한다. 그러나 그의 사후 고흐 그림은 천정부지의 가격으로 올랐다. 고독은 고흐의 어머니였다. 위대한 창작물은 끝없는 고통의 고독 속에서 태어난다. 깨달음을 얻기 위하여 스님들은 토굴에서 몇 년씩, 혹은 평생을 수도한다. 위대한 창조물은 북적거리는 도시의 거리에서 태어나지 않는다. 삼경의 고독 속에서 명상에 젖어 집중할 때 번쩍 떠오르는 아이디어, 그것을 붙잡고 잠 못 이루는 하 많은 밤을 지새우다 보면 인생을 헛되이 보내지 않으리라.

옥중에서도 유명한 작품을 남긴 사람들이 있다. 인도의 네루는 옥중에서 「역사의 연구」를 썼다. 존 버니언은 12년의 감옥생활 중 「천로역정」을 저술하였다. 오랜 감옥 생활을 통해서 위대한 사상가가 되고 출옥하여 그 사상을 실현한 사람들도 있다. 넬슨 만델라는 27년이라는 기나긴 감옥 생활을 통하여 흑백통합이라는 목표를 세우고 투쟁을 거듭하여 남아공에 흑백통합의 국가를 세웠다. 그는 노벨평화상을 받았고 그의 장례식은 세계 50여개국의 정상이 참석한 가운데 세계인의 애도 속에 거행되었다.

다산은 18년이라는 강진 유배생활의 고독 속에서 다산학이라는 위대한 사상을 배출하였다. 송강 정철은 무등산 자락 지실마을 조그만 정자에서 외로움을 먹고 살면서 「성산별곡」이라는 시조문학의 백미를 창작하였다. 그들이 유배라는 형벌을 받지 않고 한양에서 고관대작으로 세월을 보냈더라면 과연 그 위대한 업적을 남길 수 있었을까?

어쩌다가 인생길에 홀로 있는 시간이 찾아오거든 신이 주신 선물로 생각하고 무엇인가 창조적인 작업을 하면 그 날을 감사히 생각하게 될 날이 올 것이다. 솔제니친은 시베리아에서 6년 동안 유배생활을 하면서 「수용소군도」라는 소설을 써서 노벨상을 받았다. 그때의 고통스런 생활을 회고하면서 "수용소군도여 감사하다."라고 독백하였다.

인간은 홀로 있을 때 위대한 역사를 창조한다.

4. 인간의 역사는 상상력에서 출발한다

"우주는 육체를 덮고 마음은 우주를 덮는다." 엄청나게 의미가 깊은 경구이다. 우리의 육체를 덮는 것이야 그렇게 어려운 작업이 아니다. 광활한 우주가 아니더라도 가마니 한 장이면 족하다. 비유하기 위하여 나온 경구이다. 그러나 마음은 우주를 덮는다는 말은 실로 엄청난 말이다. 잡을 수도 없고 잡히지도 않는 우리의 가슴 속에 있는 마음이 무한대의 우주를 덮는다니 사실 기적 같은 이야기이다. 마음이 우주를 덮는다는 말은 인간의 상상력이 우주처럼 무한하다는 뜻이다. 인간의 역사는 이 상상력에서 출발했고 발전해 왔다. 인간이 달을 정복하고 화성에까지도 우주선을 보냈고 5년이라는 긴긴 항해 끝에 목성에도 탐사선이 도착하였다. 이 위대한 업적은 모두 상상력에서 출발한 것이다. 어떤 과학자가 저 달에는 무엇이 살고 있을까? 계수나무가 있고 토끼가 살고 있을까? 한번 가 볼 수 없을까? 하는 상상력에서 달의 탐사가 시작되었다.

개인의 역사나 국가의 역사도 출발점은 상상력이다. 아인슈타인은 어렸을 때 지진아였다. 아인슈타인의 선생은 성적기록부에 "이 아이는 나중에 무엇을 해도 성공할 가능성이 없음"이라고 기록하였다. 그러나 아인슈타인의 어머니는 그렇게 생각하지 않았다. 아들에게 잠재되어 있는 천재적인 상상력을 예지하고 있었다. 아들의 성적표를 보고 "너는 이 세상의 다른 아이들에게는 없는 훌륭한 장점이 있단다. 그래서 이 세상에는 너만이 감당할 수 있는 일이 기다리고 있단다. 그 길을 찾아 가야 한다. 너는 틀림없이 훌륭한 사람이 될 거야."라고 격려하였다. 어머니의 격려가 힘이 되어 그는 상상력의 천재성을 발휘하여 '상대성원리'를 정리하여 세계적인 물리학자가 되었다. 이 상대성원리는 인공위성을 발사하여 우주여행을 가능하게 하였으며 위성TV를 보고 자동차 내비게이션을 사용하게 된 것도 아인슈타인이 시발점을 마련해 준 덕택이다.

하나의 예를 더 들어 보자. 에디슨은 초등학교에 다니면서 이상한 질문을 자주하여 교사들은 수업을 진행하기 어려웠다. "1+1은 왜 2가 되나요?", "태양은 왜 빛이 나나요?", "바람은 왜 부나요?" 등 끊임없는 질문에 학교에서 학습장애아로 판정받았다. 교장선생이 에디슨의 어머니를 불러 당신 아들은 1+1=2라는 것도 이해를 못하니 학교에서는 더 이상 가르칠 수 없다고 하였다. 에디슨은 밖으로 나가 진흙 두 덩어리를 가져와 합쳐 보이며 이것이 1+1은 1이 되는 원리라고 설명하였다. 에디슨은 학교에서 나와 어머니에 의해서 교육을 받았다. 학습지진아 에디슨은 1,100개의 특허를 냈고 인류사에 빛나는 백열전구를 발명하였다. 1879년 10월 21일은 에디슨 전구의 날로 선포되었다. 여기에서 특히 주목할 것은 에디슨은 성홍열을 앓고 난 12세 때부터 청력을 잃기 시작하였다. 귀가 멀수록 일에 몰두했고 이는 수많은 발명품을 만들어 내는 원동력이 되었다. 약점이 있다고 좌절하지 말라! 약점을 잘 이용하면 강점이 될 수 있다.

제임스 왓트가 기차를 발견한 것도, 일본의 마스시다가 수도철학이라는 대량생산의 꿈을 키운 것도 공원을 산책하면서 얻은 상상력 덕분이었다. 상상의 세계는 우주처럼 무한하다. 무한한 상상력의 세계는 인간 능력의 무한대를 의미한다. 새로운 세계가 펼쳐지고 있다.

버튼 하나를 눌러서 서울까지 평양까지 북경까지 가는 자동차는 시험단계를 지나 실용단계에 들어갔다. 이른바 자율주행자동차 시대가 열리고 있는 것이다. 이뿐인가. 하늘을 나는 자동차시대가 열리고 있다. 외출한 주부가 집의 가전제품과 대화하여 집에 들어 갈 때는 청소부터 음식 준비까지 모든 것이 준비 완료되는 시대가 왔다. 이런 것이 모두 인간의 머리에서 나온 상상력 덕분이다. 당신에게 주어진 무한한 상상력을 어떻게 사용하느냐 하는 문제는 당신 자신의 책임이다. 상상력은 당신을 부르고 있다. 콜럼버스가 아메리카를 발견한 것도, 마젤란이 필리핀을 발견한 것도 저 망망대해 바다 건너 또 다른 세계가 있을 것이라는 상상력과 모험심의 결과였다. 인공지능의 시대가 오고 있다. 인공지능은 어디서 왔는가? 인간의 기능을 대신할 수 있는 인간 같은 기계를 만들 수 없을까 하는 상상력에서 출발하였다. 인공지능의 비서가 출현하여 사장의 예쁜 여비서를 대신하는 시대가 왔다. 이 무섭게 변하는 시대에 당신은 당신이 가지고 있는 무한한 상상력을 잠재우고 있는가? 깨어나라! 깨어나라! 상상하고 모험하라!

모험과 도전이 없는 곳에 발전은 없다.

모래알 하나에서 우주를 보며
들꽃 하나에서 세계를 본다.
무한을 한 손에 움켜잡으며
한 순간 속에서 영원을 느낀다.

– 윌리암 블레이크 –

5. 역사를 창조한 그 말 한마디

하느님은 말씀으로 천지를 창조하고 인간은 말씀으로 역사를 창조한다. 말 한마디 잘못해서 재앙을 불러 오는가 하면 어떤 말은 역사를 창조하기도 한다. 말은 간결하게 가슴에 파고들어 그 생명력이 오래 가도록 해야 한다. 역사를 창조한 명언들을 들어 보자. 역사적 최고의 연설은 카이사르가 아닐까 한다. 지금 터키 지방의 어느 지방을 점령한 후의 연설이다. “왔노라! 싸웠노라! 이겼노라!” 카이사르는 간결한 말로 명언을 남긴 장군으로 유명하다. 지금도 카이사르가 점령한 도시 이름이 카이사르로 남아 있다. 그는 로마 원로원 계단에서 그의 무한한 권력에 위험을 느낀 사람들에 의해서 암살을 당하였는데 암살에 가담한, 자식처럼 아끼던 부르터스를 보고 “부루터스 너마저…” 하고 쓰러졌다. 우리들은 일상생활에서 돌이킬 수 없는 결단을 내렸는데 다시 원점으로 돌아오라는 요청을 받을 때가 있다. 그 때 우리는 흔히들 말한다. 이미 “루비콘 강을 건넜다.”고.

이 유명한 말은 카이사르가 아프리카에 주둔하고 있을 때 그의 힘이 강해지는 것이 두려운 본국 원로원에서 귀환명령을 내렸다. 귀환명령을 받은 카이사르는 즉시 병사 5천 명을 이끌고 이탈리아의 국경 지역인 루비콘 강을 건넜다. 루비콘 강을 건너고 나서 “우리는 이미 루비콘 강을 건넜다.”라는 유명한 말을 남겼다. 이미 최후의 결정이 내려졌다는 뜻이다. 그의 말 한마디는 유명한 말이 되어 후세에 전해지고 있다. 그는 병사 5천명으로 로마를 점령하여 권력을 장악하고 반대파를 제거하였다. 그 옛날 장군의 이야기 한마디가 지금도 현대인의 입에서 회자되고 있다.

미국 남북전쟁이 한창일 때 링컨은 게티스버그(GettysBurg)에서 간결하고 유명한 명연설을 하였다. 세계인이 모두 기억하고 있는 연설이다. "국민의, 국민에 의한, 국민을 위한 정치를 하겠다." 링컨이 이 연설을 하는데 걸린 시간은 단 2분이었다. 그때 미국에서 유명한 웅변가 에드워드 에버트(Edward Everett)라는 사람이 있었는데, 그의 강사료는 지금 돈으로 계산하면 10만 달러 정도였다고 한다. 그는 링컨 대통령보다 앞서 연설을 하였는데 2시간 동안이나 장광설을 토해 냈다. 그런데 그 연설 내용을 기억하고 있는 사람은 아무도 없고 2분짜리 링컨의 연설은 250년이 흐른 지금도 우리의 가슴을 때리고 있다.

미국의 영향력 아래에 있었던 부패한 쿠바의 독재정권을 무너뜨린 카스트로가 쿠바 국민들 앞에 나타나 외친 제 일성은 "미국에 나라를 팔아먹지 않겠다."였다. 그 말 한 마디가 쿠바 국민에게 전파되어 파도를 일으켜 그는 지금까지 쿠바 최고지도자 자리를 지키고 있다가 얼마 전 90대의 나이로 세상을 떠났다. 카스트로가 혁명의 성공할 수 있었던 것은 친미정권의 부패였다. 부패는 나라를 망하게 하는 제일 큰 원인이 된다. 장개석이 모택동에게 광대한 중국을 빼앗긴 것도 부패가 제일 큰 원인이었다.

연 3,000만 명씩이나 굶어 죽는 아사자가 나왔던 중국에 등소평이라는 위인이 등장하였다. 그는 중국의 심천을 개혁·개방의 실험대로 설정하고 심천에 와서 개혁·개방의 구호를 이렇게 외쳤다. "흰 고양이든, 검정 고양이든 쥐만 잡으면 된다." 그 고양이 이론이 오늘의 중국을 세계 G2의 강대국으로 만든 원동력이 되었다. 등소평은 정계에서 은퇴하면서 전인대회에서 은퇴연설을 하였는데 단 1분 걸렸다고 한다.

그런가 하면 미국의 윌리엄 헨리 해리슨이라는 대통령은 장장 3시간 이상의 취임 연설을 하였다. 그에 반하여 2차대전 때 미국 역사상 유일의 4선 대통령인 루즈벨트는 4선 취임식 연설을 불과 3분 하였다. "전쟁 중이어서 우리 모두 바쁘니 빨리 일터로 나가 일하자."라고… 노르망디 상륙작전을 앞두고 사령관인 아이젠하워 앞에서 참모들이 작전 브리핑을 하였는데 사령관의 마지막 코멘트는 "승리합시다"였다. 목적을 명확히 한 간결한 말은 상대방의 가슴 속을 예리하게 파고든다.

명심하라. 일상생활에서도 침묵은 오래, 말은 간결하게 상대방 가슴을 울리도록 해야 한다.

6. 밥상문화 퇴출하자

세계 이 나라 저 나라를 여행하다 보면 여러 종류의 음식을 맛보게 된다. 나의 경험으로는 한국처럼 여러 가지 반찬이 나오는 나라도 드물 것이라는 생각이 든다. 반찬 가짓수가 너무 많이 나오면 다 먹지 못하고 버리게 된다. 과거 어느 정부에서는 식단을 짜서 그대로 지키라고 독려한 적도 있었다. 세계 음식문화의 어느 역사에서 정부에서 식단까지 짜서 국민들에게 실천하라고 지시하는 예는 아마도 찾아보기 어려울 것이다.

다른 나라의 경우 일단 밥상에 올라온 음식들은 남아서 버리는 경우가 거의 없다. 외국의 가정에 초대받아 가보면 남아서 나가는 음식을 거의 보지 못했다. 우리나라는 한때 버리는 음식이 연 8조원에 이른다는 기사가 나온적이 있었다.

이런 밥상문화는 퇴출해야 한다.

첫째, 엄청난 낭비다. 한국처럼 버리는 반찬이 많은 나라는 없다. 재료의 낭비요, 에너지의 낭비다. 이상기후로 인해 지구 종말을 걱정하고 있는데 불필요한 음식 만드는 데 너무 많은 에너지를 사용하고 있다. 우리나라는 경제력에 비해서 에너지 과잉 소비 국가이다.

둘째, 비위생적이다. 몇 년 전 지리산 화엄사 근방 한 식당에 두 사람이 갔는데 2인상에 나온 반찬을 세어보니 48가지나 되었다. 우리 두 사람이 열심

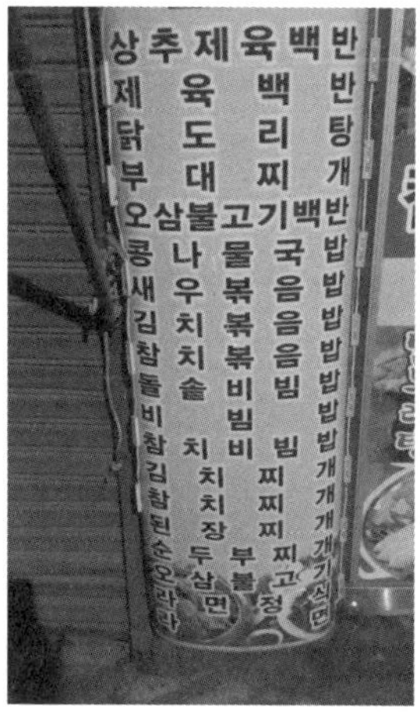

히 먹어도 20%를 먹기도 힘들었다. 남은 반찬은 버리면 낭비요, 안 버리면 냉장고를 들락날락하면서 다른 손님상에 다시 올라가는 경우가 있다. 이 얼마나 비위생적인 모습인가. 이런 사실을 TV를 통해서 보고 역겨움을 느낄 때를 경험하였으리라…

셋째, 특색이 없다. 반찬 종류가 너무 많다 보니 집집마다 종류가 너무도 비슷하고 식당마다 비슷하다. 이런 밥상문화는 바꾸어야 한다.

넷째, 위에서 이야기한 바와 같이 집집마다 종류가 비슷하다. 한국의 밥상문화는 특색 없는 나열주의다.

그런데 여기서 주목해야 할 것은 밥상문화가 한국의 모든 조직의 구석구석에 재현되고 있다는 것이다. 예컨대 대학, 기업 등 많은 조직체에서 밥상문화가 만연되고 있다. 한국의 대학들은 많은 학과가 있지만 세계에 내놓을 만한 특색 있는 과가 별로 없다. 대학마다 비슷비슷하다. 한국의 기업들은 문어발식 경영이라는 밥상의 복사판이었다. 한국의 대학이나 기업은 밥상의 반찬처럼 그 조직, 제품, 학과가 많지만 특색이 거의 없다. 한국의 일류대학들은 세계무대에 내 놓으면 너무 초라하다. 왜일까? 바로 밥상문화 때문이다. 이런 대학, 이런 기업 문화로는 세계경쟁에서 살아남기 어렵다. 보잉은 비행기로, 듀퐁은 화학에서 생명공학으로, 빌 게이츠는 컴퓨터로 세계를 제패하고 있다. 삼성전자는 스마트폰으로, 현대자동차는 자동차로 세계를 누비고 있다. 싸이는 말춤으로, 김연아는 피겨스케이팅으로 세계의 별이 되었다. 한국도 최근에 와서 변화의 모습을 보이고 있지만 속도가 너무 느리다.

일본은 노벨상 수상자를 25명이나 배출했고, 1917년에도 노벨 생의학상 수상자를 배출하여 전국이 축제 분위기라고 한다. 한국은 꿈만 꾸고 있다. 화나고 부러운 일이다. 왜 이 모양일까? 밥상문화의 만연과 단기 업적주의 때문이다. 이번 일본의 노벨상 수상자인 모 교수는 30년 동안 돈도 명예도 다 버리고 오직 연구에만 매진했다고 한다. 그 결과가 오늘의 영광을 가져왔다.

한국은 왜 노벨상 수상에 있어 황무지인가? 답은 나와 있는데 실천을 안 하기 때문이다. 4차 산업혁명의 문이 열리고 있다. 과거의 밥상문화로는 지금까지 이루어 놓은 것도 빼앗길 운명에 놓여 있다. 밥상문화를 퇴출하고 새로운 밥상문화를 만들어야 한다. 거기에 한국의 미래가 있다. 전라도 나주에 가면 곰탕거리가 있다. 그곳에는 곰탕집들이 즐비하다. 어떤 곰탕집은 곰탕 한 그릇을 먹기 위해 수십 명이 줄을 서서 기다린다. 그 집은 오직 곰탕만을 판다. 한국적 밥상문화를 퇴출하고 그 집만의 특별한 맛을 내는 곰탕을 팔기 때문에 많은 사람들이 떼를 지어 몰려든다.

7. 통찰력을 가진 사람이 새로운 역사를 창조한다

인간의 역사는 신천지를 찾아가는 역사다. 오늘날 인간은 IT라는 혁명의 시대에 살고 있다. 4차 산업혁명의 시대가 도래하였다고 떠들썩하다. 그러나 오늘의 지식혁명에 이르도록 신천지를 찾아가는 인간의 역사를 살펴보면 웃기는 일이 많았다.

혁신적인 기계들이 처음 발명되었을 때 권력자들은 무심한 반응을 보인 경우가 많았다. 처음 기차가 발명되었을 때 프러시아의 왕은, 말을 타고 가면 되지 비싼 요금을 내면서 기차를 타고 가느냐고 열차를 우습게 보았다. 그때 베를린에서 포츠담까지 기차로는 한 시간, 말을 타고 가면 하루가 걸렸다.

초창기 자동차

미국에서 자동차가 처음으로 출시되었을 때 대통령 윌슨은 부의 오만한 상징이라고 비판했다. 다이제스트 잡지에서는 자전거처럼 대중적으로 사용되지 않을 것이라고 예견하였다. 또, 자동차 반대운동 단체가 결성되어 도로를 파괴한다고 철사

줄로 자동차를 동여매어 움직이지 못하게 하는 웃지 못할 사건들이 있었다.

그러나 미국 자동차의 왕 포드는 그렇게 생각하지 않았다. 포드는 미국의 지도를 바꾸어 놓은 자동차 왕이 되었다. 100년 전 미국의 자동차 회사는 500개가 넘었다. 그런데 오늘날 미국의 자동차회사는 Big 3만 남았다. 미래를 바라보는 통찰력을 발휘하여 혁신하고 혁신하였기 때문이다. 대통령으로부터 유명한 잡지에 이르기까지 비웃고 반대하는데 역으로 생각하는 사람이 있었다. 이것이 수평적 사고이다. 모두 동쪽으로 가는데 홀로 서쪽으로 가기는 정말 어렵다. 여기에 자기만의 지혜의 세계를 만들고 역사를 창조할 수 있는 것이다. 포드는 자동차의 세계를 만들어 세계의 역사를 바꾸어 놓은 위인이다.

지리산으로 유명한 전라남도 구례에 기차여행을 가면 기차역이 구례구(求禮口)라는 구례읍에서 20~30분 떨어진 곳에 있다. 지리산을 여행하는 사람들은 너무 불편하다. 왜 이렇게 이상스러운 역이 생겼을까? 처음 계획은 구례읍에 기차역을 세울려고 하였다. 그러나 당시 양반촌이라는 구례 사람들이 반대하고 나섰다. 무슨 이상한 괴물을 양반촌에 들어오게 하느냐고 반대가 심하여 결국 구례역 건설을 포기하고 구례 가까운 입구에 역을 세우고 구례구역이라고 이름을 붙였다. 기차를 괴물로 생각한 구례의 양반들! 오늘 지리산 탐방객들에게 준 불편은 구례 양반들의 선물이다. "미래를 내다보는 통찰력이 미래의 방향을 제시해 준다." 빌 게이츠의 말이다.

인간은 예지의 본능을 타고난 동물이다.

신이 준 무한한 상상력을 동원하면 자기 자신이 바라는 미래에 대한 통찰력을 발휘할 수 있다. 뛰어난 통찰력을 지녔던 미국의 국무장관 윌리엄 헨리 수어드(William Henry Seward)는 알래스카를 러시아로부터 매입하자고 의회에 호소하면서 다음과 같이 말하였다. "여러분! 나는 눈 덮인 알래스카를 바라보고 그 땅을 사자는 것이 아닙니다. 나는 그 안에 감추어진 무한한 자원을 보고 사자는 것입니다. 나는 우리 세대를 위해서 사자는 것이 아닙니다. 다음 세대를 위해서 그 땅을 사자는 것입니다."

그는 얼음덩어리를 사서 뭐하자는 거냐고 거센 반대에 부닥쳤고 매국노로 매도당하기도 하였지만, 의원들을 설득하고 설득하여 겨우 한 표 차로, 가까스로 의회를 통과시켜 알래스카는 미국 땅이 되었다. 당시 러시아의 협상단은 귀국하여 협상을 성공시켰다고 큰 환영을 받았다. 지금 러시아 사람들은 알래스카를 바라보면서 무슨 생각을 하고 있을까? 알래스카에 가면 수어드 거리(Seward Road)가 있고 그의 동상이 있다. 그의 통찰력은 오늘의 미국을 세계 최강국으로 만들어 놓았다.

세종대왕은 많은 반대를 무릅쓰고 한글을 창제하였다. 만일 세종대왕이 한글을 창제하지 않았더라면 오늘날 우리 한민족의 민족문화는 어찌 되었을까? 생각만 해도 아찔하다.

독자들이여! 미래를 내다보는 통찰력을 길러야 한다. 그 길이 새 역사를 쓰는 관문으로 들어가는 길이다.

8. 홈쇼핑의 역사와 수평적 사고

최근의 조사에 의하면 소비자의 4~50%가 홈쇼핑을 한다고 한다. 홈쇼핑의 창시자는 Roy Speer와 Lowell Paxson이라는 사람들이다. 이들은 새로운 사업을 하고자 여러 가지 사업을 구상하다가 홈쇼핑의 아이디어를 찾아냈다. 그들은 홈쇼핑의 역사를 시작하면서 다음과 같이 소비자 심리를 파악하고 홈쇼핑을 창설하였다. 그들은 사람들의 습관을 관찰하여 다음과 같이 관찰결과를 정리하였다.

첫째, 사람들은 쇼핑을 좋아한다.

둘째, 사람들은 TV 시청을 좋아한다.

셋째, 사람들은 원할 때 TV를 보면서 쇼핑할 수 있으리라는 아이디어를 생각했다.

이 3가지 결과에 대한 확신을 가지고 그들은 회사를 만들어 홈쇼핑의 새 역사를 쓰기 시작하였다. 오늘날 홈쇼핑은 그들이 예측한 상상을 벗어나 전 세계 시장을 점령하고 있다.

TV 채널을 보면 놀라지 않을 수 없다. 우리나라도 홈쇼핑의 천국이라 할 정도로 홈쇼핑이 활성화되어 있다. 신은 인간에게 상상력이라는 선물을 주었다. 우주를 덮는 이 상상력을 활용하면 아무리 세상이 살기 어렵더라도 새로운 길을 찾을 수 있으리라.

인류의 역사는 신천지를 찾아가는 역사요, 인생의 길도 신천지를 찾아가는 길이다. 그들은 그들이 생각해 낸 홈쇼핑의 아이디어가 전 세계적으로 이렇게 번창하리라고 생각이나 했을까? 인간의 아이디어는 무궁무진하고 무서운 것이다. 도처에 새로운 길들이 기다리고 있다.

한국의 홈쇼핑 사업은 해외로까지 진출하고 있다. 동남아에서 특히 태국 같은 남쪽 나라에서 한국의 홈쇼핑이 최고 인기라고 한다. 그 이유는 한국의 빨리빨리 문화에 있다. 태국 본토인들은 주민들이 TV를 보고 물건을 주문하면 일주일쯤 걸리는데 한국인 업체에 주문하면 하루 이틀이면 주문한 물건이 가정에 도착하니 인기가 있을 수밖에 없다는 것이다. 빨리빨리 문화가 비난도 받지만 이렇게 장점으로 활용될 수도 있다는 것을 알아야 한다.

경제성장의 역사를 보면 흥미 있는 사실을 알 수 있다. 국민소득 $5,000를 획득하기까지 서구는 150년, 서구에서 배운 일본은 100년 걸렸는데 한국은 경제개발을 시작한지 불과 30년만에 국민소득 $5,000를 이룩한 획기적인 기록을 세운 나라가 되었다. 그 이유 중의 하나는 경제개발정책의 성공에도 있겠지만 빨리빨리 문화에 익숙한 국민들의 의식구조와 근면에도 이유가 있었다고 할 수 있다.

9. 모든 인간은 세일즈맨(Salesman)이다

숨 쉬기도 어려운 한 여름 날, 매미란 놈은 나무 그늘 밑에서 목청껏 울어댄다. 할 일 없는 매미란 놈이 시원한 나무 그늘에서 노래만 부르며 인간의 귀를 피곤하게 한다고 사람들은 매미 우는 소리를 별로 반기지 않는다. 매미는 왜 우는가? 짝을 찾아 노래를 부른다. 그냥 심심해서 부르는 노래가 아니다.

매미도 피곤하고 바쁘다. 그래도 그렇게 목청껏 불러야 사랑하는 짝을 찾아 2세를 생산할 수 있다. 매미는 자기 세일을 하고 있는 것이다.

노래를 부르지 않은 동물들은 어떤가? 수사자의 위용을 보라. 암사자를 유혹하기 위해서이다. 수사자의 위용 앞에 감히 거역하겠는가? 장끼의 아름다운 자태를 보라. 까투리를 유혹하기 위해서 그렇게 아름다운 치장을 한다. 시베리아 순록의 거대한 뿔을 보라. 암사슴을 유혹하기 위해 그 우람한 뿔을 달고 다닌다. 이렇게 모든 동물은 세일을 한다.

인간은 어떤가? 남성들은 남성을 상징하는 야성적인 장치들로 치장한다. 턱수염, 무쇠 같은 팔다리, 발달된 가슴의 근육질 모두 이성을 유혹하기 위한 형상들이다. 거기다가 인간은 인위적인 치장을 한다. 원시사회에서 남성들의 갖가지 치장물은 자신을 세일하기 위해서였다. 인디언 남성들의 화려한 치장물은 세일의 상징이다.

인간사회는 삶의 전쟁터다. 전쟁터에서 살아남기 위해서는 자기 세일에 성공해야 한다. 옛날 왕들은 화려한 금관을 쓰고 금마차를 탔다. 보통 백성들과 차별화된 권위로 자기를 세일하고 백성들을 제압하기 위해서였다. 제복을 입은 장성들은 반짝이는 별과 가슴에는 훈장을 화려하게 달고 장군의 권위를 뽐낸다. 미국 역사상 조지 워싱턴보다 강인한 인상을 남긴 인물은 없었다. 그 이유는 그의 풍모도 한몫했다고 한다. 그는 손님을 맞이하기 전에 제일 먼저 가발을 다듬고 외투와 청색 제복을 입고 손님을 맞이했다고 한다. 키가 2미터나 되어 그의 카리스마는 청중을 압도했고 미국 국민들의 지지를 받아 초대 대통령이 되었다. 6.25전쟁 때 맥아더 장군의 용모를 보자. 그는 언제나 장군모자를 쓰고 전쟁터에 나가서도 철모를 쓰지 않았다. 그의 장군모는 그의 상징이 되었다. 장군모를 쓴 맥아더 장군은 전쟁터에서 허리를 굽히지 않는 장군으로 유명하다. 비 오듯 총알이 날아다니는 전쟁터에서도 허리를 굽히고 숨지 않았다. 그의 소망은 전쟁터에서 총에 맞아 죽는 것이었다. 다행인지 불행인지 총알은 그를 피해갔다. 그는 한국전에서 만주폭격을 주장했다가 해임되고, 그 후 미국 의회에 나가 한 연설은 유명하다. "노병은 죽지 않는다. 다만 사라질

뿐이다."

클레오파트라 석상

여성들은 어떤가? 클레오파트라를 위시하여 고대 이집트 여성들은 화려한 의상과 화장으로 온 몸을 치장하였다. 남성들을 유혹하기 위해서였다. 현대의 여성들은 어떤가? 명동의 화장품 가게를 중국의 요커들이 싹쓸이한다고 한다. 자기 몸을 세일하기 위해서이다. 이 세계는 세일의 전쟁터이다. 세일하기 위하여 인간의 몸도, 인간이 만든 모든 제품도 아름답게 꾸민다. 한국에서 만든 자동차는 얼마나 많은 변화를 가져 왔는가? 세일의 전쟁에서 이기기 위해서이다.

세일즈맨의 시대는 디자인의 시대다. 자동차를 이야기했는데 자동차뿐만 아니라 인간인 만들어 내는 모든 제품에는 디자이너의 손길이 들어간다. 현대는 디자인의 시대다.

생각해 보자. 우리의 방을 한번 둘러보자. 무엇 하나 디자인되지 않은 것이 없다. 책의 표지며 활자체, 책상, 컴퓨터, 의상, 그림, 도자기, 모자 등 모든 것이 디자인이다. 풍요의 시대는 디자인의 시대다. 국민소득이 몇 천달러 했던 가난했던 시절에는 디자인이라는 미적 감각에 눈을 돌릴 여유가 없었다. 그러나 풍요의 시대에는 변화가 일어나고 있다. 디자인의 시대에는 세 가지 것에 주목해야 한다.

첫째는 물질적 번영과 기술의 발전으로 예전보다 좋은 디자인을 접할 기회가 늘어났다. 이를 통해서 좀 더 많은 사람들이 좋은 디자인에서 얻는 즐거움을 향유할 수 있게 되었다.

둘째는 물질적 풍요의 시대에 디자인은 차별화 수단이자 새로운 시장을 창조한다는 의미에서 현재 비즈니스의 중요한 요소가 되었다.

셋째는 좀더 많은 사람들이 디자인 감수성을 개발하면서 점점 더 궁극적인 목적인 세상의 변화를 위해서 디자인을 발전시켜 나갈 것이다(다니엘 핑크, 「새로운 미래가 온다」 참조).

이처럼 현대사회는 디자인의 시대다. 자기를 세일하기 위해서, 제품을 세일하기 위해서, 나라를 세일하기 위해서도 디자인에 치중해야 한다. 싸이는 말춤으로 세계를 누비고 있다. 이것이 싸이의 세일이요, 말춤 디자인이다.

"보기 좋은 떡이 먹기도 좋다."

10. 풍파 뒤에 피는 꽃이 아름답다

30여 년 전 심산유곡 어느 암자에 간 일이 있었다. 한 친구가 공무원이었는데 승진을 앞두고 너무 초조한 나머지 사주라는 것을 보고 싶어 했다. 그 암자의 은자 스님이 사주를 잘 본다고 하여 찾아 갔었다. 그런데 그 스님은 친구와 이야기하면서 먼 산을 바라보고 있는 필자를 힐끔힐끔 쳐다 보더니 "선생님 한 말씀 드려도 될까요." 하더니, 대답이 떨어지기도 전에 "선생님은 풍파 뒤에 피는 꽃입니다."라고 말하였다. 나는 "그래요?" 하고 더 이상 말하지 않았지만 한마디로 내 인생을 진단한 것이 아닌가! 별난 스님이라고 생각되었다.

내 인생은 겉으로는 평범한 대학교수인 것처럼 보이지만 인생의 변화가 있을 때마다 풍파를 많이 겪었다. 6.25, 4.19, 5.18을 겪으면서 중학교, 고등학교, 대학을 조용히 다녀본 적이 없다. 어렸을 때부터 병약하여 질곡 속에서 학교를 다니고 5.18 때는 교수단 민주화선언을 주도하였다 하여 신군부의 공포가 엄습했던 계엄령하에서 군기관 지하실에 끌려가 참을 수 없는 고통을 당하기도 하였다. 잊을 수 없는 일화 한 토막을 이야기해 보자. 한 달 동안 지하실에서 된장국에 김치만 먹다가 어느 날 사병들 숙소인 내무반으로 옮기게 되었다. 지하 독방에서 한 달 동안 된장국에 김치만 먹는다는 것은 그야말로 식사하는 것이 아니라 죽지 않기 위해서 쓰디쓴 약을 먹는 거나 다름이 없었다. 사병들의 내무반은 지상에 있었기 때문에 지하 독방에서 해방되던 날, 밖에 나와 파란 하늘을 보고 시원한 공기를 마시니 정말 살 것 같았다.

저녁 식사시간이 돌아왔다. 군인들 식당으로 모이라 하였다. 식당에 들어서자마자 국그릇 하나가 눈에 들어왔다. 사병들이 식사를 하고 나간 후였다. 그 국그릇에는 빨간 국물 속에 닭 모가지 한 조각이 담겨 있었다. 군인들 중

누군가가 먹다가 남긴 국이었다. 나는 그 국물과 닭 모가지를 단숨에 들이키고 싶었다. 정말 그 국물을 마시고 닭 모가지를 뜯어먹고 싶었다. 다른 수감자들이 들어오고 있는데 인간의 자존심으로 그럴 수가 없었다. 때때로 그 남겨진 국그릇을 생각한다. 내 평생에 그렇게 먹고 싶은 음식은 아직 경험해 보지 않았다. 아직도 머릿속에 그 국물과 닭 모가지가 각인되어 있다. 지금도 때때로 그때의 닭 국물 생각이 난다.

생각해보면 역사에 족적을 남긴 사람들의 대부분은 풍파 뒤에 피어난 꽃들이 많았다. 사마천은 독재자 한무제로부터 궁형(성기를 절단하는 형벌)을 받고 원한에 사무쳐 불후의 명저 「사기(史記)」라는 역사서를 집필하고 세상을 떠났다. 니체는 이런 이야기를 하였다. 자신은 "피로써 쓴 글을 좋아 한다."라고… 피는 진실을, 절체절명의 한을 말한다. 사마천은 나이 38세의 피 끓는 청년기에 궁형을 당하였다. 그 한 맺힌 원한을 무엇으로 갚을 것인가? 그는 궁형이라는 최악의 형벌을 받고 인류사에 영원히 남은 역사책을 썼던 것이다. 이 12권으로 된 방대한 역사서 「사기」를 모르고는 중국의 역사를 말할 수 없다. 그는 두 질을 써서 한 질은 태산에 묻고 한 질은 한무제에게 보냈다. 한무제가 읽어보니 자신의 학정을 낱낱이 고발한 책이었다. 한무제는 고래 고래 소리를 질렀다. "사마천 이놈을 잡아 오라."고 그러나 사마천은 이미 저 세상으로 떠나고 없었다. 할 일을 다 했기 때문에…. 만일 사마천이 궁형을 당하지 않았더라면 「사기」라는 역사서는 태어나지 않았을런지 모른다. 「명심보감(明心寶鑑)」에 "시오선자는(是吾善者) 시오(是吾) 악(惡)이요 시오악자(是吾惡者)는 시오(是吾) 사(師)"라는 명구가 있다. 한무제는 사마천을 불후의 위대한 학자가 되게 한 스승이었던 것이다. 불운이 찾아온다고 울지 말라. 불운은 불운이 아니요, 그대에게 찾아온 기회다. 기회를 잘 이용하면 승자가 되고, 울고 보내면 패자가 되고 만다.

베토벤은 청력을 잃은 후에 명작을 남기고 악성이 되었다. 청력을 잃는다는 것은 음악가에게는 생명을 잃은 것과 마찬가지인데 어떻게 청력을 잃은 후에 악성이 되었을까? 베토벤을 모델로 소설을 쓴 로망롤랑은 "만약 하느님이 인류에게 범한 죄가 있다면 베토벤에게서 청력을 앗아 간 것이다."라고 말하였다. 음악가에게는 귀가 생명이다. 그런데 그는 청력을 잃은 후에 악성이 되었다. 그가 작곡한 「운명」과 교향곡 「합창」은 인간의 능력으로 쓸 수 있는 가장 완전하고 위대한 곡이라고 한다.

빅터 프랭클이라는 심리학자는 폴란드 아우슈비츠에서 3년간 수용소 생활을 하고 살아 나왔다. 그 곳 죽음의 수용소에서는 98%의 사람들이 죽어 나갔다. 그곳에서 그는 기적적으로 살아 나왔다. 2차대전이 끝나고 죽음의 수용소라는 아우슈비츠 문이 열리자 수용소 문을 나와 꽃들이 피어 있는 들판을 걷고 걸어서 무릎을 꿇고 다음과 같이 기도하였다. "저는 저 비좁은 감방에서 주님을 불렀나이다. 그런데 주님은 이렇게 넓고 꽃들이 피어 있는 자유로운 공간에서 저에게 응답하였나이다." 그는 살아나와 「죽음의 수용소」라는 책을 썼는데 200만 부가 팔렸고 미국에서 가장 영향력 있는 책 10권에 들기도 하였다.

11. 떠날 때 남기고 싶은 한 마디

지금 지상에 살고 있는 자는 언젠가는 모두 떠난다. 적어도 일백년 후에는 지금 한 살짜리가 백세가 되니 같은 시대에 태어나 생존하고 있는 사람은 지구상에 몇 명 안 남을 것이다. 인간의 삶은 자연의 사계절과 다름이 없다. 인생의 봄, 여름, 가을, 겨울을 겪으며 한 많은 인생을 살다가 돌아 올 수 없는 영원의 피안으로 떠나게 된다. 이승을 떠나가면서 자기인생을 상징하는 말들을 하고 떠나기도 하지만 속절없이 말 한마디 없이 떠나기도 한다. 그러나 살아 있을 때에 남기고 싶은 마지막 말 한 마디라도 남기고 갔으면 하고 생각해 본다.

먼저 간 사람들의 마지막 말들을 들어보자. 19세기 미국 시인 에밀리 디킨슨(Emily Dickinson)은 "지금 들어가야겠다. 안개가 피어오르고 있다."라고 말하고 떠났다. 그녀는 신비의 베일에 가린 시인이었다. 하얀 소복을 입고 독신으로 이층에 살면서 외출을 거의 하지 않아 다른 사람의 눈에 거의 띄지 않았다. 살아서는 거의 시를 발표하지도 않았는데 사후 그녀의 서랍 속에서 2,000여 수의 시가 발견되었다. 그녀가 남긴 시 한 수를 음미해 보자.

내가 만일 누군가의 마음의 상처를
막을 수 있다면 헛되이 사는 것이 아니리
내가 만일 한 생명의 고통을 덜어주고
기진맥진해서 떨어지는 물새 한 마리를
다시 둥지에 올려놓을 수 있다면
내 헛되이 사는 것이 아니리

수상집 「월든(Walden)」으로 유명한 소로(Henry David Thoreau)는 임종 때 그의 이모가 "죽기 전에 하느님과 화해하라."고 말하자 "내가 언제 하느님과 싸웠느냐."고 역정을 내었다고 한다.

"맑은 마음이 보이지 않는다면 맹인이나 다름없다."라고 그의 수상집에서 이야기하고 있다. 권력욕에, 금욕에 눈이 멀어 맹인이 되어 인생이 파탄난 사람들이 얼마나 많은가? 그는 숲속에서 2년을 홀로 살면서 자연을 관찰하며 도인처럼 살았기 때문에 맑은 마음을 가질 수 있었다. 그의 수상집은 미국문학의 백미로 평가받고 있다.

문학과 생활이 늘 밝은 곳을 향해 있어서 인생의 어두운 곳 보다는 밝은 면을 지향했던 괴테는 임종 때 "좀 더 빛"을 이라는 유명한 말 한 마디를 남겼다. 프랑스 대통령이었던 퐁피두(George Pompidou)는 "나는 사는 동안 내가 할 수 있는 모든 것을 다했다."라고 현생을 만족해 하며 떠났다. 참 부러운 마지막 말 한마디이다. 우리나라 속담에 '개같이 벌어서 정승같이 쓰라.'는 말이 있는데 미국에서 돈을 벌어 2,500개의 도서관을 세운 사람이 있다. 카네기라는 사업가다. 미국은 돈의 나라이지만 부자의 동상은 별로 없는데 카네기의 동상은 서 있다. 그의 묘비명은 유명하다. 그의 묘비에는 이렇게 쓰여 있다.

"내 주위에 나보다 더 유능한 사람들을 모을 줄 알았던 한 인간이 잠잔다."

이 세상에서 가장 중요하고 어려운 것은 인간관계다. 그는 인간관계에 뛰어난 인물이었다.

작가 버나드 쇼는 "우물쭈물하다가 내 이렇게 될 줄 알았다."라고 한마디하고 하늘 행 기차를 타고 떠났다. 그는 우물쭈물 산 사람이 아니었다. 장난기가 발동했던 모양이다. 노벨 문학상까지 받은 사람이 우물쭈물 살았겠는가?

94세까지 글을 쓰고 96세에 나무 가지치기하던 중 떨어져 죽은 사람이 우물쭈물 살았다고 하니 할 말이 없다.

"나는 마침내 자유를, 마침내 자유를 얻었다. 고맙게도 나는 마침내 자유로워졌다." 마틴 루터 킹의 마지막 외침이다. 자유를 위해서 목숨을 바친 사람의 마지막 절규다(「문학의 숲을 거닐다」, 장영희 참조).

"좋은 친구 부디 여기에 묻힌 시체를 파는 이여 이 돌들을 남겨 놓은 이에게는 축복이 있고 내 유골을 옮기는 이에게는 저주가 있으리라." 셰익스피어의 묘비명이다. 저주라는 말 때문에 아무도 셰익스피어의 무덤에 손을 대지 못한다고 한다.

생자필멸(生者必滅)은 만고의 진리다. 누구나 간다. 시기가 문제다. 한 번쯤 자기가 살아온 인생의 궤적을 상징할 수 있는 묘비명을 가끔 생각해보면 어떨까? 보다 진지하게 살 수 있을 것이다.

마하트마 간디가 총살당하기 전에 기도했던 기도문은 다음과 같다.

> 지치거나 지치지 않거나 그대여 쉬지 마라.
> 이 단독 투쟁을 멈추지 마라.
> 지속하라. 쉬지 마라.
> 세상은 어두워지고 너는 그 빛이 될 것이니
> 너는 주위의 어둠을 쫓으리라.
> 오 그대여 삶이 너를 버리더라도 쉬지 마라.

명장 징기스칸의 유언이다.

> "내 후손들이 벽돌집에 살게 될 때 망하리라."

러시아, 폴란드, 중동, 중국, 제주도까지 인류역사상 가장 넓은 영토를 정복했던 몽골족은 징기스칸의 예언대로 벽돌집을 찾아다니다가 인구 500만의 초라한 나라로 전락하고 말았다.

"성을 쌓는 자는 반드시 망할 것이며 끊임없이 움직이는 자만이 살아남을 것이다."

무굴제국 명장의 묘비명이다. 유목민은 이동하는 민족이다. 유목민이 문 닫고 누워 있으면 죽는 길밖에 없다. 그는 후손들에게 생명과도 같은 교훈을 남겼다. 현대인은 유목민이다. 이동하지 않는 민족, 이동하지 않는 나라는 살아남기 어렵다. 현대는 이동의 시대다. 한국 사람들은 얼마나 이동하고 있는가? 인천공항은 매일 매일 이동하는 탑승객으로 넘치고 있다.

이동은 육체의 이동만을 의미하지 않는다. 때는 인공지능의 시대이다. 인공지능의 시대는 머리의 회전이 빨라야 한다. 머리를 회전시키고 몸을 이동시켜라. 문 닫고 있는 사람, 문 닫고 있는 나라는 사해(死海)와 다름없다.

전쟁의 세 가지 요소는 영토, 속도, 살상이다. 지금은 식민지시대가 아니라, 경제전의 시대다. 영토는 삼성전자나 LG전자처럼 전자제품 수출을 통한 영토 확장이다. 속도는 제품을 얼마나 빠른 속도로 고객이 원하는 곳에 빨리 전달하느냐의 문제이다. 살상의 의미는 적군을 살상하는 것이 아니라 고객의 확보를 의미한다고 생각한다. 고객의 창조를 통한 고객의 확보가 경제전의 제일의 요소이다.

떠날 때 마지막 말 한마디 생각하면서 오늘을 살기를 !

> "야망은 높게 날아오를 수도 있지만, 낮게 기어갈 수도 있다."
>
> –에드먼드 버크(Edmund Burke)–

12. 흑인은 흑인으로 살아야

마이클 잭슨은 흑인이었다. 그는 어렸을 때부터 음악의 천재성을 인정받아 유명해지기 시작했다. 그런데 그는 피부색에 대한 콤플렉스가 너무 심하여 백인이 되고 싶었다. 그래서 피부 수술을 하여 백인처럼 얼굴을 하얗게 만들었다(본래 백반증 피부병이 있었다는 설도 있음). 그리고 세계적인 팝의 황제가 되었다. 여기까지는 성공했다. 그러나 수술의 부작용으로 코가 내려앉고 귀가 쪼그라들기 시작했다. 몸도 마음도 병들기 시작했다. 그는 불면증과 통증으로 약물중독에 빠졌다. 결국 약물 과다 복용으로 52세의 젊은 나이에 엄청난 유산을 남겨 놓고 돌아오지 못할 삶의 다리를 건너 저 세상으로 떠나고 말았다. 생각해 보자. 과연 마이클 잭슨이 백인의 탈을 쓰지 않고 흑인으로 살았더라면 가수로서 실패하였을까?

50년 전, 100년 전 같았으면 혹시 모르겠지만 흑인의 인권도 엄청나게 향상되어 결코 그렇지 않았을 것이다. 그는 흑인으로 살았더라도 성공할 수 있었다. 백인에 대한 한없는 동경과 콤플렉스가 비극적 최후를 맞게 했던 것이다. 만일 마틴 루터 킹이라는 흑인 민권운동가나 오바마 대통령이 백인 흉내를 내고 살았더라면 어떻게 되었을까? 미국에서는 세 사람의 생일이 국경일로 지정되어 있다. 조지 워싱턴 초대 대통령과 링컨 대통령 그리고 마틴 루터 킹 목사의 생일이다. 킹 목사는 38세 창창한 젊은 나이에 암살당하였지만 노벨평화상을 수상한 위대한 민권운동가다. 흑인으로 살았기 때문이다. 오바마라는 흑인 대통령의 탄생은 노예의 후손이 대통령이 된 기적 같은 일이다. 그도 하버드 대학을 다니면서 백인의 흉내를 내고 살았더라면 평범한 변호사로 끝났을 것이다. 그들은 흑인으로 살았다. 흑인은 흑인으로 살 때 삶의 의미를 찾을 수 있다. 한국인은 한국인으로 살 때 삶의 가치가 있다. 그 속에서 인생의 의미를 찾아야 한다. 백인으로, 흑인으로, 한국인으로 태어났다고 하는 것은 한계상황이다. 어쩔 수 없는 그야말로 운명이다.

명심하라! 당신은 지금 이 순간 갈림길에 서 있다. 인생의 한계상황을 극복하고 선택의 창조적 길을 갈 것인가? 태어난 운명을 한탄하고 마이클 잭슨 같은 길을 갈 것인가? 인생은 오직 한번뿐이다. 삶의 기회는 두 번 오지 않는다.

인생의 길은 두 가지. 하나의 길은 운명의 길이요, 다른 하나의 길은 선택의 길이다. 운명의 길은 어쩔 수 없는 선택 불가능의 길이다. 흑인으로, 백인으로, 황인으로, 아프리카에서, 미국에서, 한국에서 누구의 아들, 딸로 태어난다는 것은 선택 불가능한 길이다. 선택 불가능의 길에 미련을 두어서는 안 된다. 하나의 길은 선택의 길이다. 사르트르는 인생은 선택이라고 외쳤다. 불교에서는 운명 30%, 선택 70%라고 한다. 70%의 선택을 잘하면 30%의 운명을 극복할 수 있다.

운명을 극복한 대표적인 한 사람이 있는데 오프라 윈프리라는 흑인 여성이다.

신화를 창조한 흑인여성 오프라 윈프리(Oprah Winfrey)

2008년 미국에서 세계를 움직인 10인 중 1위를 차지한 흑인여성, 옆에 같이 앉기를 원하는 사람 1위로 선정된 인물은 미국 토크쇼의 주인공 오프라 윈프리였다. 그녀가 이렇게 신화를 만들어 낸 힘의 원천은 어디에서 왔을까?

어린 시절, 그녀는 사생아로 어머니와 함께 살았다. 9세쯤에 친척에 의해서 성폭행을 당했고 14세에는 조산아를 낳았다. 또 어머니의 돈을 훔쳐 집을 나온 후 연상의 아이들과 성 놀이를 즐겼다. 그들을 즐겁게 하기 위해서 마약을 복용했던 타락한 여성이었다. 어머니가 윈프리를 기르는데 자신이 없어서 전 남편에게 양육을 부탁하여 그녀의 아버지와 같이 살게 되었다. 양어머니도 자식이 없어서 그녀를 친딸처럼 길렀다. 윈프리의 아버지는 그녀를 엄하게 길렀다. 윈프리는 아버지가 인생의 스승이라고 늘 말하곤 하였다. 아버지를 만난 후 그녀의 인생은 변하기 시작하여 전 세계에서 가장 성공한 여성이 되었다. 그녀는 명예와 부를 누리게 되었고 윈프리 토크쇼에 참석한 270명의 참가자에게 자동차를 한 대씩 선물할 정도로 통이 큰 자산 15억 달러의 부자가 되었다.

흑인에다 뚱뚱했고, 가난하고 불행했던 그녀의 불가사의한 성공비결은 무엇일까?

첫째, 끝없는 지적 탐구였다. 그의 아버지는 일주일에 적어도 한 권의 책을 읽게 했다. 그녀는 독서가 내 인생을 바꿨다고 말하였다.

둘째, 책임감이었다.

셋째, 목표와 열정이었다.

이런 이야기들은 누구나 다 할 수 있지만 실천이 문제이다. 오프라 윈프리의 십계명을 보자.

1. 남들의 호감을 얻으려 애쓰지 말라.
2. 앞으로 나아가기 위해 외적인 것에 의존하지 말라.
3. 일과 삶이 최대한 조화를 이루도록 노력하라.
4. 주변에 험담하는 사람들을 멀리하라.
5. 다른 사람들에게 친절하라.

6. 중독된 것들을 끊어라.
7. 당신에 버금가는 혹은 당신보다 나은 사람들로 주위를 채워라.
8. 돈 때문에 하는 일이 아니라면 돈 생각은 아예 잊어라.
9. 당신의 권한을 다른 사람에게 넘겨 주지 말라.
10. 포기하지 말라.

13. 문화와 생명력이다

문화는 인간의 아들임과 동시에 어머니이다.

장자는 문화를 소의 코뚜레라고 표현하였다.

소를 농사에 활용하기 위해서 자연상태의 소 코에 코뚜레를 메어 훈련을 시켜 농사일에 이용한다. 이와 같이 문화란 인간의 손에 의해서 이루어진 유형·무형의 제도나 관습이라 할 수 있다.

인간의 역사를 살펴보면 문화민족은 생명력이 길었고 물질문명, 기술문명의 발달에 비해 문화가 미약했던 민족은 일시적으로는 흥하였지만 피지배민족에게 동화되었거나 쇠망해버린 경우가 많았다. 문화는 인간의 손으로 창조한 것인데 인간은 인간이 만들어 놓은 문화에 의하여 영향을 받는다. 인간은 문화의 어머니임과 동시에 문화의 아들인 것이다.

이러한 역사적인 사실을 볼 때 문화는 가정·조직·민족·국가의 생명력의 원천이라는 것을 알 수 있다.

중국 문화의 예를 들어보자.

원나라를 세운 징기스칸의 손자 쿠빌라이: 징기스칸이 죽은 후 그의 아들, 손자들은 강대한 제국을 나누어 통치했다. 손자 쿠빌라이는 중국이라는 광대한 나라에 원(元)나라를 세우고 수도를 북경으로 옮기고 남송(南宋)까지도 점령하여 통치하였다. 그러나 그는 유목민으로, 무력으로 점령하였지만 중국의 제도를 도입하여 나라를 통치하다가 남경에서 일어난 주원장의 공격으로 몽골로 철수하고 말았다. 중앙아시아, 유럽, 러시아, 폴란드까지 점령했던 징기스칸의 후손들이 페르시아, 중앙아시아의 거대한 칸 제국을 건설하였으나 몰락하고 말았다. 징기스칸의 손자 한 명은 페르시아의 술탄이 되어 열렬한 이슬람 숭배자가 되었다. 그들은 무력으로 정복하는 데는 성공하였지만 오히려 피지배민족의 문화에 동화되어 그들이 세운 나라는 흔적조차 찾기 어렵게 되고 말았다.

그 이유는 몽고제국의 권력은 군사적 지배에 크게 의존하였기 때문이다. 몽고제국은 우월한 군사력과 뛰어난 기동력을 탁월하게 그러나 무자비하게 적용하여 제국을 구축하였다. 몽고의 지배는 조직적인 경제체제나 재정체제를 수반하지 않았고, 어떠한 종류의 문화적 우월감에도 기초하지 않았다. 몽고의 지배자는 수적으로 매우 적었기 때문에 전적으로 지배계급의 재생산을 떠맡을 수만도 없었고, 문화적 혹은 인종적 우월감도 없었기 때문에 제국의 엘리트가 자기만족적인 자긍심을 가질 수도 없었다. 사실상 몽고의 지배자는 자신들이 정복한 지역의 선진적인 민족에 점차로 동화되는 길을 걸을 수밖에 없었다.

지배적인 정치문화의 부재로 인해 지배자가 피지배자에게 동화된 점은 제국의 건설자 칸의 후계 문제와 얽히면서 제국의 몰락을 가져오고 말았다. 몽고제국의 영토는 너무나 커져서 하나의 중심에서 다스리기 어렵게 되었다. 그러나 몇 개의 자족적인 하위단위로 제국을 분리통치하려던 시도는 몽고의 지배자가 해당 지역의 피지배문화에 더욱더 빨리 동화하게 만들었고 그 결과 제국의 해체를 가속화하고 말았다 1206년부터 1405년까지 약 200년 동안 지속되었던 이 거대한 대륙 제국은 흔적도 없이 사라지고 말았다(「거대한 체스판」, 브레진스키).

청나라를 건설한 만주족은 명나라를 정복하여 260년 동안이나 통치하였다. 그러나 그들은 문화민족인 한족에 동화되어 버리고 말았다. 260년이나 통치하였음에도 불구하고 현재 중국에는 만주족의 문자까지도 사라지고 있고 그들은 소수민족으로 전락하고 말았다. 이스라엘은 2,000년 동안이나 살고 있었던 팔레스타인의 영토를 빼앗고 유대인 나라 이스라엘을 세웠다. 모여라 하고 광고를 하니 전 세계에 흩어져 살고 있던 유대인 250만 명이 몰려들었다. 그들은 문화민족으로서 시오니즘을 외치며 2,000년을 유대민족의 생명력을 유지해 온 기적을 창출하였다. 이러한 기적은 그들이 언어, 혈통, 종교 전통을 이어오는 문화민족이었기 때문에 가능하였다.

우리 한국의 경우를 보자. 우리 한민족의 생존을 위협했던 침략이 수없이 많았지만 가장 큰 위협은 두 가지였다. 그 중 하나는 중국의 문화적 동화력, 다른 하나는 북방민족과 왜의 군사적 정복력이었다. 중국의 문화적 동화력은 수천 년간 중원을 정복한 이민족을 중국인으로 만들어버린 위력을 가진 것이었다. 만주족, 거란족, 위구르족 등이 한때 당당한 제국을 건설하였지만 종국에 가서는 중국에 동화되어 버리고 오늘날 독립된 민족국가를 형성하지 못하고 있는 것은 우리가 잘 아는 사실이다. 중국과 인접해 있으면서 중국에 끝내 동화되지 않고 독립된 나라를 이루고 있는 나라는 드물다. 우리는 중국의 선진문물을 받아들이는 데 인색하지 않았고 우리 스스로 소중화(小中華)라고 하기도 하였지만, 우리는 끝내 중국인이 되지는 않았다. 이것은 우리 민족이 문화민족이었기 때문에 가능한 것이었다.

이와 같은 역사적인 사례를 볼 때 문화민족은 생존력이 강하고 민족문화가 형성되지 못한 민족은 그 생존력이 약하다는 것을 알 수 있다.

영국은 세계 여러 나라를 정복하여 식민지로 지배하였다. 2차대전이 끝나 영국은 철수하였지만 옛 식민지 국가에 영국의 잔영이 남아 있다. 그들은 지배하면서 그들의 문화를 이식시켰기 때문이다.

이와 같이 역사적 사례를 보면 물질문명과 정신문명, 문화와 문명(기술문명)이 함께 발전하여야 생존과 번영을 계속할 수 있다는 것을 알 수 있다.

징기스칸은 말과 창으로만 정복하였지만 영국은 문화와 무기를 가지고 지배하였다. 영국은 떠났지만 그 문화는 남아서 피지배국에 영향을 주고 있다.

미국은 트럼프라는 인물이 나와서 흔들리고 있지만 아직도 강대국으로 역할을 하고 있다. 그 이유를 생각해보자.

첫째, 군사적으로 미국은 아직도 세계 최강의 힘을 지니고 있다.

둘째, 경제적인 면에 있어서 미국발 금융위기로 기축통화에 대한 도전까지 받고 있지만 아직도 영향력은 막강하다. 미국의 주식시장은 세계 주식시장에 끼치는 영향력은 여전하다.

셋째, 기술적으로 첨단 분야의 기술혁신에서 압도적인 주도권을 보유하고 있다.

넷째, 문화면에서 특히 미국은 많은 비판을 받고 있지만 전 세계의 대중문화를 이끌어 가고 있다. 미국은 이처럼 물질문명과 정신문명에서 지배적 동력을 지니고 있다. 한 예로 미국은 세계 제일의 유학의 나라다. 세계 모든 나라 젊은이들이 공부하기 위하여 미국으로 몰려온다. 이는 미국문화의 세계 전파를 의미한다.

21세기는 인구이동의 시대이며 인구이동은 문화이동을 의미한다. 앞으로의 세계는 문화전쟁의 시대가 도래할 것이다.

미래의 문화전쟁은 힘의 문화전쟁이 될 것이다.

힘 있는 문화만이 생명력이 길고, 가정·조직·민족·국가에 생명력을 불어 넣을 것이다.

14. 한국 전통문화의 변화

서양의 문화와 동양의 문화의 특징을 비교하면 <표 2-1>에서와 같이 정리할 수 있다. 동·서양의 문화는 그 특색을 달리하고 있는바, 한국의 전통사회는 마을공동체와 친족공동체를 일상생활의 기본단위로 하는 정(情)의 사회였다. 이와 같은 정의 사회는 부락, 친족, 연(緣)을 중심으로 인간관계를 형성·유지시켜 왔다고 할 수 있다. 이 연(緣)의 관계는 네포티즘(Nepotism), 즉 한국적인 연고주의를 낳아 민족의 동질성을 고양시켜 주는 장점도 많았지만 오늘의 한국사회에 이 연고주의를 조명하여 볼 때 어두운 면이 많았다.

이 연(緣)에 의해 규정되는 모든 인간관계는 가족적인 정을 나누는 인간관계로서 전통사회의 한국인들은 일상생활에서 만나는 모든 사람들이 친(親),

표 2-1 동·서양 문화의 특징

구 분	동 양	서 양
영향 요인	1) 달의 문화 2) 유 3) 불 4) 선	1) 태양의 문화 2) 기독교 3) 르네상스 사상 4) Pragmatism
문화권의 정서	음(陰)의 문화 정(靜)의 문화 정(情)의 문화	양(陽)의 문화 동(動)의 문화 이성의 문화
결 과	공동체 조화(포용적 조화) 수동적 수용적 신비주의	개 인 정 복 능동적 창의성 합리주의

의(義), 연(緣) 등으로 맺어진 사람들이기 때문에 그들은 서로 '정(情)'을 나누어야 할 대상이며, 따라서 모두가 한 '누리'이고 한 '겨레'였다고 할 수 있다.

이와 같은 한국인의 정의 문화는 불교의 보편적인 인연의식과 유교적인 가족주의 의식이 독특하게 결합된 '연(緣)'을 기초로 한 '가족적 정(情)'을 매개로 하는 적극적인 '사랑의 사회윤리'로서 특징지어지는 문화인 것이다. 이러한 한국인의 '정'의 문화는 더 나아가 한국인의 자연주의(자연과의 조화사상), 인본주의(인륜을 인간의 도리로서 규정하는 인본사상), 그리고 평화주의 등의 기반을 이루는 것이기도 하다.

이처럼 한국의 전통문화는 연고주의에 의한 가족주의적 의식이 뿌리 깊어 그 장점도 많지만 열린 세계로 나가기 위해서는 폐단이 많아 전통문화에 뿌리를 둔 새로운 문화의 창조가 요청되고 있다

한국의 전통문화는 60~70년대 이후 산업화, 민주화의 길을 걸으면서 변화를 가속화하기 시작하였다. 70년대 이후 '경제성장'을 향해 줄달음쳐온 '힘의 이데올로기'와 '힘의 문화'는 이제 서서히 '성장의 신화'와 '출세주의', '물질

주의' 등의 가치지향으로부터 탈피하고 새로운 산업사회의 사회윤리와 국민정신을 확립할 단계로 나아가야 한다. 80년대 이후의 한국사회는 성장과 분배의 균형, 관주도에서 민간주도로의 성장, 타율에서 자율과 참여로, 양적 팽창에서 질적 내실화로, 권위주의에서 합리주의로의 변화가 일어나야 하는데, 독재정부의 계속은 나라의 모든 면에서 민주적인 발전을 저해하고 문화도 정의 문화에 뿌리를 둔 비이성적인 권위주의 문화가 지배하게 되었다.

이 연고주의로 인하여 한국사회는 권력의 편재, 부의 편재, 인재의 편재 현상이 두드러져 공동체 문화가 파괴되고 민족과 국론이 분열되는 현상이 일어났다. 단적인 예가 한국에서 벌어지고 있는 웃지 못할 선거풍토이다. 또한, 정부가 바뀔 때마다 특정 지역 출신들이 국가의 주요 자리를 독차지하는 현상은 비합리적인 정(情)의 문화가 보여주는 잘못된 모습이라 할 수 있다.

앞의 <표 2-1>을 중심으로 동·서양의 문화를 다시 정리하여 보자. 동양의 문화는 달의 문화, 정의 문화이나 서양의 문화는 태양의 문화, 이성의 문화라 할 수 있다. 그러나 역사가 바뀌면서 국민의식이 바뀌고, 국민의식이 바뀌면서 문화 변동이 일어나고 있다. 바로 한국사회의 전통문화는 달의 문화, 즉 '정'의 문화였으나 점점 태양의 문화, 이성의 문화로 전환되고 있고, 또 전환되어야 한다.

문화의 변화는 시대를 선도해야 한다 특히 정치문화는 다른 모든 문화에 영향을 미치기 때문에 창조적인 문화로, 민주적인 문화로, 탈권위적인 문화로 인본주의 문화로 변화·발전되어야 한다.

한국의 전통문화에 새로운 창조적 문화를 접목한다면 새로운 문화창조의 시대를 맞이할 수 있으리라 믿는다(「인간관계」, 김종재 참조).

Ⅱ 인생의 길 = 관계의 길

하늘 아래 가장 중요한 것도 인간관계요,
가장 어려운 것도 인간관계다.

세상은 무대요 인생은 배우다.

－세익스피어－

이 세상에 신비스러운 것이 너무도 많지만 아무리 신비스럽다 해도 우주의 질서만큼 신비스러운 것은 없다. 광대무변의 대우주가 폭발하지 않고 어떤 질서를 유지하면서 운행을 계속하는 신비야말로 인류에게 주어진 영원한 수수께끼이다. 대우주는 상호 어떤 관계 속에서 질서를 유지하면서 운행을 계속하고 있다. 만일 관계가 깨어지면 대우주는 폭발하여 불덩어리가 되어 소멸하고 말 것이다. 대우주가 어떤 질서 있는 관계 속에서 존재한다면 소우주인 인간도 어떤 관계 속에 존재한다. 아인슈타인은 우주와 지구와 나, 3자는 어떤 관계 속에서 존재하는데 그 관계의 신비를 풀 수 없어서 그 신비를 자기의 신이라고 선언하였다. 아인슈타인의 말처럼 우리의 삶 자체가 신비 속에서 어떤 관계를 맺고 살아간다. 인간의 삶은 첫째는 자연과 관계를 맺고, 둘째는 인간과 관계를 맺고 살아간다. 누구와 어떤 관계를 맺고 살아가느냐에 따라 그 사람의 인생의 항로가 좌우되는 때가 많다.

명심하라! 인간은 홀로 살 수 없는 존재다.

인간관계에 성공하는 세 가지 지혜

누구나 조직사회에서 조직생활을 하면서 성공적인 인생을 살기를 원한다. 성공적인 인생의 기본적인 요건은 성공적인 인간 경영에 있다 하겠다. 조직생활에서 성공적인 인간 경영의 요건을 세 가지로 요약하여 설명하고자 한다.

첫째는 스승이다. 인생의 길은 자기실현의 길이다. 인간은 육체의 아버지도 필요하지만 정신적인 아버지, 정신적인 스승이 필요하다. 자기 인생의 지표가 될 스승이 가까이 있으면 더욱 좋고 그렇지 않으면 스승의 모델이 있어야 한다. 빛을 남긴 사람들은 자기 인생의 스승이 있었다. 미국 생활에서 저자의 연구에 가장 많은 협조를 했던 샤마(Chammah) 교수의 스승과 인생의 모델은 아인슈타인이었다. 샤마 교수는 서재에 아인슈타인의 사진을 걸어놓고 연구를 하였다. 플라톤은 그의 인생에서 네 가지 것을 감사하였다. 첫째는 희랍인으로 태어난 것, 둘째 남자로 태어난 것, 셋째 자유인으로 태어난 것, 마지막으로 소크라테스의 제자로 태어난 것이었다. 플라톤은 소크라테스라는 위대한 스승을 만났기 때문에 위대한 철학자가 될 수 있었다.

둘째는 직언(直言)해 줄 사람이 있어야 한다. 우리는 주위에 수많은 사람들과 인간관계를 맺고 있다. 인간은 모순투성이의 동물이기 때문에 인생을 살아가면서 때때로 시행착오를 범하게 된다. 그렇기 때문에 인간에게는 자기 행위에 대한 피드백(feedback)이 필요하다. 이 피드백은 본인이 지각하기가 어려운 면이 많다. 여기에서 진정으로 직언해 줄 친구나 동료가 필요하다. 직언해 줄 사람이 없는 사람은 진정으로 자기를 발견하기 어렵다. 조선시대 중종에게는 조광조가 있었다. 중종은 자신의 뜻이 받아들여지기까지 무수히 많은 상소를 올리며 직언을 두려워하지 않았던 조광조로 인해 무척이나 괴로워했지만 조광조의 주장이 바른 것이었기에 그 뜻을 받아들였다. 그러나 끝내는 수구세력들의 압력을 극복하지 못하고 조광조에게 사약의 형벌을 내리고 만다.

징기스칸의 참모 야율초재는 무력만능을 주장하는 징기스칸에게 점령지에 문화정책을 펼 것을 진언하였다. 중국을 무력으로 점령하였지만 문화정책을 쓰지 않으면 언젠가는 한족인 중국에 흡수되어 중국의 지배를 받는 파국이 올 것이라고 충언을 하였다. 그는 "무력으로 천하를 차지할 수는 있다. 그러나 무단정치로는 천하가 다스려지지 않는다."는 명언을 남겼다. 몽고는 그들이 점령한 중국(징기스칸의 손자가 원나라를 세움)과 이슬람 문화에 동화되고 끝내는 축출당하였다. 야율초재의 직언은 예언이 되어 적중하였다.

직언은 꼭 필요한 삶의 지혜다. 그러나 사람들은 특히 지도자가 되면 직언을 싫어하게 된다. 어떤 대통령은 대통령이 되면 솔직하게 민심을 전해 달라고 친구들에게 부탁하지만 막상 그 약속을 믿고 직언을 계속하자 청와대 문을 닫더라는 것이다. 대통령의 부인이 그 사실을 알고 부인 자신이 뒷문으로 대통령의 친구들을 초청하여 민심을 들었다는 일화가 있다. 어떤 대통령 앞에서는 직언은커녕 오금도 제대로 펴지 못하고 알량한 감투의 단맛에 빠져 똥개 노릇을 하다가 감옥에 가고 나라를 망치기도 한다.

셋째는 참모다. 인간의 얼굴이나 생각이 백인백색(百人百色)인 것과 같이 인간의 생활은 너무나 복잡하다. 특히 기만의 인간관계 속에서 살아가는 현대인은 세상을 사는 지혜가 필요하다. 아무리 머리가 좋은 사람도 모든 것을 자기의 힘으로 할 수 없을 때가 많고, 남의 눈에는 보이지만 자기의 눈에는 보이지 않을 때가 많다. 인생을 살아가는 데, 조직생활을 성공적으로 해나가는 데 전략의 지혜를 자문하여 줄 참모가 필요하다.

1. 이 세상에 홀로 존재하는 것은 아무것도 없다

이 세상에 홀로 존재하는 것은 아무것도 없다. 우주만물은 서로 연결되어 있는 공동체요, 생명체다. 우주와 지구와 나는 어떤 신비스러운 질서 속에서 3자는 서로 연결되어 공존한다. 3자가 연결되어 존재하는 그 신비스러운 질서의 비밀을 천재 아인슈타인도 풀지 못하고 우주의 신비를 자기의 신(God)이라고 독백하였다. 우주와 지구와 나와의 질서가 깨어질 때 우주의 질서는 파괴되고 혼란에 빠지고 만다. 이와 같이 세상만물은 어떤 질서 속에서 서로 연결되어 공존한다.

봄, 여름, 가을, 겨울은 우주의 질서 속에서 순환한다. 인간의 일생도 봄, 여름, 가을, 겨울이 있다. 그래서 자연은 대우주요, 인간은 소우주라 한다.

소우주의 인간은 대우주와의 어떤 관계 속에서 생존하지만 소우주끼리도 서로 관계를 맺고 살아간다. 한 생명이 탄생하기 위해서는 탄생할 수 있는 환경이 마련되어야 한다. 누군가의 배 속에서 탄생한 인간은 누군가와 어떤 질서 속에서 관계를 맺고 살다가 누군가의 손을 잡고 세상을 떠난다. 인간은 혼자 살 수 없는 존재다. 인간뿐만 아니라 여름날 모기 한 마리도 혼자 살 수 없다. 하물며 인간에 있어서는 오죽하겠는가.

하느님은 말씀으로 우주를 창조하였지만, 인간은 만남으로서 역사를 창조한다. 한 인간이 살아가기 위해서는 실로 수만 가지 것과 연결되어 살아간다. 그 수만 가지 것 중 가장 중요한 것은 바로 인간이다. 인간은 인간을 필요로 한다. 인간은 필요로 하는 인간과 소통하면서 역사를 창조해 나간다.

인간은 거미줄처럼 연결되어 공생의 삶을 살아가지만 살다보면 만남의 특별한 관계가 형성되어 개인의 역사가 변하고 인류의 역사가 변할 때가 많다. 그래서 인생을 살면서 누구를 만나느냐가 중요하다. 베드로가 예수를 만나지 않았더라면 보통의 어부로 생을 마감했을 수도 있었을 것이다. 부처님이 가섭 같은 제자를 만나지 않았더라면 불법이 이렇게 전 세계적으로 전파되지 않을 수도 있었을 것이다. 공자는 혼자 성인이 된 것이 아니고 안연 같은 제자가 있었기에 4대 성자의 반열에 오를 수 있었다고 생각한다. 공자는 3천 명의 제자를 가르쳤지만 그 중 10인의 수제자가 나왔고 그 10명의 제자 중 안연, 자공, 증자 같은 3철이 나왔는데 공자는 안연을 제자 중 제일로 꼽았다. 이 세상 인간관계도 이와 같다. 핵심요인을 잘 관리하라. 혼자 살 수 없는 것이 인간의 사회다. 특히 스승, 참모, 직언이라는 세 가지 지혜를 조언해 줄 측근이 필요하다. 비천한 출신 에바는 페론을 만났기 때문에 아르헨티나의 영부인 지위까지 오르게 되었다.

인간은 숨 쉰다는 것만으로 살아 있다고 할 수 없다. 어떻게 의미 있는 인생을 살 것인가? 그것이 인간 최대의 과제다. 톨스토이는 그 사람이 누구인가 알고자 한다면 그 사람이 가는 곳이 어딘지, 그 사람이 만나는 사람이 누구인지, 그 사람이 무슨 책을 읽고 있는지를 보면 알 수 있다고 하였다. 이 세 가지 명제는 인간이 의미 있는 인생을 살아가기 위한 중요한 요인이라 할 수 있다.

우주의 만물이 서로 연결되어 있는 바 상호 공존을 위한 가장 중요한 요인은 공존의 질서의 지속성과 그 지속성에 대한 믿음이다. 우리는 내일 아침

해가 뜨고 해는 동쪽에서 떠서 서쪽으로 진다는 우주원리에 대한 믿음을 가지고 있다. 인간은 우주의 질서에 맞추어 인생을 설계하고 살아간다.

해가 오늘 아침에는 동쪽에서 떴는데 내일 아침에는 어느 쪽에서 뜰 줄을 모른다면 인간생활은 얼마나 혼란에 빠지겠는가? 춘하추동이라는 4계는 중력이라는 우주의 질서에 의해서 순회한다는 믿음을 갖고 있고 또 그렇게 회전하고 있다. 만일 봄, 여름, 가을, 겨울이 순번이 바뀌어 가면서 불규칙적으로 왔다 갔다 한다면 우주의 질서는 파괴되고 인류의 운명도 끝이 오게 될 것이다. 최근 우주질서에 변화가 와서 이상기후 때문에 인류의 생활은 대혼란을 겪고 있다. 우주질서에 대한 믿음이 깨어지고 있다. 춘하추동 사계의 질서가 깨어지고 있다. 이러한 자연의 질서변화는 무서운 결과를 가져오게 될 것이다.

인간과 인간 사이에도 상호 교류하고 작용하면서 상대에 대한 믿음을 줄 때 인간관계는 지속될 수 있다. 오늘 목숨 걸고 사랑한다는 여인이 내일은 결별을 선언하고 다시 사랑을 고백하는 것을 반복한다면 그들 사이는 믿음이 깨어져 관계가 끊어지고 말 것이다. 인간사회의 모든 관계도 마찬가지다. 공자도 인간이 살아가는데 믿음을 제일로 삼았다. 섣달 그믐날에 울려 퍼지는 종로 보신각(普信閣) 종소리는 믿음을 널리 펴자는 제야의 울림이다. 그러나 오늘의 현실은 너무 슬프다. 한 조사에 의하면 OECD 국가 중 상호불신의 비율이 가장 높은 나라가 한국이라고 한다. 일어나서는 안 될 세월호의 참사는 불신의 벽을 더욱 두껍게 쌓고 말았다. 이 세상에 혼자 살 수 있는 것은 아무것도 없는데 혼자만 살려고 하니 다함께 죽게 된 것이다. 학생들을 사지에 남겨두고 살아나온 선원들은 목숨은 건졌지만 앞으로 고개를 들고 살 수 있을까? 아마 그들은 죽음보다 못한 삶을 살게 될 것이다. 인간은 인간답게 함께 살아가야 하는 존재다.

우리의 역사는 어려움이 반복되는 역사이지만 그래도 희망의 빛을 찾아봐야 하지 않을까? 공동체문화와 그에 대한 믿음을 되살려 공존의 사회를 만들어 나가야 한다. 우리는 모두 세월호를 타고 있다. 이 나라의 모든 조직이 세월호와 비슷하다. 함께 노력해서 새로운 배로 바꾸어야 한다. 그 꿈을 버리면 캄캄한 죽음의 바다가 우리를 기다리고 있을 뿐이다.

나라의 시스템도 문제지만 우리들 개인의 인간관계도 앞에서 이야기한 바와 같이 세월호가 되었다. 우리에게 경종을 주는 함석헌 옹의 시 한 수를 소개하고자 한다.

그 사람을 가졌는가

만리길 나서는 길
처자를 내 맡기며
맘 놓고 갈 만한 사람
그 사람을 그대는 가졌는가
온 세상이 다 나를 버려
마음이 외로울 때에도
"저 맘이야" 하고 믿어지는
그 사람을 그대는 가졌는가
탔던 배 꺼지는 시간
구명대 서로 사양하며
"너만은 제발 살아다오" 할
그 사람을 그대는 가졌는가
<중략>
잊지 못할 이 세상을 놓고 떠나려할 때
"저 하나 있으니" 하며
빙긋이 웃고 눈을 감을
그 사람을 그대는 가졌는가
온 세상의 찬성보다도
"아니" 하고 가만히 머리 흔들 그 한 얼굴 생각에
알뜰한 유혹을 물리치게 되는
그 사람을 그대는 가졌는가

2. 중심에 서라

2-1. 인간관계의 기본 도표 소시오그램(sociogram)

소시오그램이라는 것은 인간관계의 근본을 연구하는 기본 틀이라 할 수 있다. [그림 2-1]에서 보는 바와 같이 소시오그램은 집단구성원들 간의 선호·무관심·거부관계를 나타내는 도표이다. 이 도표들로부터 집단구성원간의 전체적인 사회적 서열관계 패턴은 물론, 집단 내의 하위집단(sub-group), 그리고 하위집단 내에서 노력집단(in-group)과 비노력집단(out-group), 정규지위, 주변지위, 그리고 고립지위 등을 한눈에 볼 수 있다. 그리고 도표에 나타나는 정적 관계를 통하여 선호지위 또는 자생적 리더도 찾아볼 수 있다. 예컨대 그림에서는 A·B·C와 D·E의 두 하위집단이 있고, 정규지위로서 A·B·C, 주변지위로서 D·E, 그리고 고립지위로서 F·G가 보이며 자생적 리더로서 B가 나타나고 있다. 따라서 B를 스타(star)라 할 수 있다. 우리는 어떠한 인간관계하에 있는가? 이 그림을 통하여 각자의 위상을 점검할 필요가 있다.

그림 2-1 소시오그램

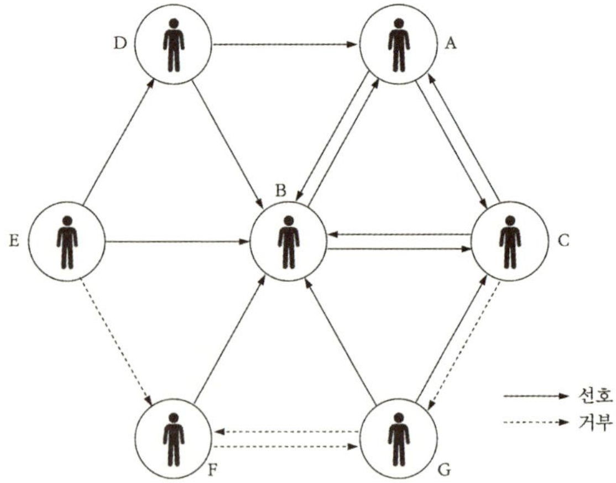

이 그림을 통해서 현재 본인이 몸담고 있는 조직에서 어떤 위치에 있는지? 자가진단을 하여 보기 바란다. 최소한 주변지위인 D, E나 고립지위인 F, G가 되어서는 안 된다. 직장에서 이렇게 소외된 인간관계를 형성하면 조직생활을 계속하기 어렵다. 특히 한국적인 정의 인간관계가 형성되어 있는 사회에서는 더욱 그렇다. 한국의 조직사회에 있어서도 많은 변화가 예상된다. 전통적인 연공서열에 성과급제를 절충하는 인사관리 시스템을 개발하는 것이 한국의 조직문화 안정에 도움이 되리라 생각한다. 조직에서 생존하기 위해서는 최소한 정규지위인 A, B, C라도 유지해야 한다. 공식조직에서는 부장, 과장, 계장이라는 공식라인이 형성되지만 조직생활을 하다 보면 자연스럽게 비공식조직이 형성되어 그림과 같은 인간관계가 형성된다. 공식, 비공식 조직생활에서 소외된 왕따가 되어서는 안 된다. 비공식 라인에서는 자연스럽게 B와 같은 중심인물 스타가 나타난다. 하늘 아래 가장 중요한 것은 인간관계요, 가장 어려운 것도 인간관계이다. 성공적인 인생을 살기 위해서는 공식적, 비공식적 인간관계에서 성공해야 한다.

다음 이야기는 필자가 서울에 제자 결혼식 주례를 하러 갔다가 느낀 이야기이다.

2-2. 중심에 서라

대학 4학년이 되면 졸업 앨범을 만들기 위하여 개인사진과 단체사진을 찍는다. 단체사진의 경우 4년 동안 맺은 학연에 따라 삼삼오오 짝을 지어 찍게 된다. 비공식 그룹의 조직을 만들어 친교를 쌓은 학생들. 그룹은 만들지 않았지만 가끔 어울리는 학생들. 이 부류의 학생들은 공식적으로 선출은 하지 않았지만 Boss가 자연스럽게 출현한다. 이런 학생은 위의 그림에서 B와 A에 속한 학생들이며 이들을 중심으로 사진을 찍는다.

그런데 4년 동안 혼자인 학생들이 있다. 학생 100명이라면 그 중에 이런 학생들이 한 그룹을 형성할 정도이다. 결국 이들끼리 모여 어색한 분위기 속에서 단체사진을 찍게 된다. 이들은 D, E, F, G의 주변지위, 고립지위의 학생들이다. 이런 학생들은 졸업 후 주례를 해 보면 대학시절 친구가 없거나 있어도 한두 명이다. 한 학생이 서울에서 결혼을 하게 되었는데 결혼식에 나타난 신랑의 대학친구는 고작 한 명이었다. 결혼식이 끝나고 신랑, 신부는 신혼여행을 떠나버리고 주례를 안내할 사람은 아무도 없었고 신랑 대학 친구 한 명만이 있었다. 그 학생과 점심을 함께 하면서 "너마저 참석하지 않았더라면 누구와 점심을 먹을 수 있겠느냐?"고 말하였던 기억이 떠오른다. 4년 동안이나 대학을 다녔는데 결혼식에 참석한 대학친구가 단 한명이라니… 그 학생은 4년 동안 친구 한명 없이 혼자였다. 친구 없이 홀로 소외되어 고립지위에 있었던 학생이었다.

명심하라. 인간은 인간을 필요로 한다. 이 세상에 홀로 존재하는 것은 아무것도 없고 홀로 사는 사람도 없다. 함께 살아가는 공동체를 만들되 그 중심에 서라. 사회는 무서운 전쟁터다. 학창시절에 고립된 사람이 사회에 나가 중심에 설 수 있을까?

19대 대통령 선거가 끝났다. 13명이 출마하였는데 혼자 출마한 것이 아니다. 도하 신문에 대통령을 만든 사람들이라는 기사가 나온다. 출마자의 머리가 되고 가슴이 되고 손과 발이 되어 당선을 위해서 사력을 다한 동지가 있었기 때문에 후보가 된 것이다. 그 중심에 후보자가 있었다.

3. 사랑의 힘 — 어느 여교사의 사랑

어느 사회학과 교수가 자신의 강의를 듣는 학생들에게 과제물을 내었다. 그것은 볼티모어의 유명한 빈민가로 가서 그곳에 사는 청소년 2백 명의 생활환경을 조사하는 일이었다. 조사를 마친 뒤 학생들은 그 청소년들 각자의 미래에 대한 평가서를 써냈다. 평가서의 내용은 모두 동일했다. "이 아이에겐 전현 미래가 없다. 아무런 기회도 주어지지 않기 때문이다." 그로부터 25년이 지난 뒤, 또 다른 사회학과 교수가 우연히 이 연구 조사를 접하게 되었다. 그래서 그는 학생들에게 그 2백 명의 청소년들이 25년이 지난 현재 어떤 삶을 사고 있는지 추적 조사하라는 과제를 내었다. 학생들의 조사 결과 놀라운 사실이 밝혀졌다. 사망을 하거나 다른 지역으로 이사간 20명을 제외하고 나머지 180명 중에 176명이 대단히 성공적인 인생을 살아가고 있었다. 그들의 직업도 변호사, 의사, 사업가 등 상류층이 많았다. 교수는 놀라서 그 조사를 더 진행시켰다. 다행히 그들 모두가 그 지역에 살고 있었고, 교수는 그들을 한 사람씩 만나 직접 물어 볼 수 있었다.

"당신이 성공할 수 있었던 가장 큰 이유가 무엇입니까?"

대답은 모두 한결같았다.

"여선생님 한 분이 계셨지요."

그 여교사가 아직도 생존해 있다는 사실이 알려졌다. 교수는 수소문 끝에 그 여교사를 찾아가서 물었다. 도대체 어떤 기적적인 교육 방법으로 빈민가의 청소년들을 이처럼 성공적인 인생으로 이끌었는가? 늙었지만 아직도 빛나는 눈을 간직한 그 여교사는 작은 미소를 지었다. 그러고는 이렇게 말하는 것이었다.

"그것은 간단한 일이었지요. 난 그 아이들을 사랑했답니다."

(「영혼을 위한 닭고기 수프」, 푸른숲)

4. 핵심 인물을 장악하라

인간은 인간을 필요로 한다.

깊은 산 토굴에 숨어 수도하는 수도승 외에는 우리 모두는 누군가와 상호작용하며 협력하며 경쟁하며 함께 살아간다. 하루, 일년, 일생에서 얼마나 많은 사람들을 만나고 헤어지는지 생각해보라. 우리는 그 많은 사람들과 어떤 관계를 맺고 살아간다. 성공적인 인생을 살기 위해서는 자기가 필요로 하는 핵심 인물을 장악해야 한다.

스페인의 장군 에르난 코르테스는 아즈텍(멕시코)의 황제인 몬테수마를 포로로 잡아, 소규모 병사만으로도 멕시코를 정복할 수 있었다. 몬테수마는 아즈텍의 핵심 인물이였다. 10.26을 통해 박정희 대통령이 사라지니 유신정권도 무너지고 말았다. 박대통령의 정부관료 몇십 명이 죽었더라도 그가 살아 있었더라면 유신체제는 무너지지 않았을 것이다.

1812년 나폴레옹은 모스크바를 점령하면 러시아는 쉽사리 손을 들 줄 알았다. 나폴레옹이 모스크바를 쳐들어갔을 때 모스크바는 텅 비어 있었다. 그러나 러시아의 짜르는 모스크바를 비워놓고 결전의 시기를 기다리고 있었다. 러시아의 진짜 핵심은 모스크바가 아니라 짜르였던 것이다. 나폴레옹이 러시아를 침공할 때 45만 명의 병사가 출전하였는데 파리에 돌아간 병사는 25,000명에 불과하였다. 이 얼마나 치욕적인 참패인가.

모택동이 국민당군과 싸우면서 승리할 수 있었던 가장 중요한 요인은 승리의 핵심을 농민에 두었기 때문이었다. “농민을 잡아라.”가 그의 전략의 핵심이었다. 그는 5만의 오합지졸 농민군으로 50만의 장개석의 정규 군대를 상대로 싸워서 끝내는 승리하였다. 승리한 핵심 원인은 농민을 전쟁의 핵심 요인으로 삼았기 때문이다. 중국 공산당 내의 아웃사이더였던 모택동의 눈은 현명하였다. 농민을 자기편으로 끌어 들인다면 혁명은 절대 실패하지 않을 것이라고 믿었다. 그의 뛰어난 통찰력이 공산주의 혁명 성공을 위한 열쇠가 되었다.

미국의 닉슨 정부 때 워터 게이트(Water Gate) 사건으로 대부분의 핵심 관료들이 물러났는데 국무장관 키신저만은 자리를 보존하고 있었다. 그 이유는 닉슨 대통령과 특별한 인연이 있어서가 아니라 행정부 곳곳에 깊은 관계를 맺고 있는 핵심 관료들이 있었기 때문이었다.

인간은 혼자 역사를 쓰는 것이 아니다. 동지가 필요하다. 예수에게는 베드로가 있었고, 부처에게는 가섭이 있었으며, 공자에게는 안연이, 간디에게는 네루가, 모택동에게는 주은래가 있었다. 전쟁터에서 핵심인물을 장악하고 역사를 쓰기 위해서는 인생을 같이 할 인재를 장악하여 동지를 만들고 배신할 수 없도록 하여야 한다. 인간에게는 인생을 같이 할 동지가 필요하다.

5. 나의 스승 두 사람

위에서 이야기한 바와 같이 인생을 살아가는 세 가지 핵심 덕목으로 스승, 직언, 참모를 꼽을 수 있다. 세 가지 덕목은 인생을 살아가는데 필요조건이 아닐까 한다.

미국 텍사스 대학교에서 연구하면서 샤마(Chammah) 교수 댁에 초대받은 적이 있었다. 그의 거실에 한 노교수의 사진이 걸려 있어 누구냐고 물으니 아인슈타인이라고 하면서 "He is my hero."라고 말하였다. 그의 학문의 스승은 아인슈타인이요, 아인슈타인 같은 학자가 되는 것이 그의 인생의 최고선이라고 하였다. 인생의 스승을 생각하지 않고 살았던 필자는 큰 감명을 받았었다.

인생을 살면서 나에게 가장 큰 영향을 주었던 스승은 누구일까 생각해 보았다. 두 사람의 얼굴이 떠올랐다. 아인슈타인 같은 위대한 사람이 아니라 평범한 사람들이었다. 그들은 평범한 사람들이었지만 나의 인생에 큰 교훈을 준 스승들이었다.

필자는 대학을 졸업하고 2년 동안 고등학교에서 교사 생활을 하다가 미국의 대학으로 장학금을 받아 유학을 가게 되었었다. 그때만 하더라도 유학가기 어려운 시절이라 유학을 간다는 사실만으로 큰 출세(?)의 문이 열린 듯 기고만장했었다. 박사학위를 받고 돌아와서 잘해 보아야 대학 교수인데 말이다. 대학 입학 허가서를 받은 후 유학 준비를 하면서 교사 생활을 하였는데 그때 교사 생활은 엉망이었다. 하늘의 별이라도 따올 수 있는 것처럼 교만을 떨고 살았었다. 그 학교 선생님들이 얼마나 손가락질을 하였을까 생각하면 혼자 있을 때도 얼굴이 화끈거린다. 어느 날 동료 여선생님이 자기 옆자리로 오라고 청하여 그녀와 나란히 앉았다. 그 여선생님은 나에게 따끔한 충고를 하였다. "선생님, 청운의 꿈을 품고 유학을 간다는 분의 행동이 무엇입니까? 선생님이 이 학교를 떠난 후에 평가를 받게 될 것입니다. 그렇게 교만하게 행동을 하다 떠나면 선생님의 뒷모습을 보고 무어라 평하겠습니까?" 그러면서 한 마리 새의 이야기를 들려 주었다. 그 "새는 새끼를 낳고 둥지를 떠날 때 둥지를 깨끗이 청소를 하고 떠납니다. 하물며 인간이, 더구나 유학을 가는 분이, 떠난 자리가 깨끗해야 하고, 뒷모습이 아름다워야 합니다."라고 뼈아픈 충고를 하였다. 나는 너무도 부끄럽고 창피하였다. 그 후 나는 그 충고 따라 살고 있다. 떠난 자리를 깨끗하게 하고 떠난 후에는 그 자리에 미련을 갖지 않는다. 그 선생님의 충고에서 평생의 교훈을 배웠다. 얼마나 눈에 거슬렸으면 교장도 교감도 아닌 평교사가 나이도 어린 처녀선생이 그런 충고를 했겠는가! 나는 태어나서 그때처럼 부끄러움을 느낀 적이 없었다. 그 후 인생을 살면서 진퇴를 깨끗이 하는 것이 생활철학이 되었다. 그 여선생님이 준 교훈 때문이다.

당시 그 학교에는 큰 교무실에 연탄난로가 하나뿐이었다. 수업이 끝나면 대부분의 교사들이 난롯가로 모여들어 몸을 녹이면서 잡담을 하곤 하였는데, 그 여선생만은 난롯가에 접근하지 않고 자기 자리에 앉아서 손을 호호 불며 조용히 책을 보고 있었다. 정말 단아한 분이었다. 그분은 학교를 그만두고 약국을 경영하다가 46세 젊은 나이에 위암으로 이승을 떠났다는 비보를 들었다. 그런데 그분은 단돈 10원의 빚도 없이 인생을 깨끗이 정리하고 떠났다고 한다. 그렇게 정숙하게 모범적인 인생을 산 사람을, 신은 그렇게 빨리 데려갈 이유가 있었을까. 너무 빨리 간 그 선생님이 너무 안타깝다. 그 여선생님은 모 약대를 수석졸업한 재원이고 미인이었으며 내 인생의 진정한 스승이다. 묘소라도 한번 찾아 가고 싶은데 알 길이 없다. 그 선생님의 명복을 빈다.

내 인생에서 또 한 사람의 스승이 있다. 그는 산사의 일꾼이었다. 1968년경으로 기억된다. 나는 여름방학 때 무등산 어느 절에서 방학 동안 공부한 때가 있었다. 그 절은 토지를 경작하고 있었는데 토지의 경작을 위해서 일꾼을 두고 있었다. 그 일꾼 성은 김씨였다. 그 김씨 부부는 새벽 동틀 때 밭에 나가 하루 종일 일하고 저녁 땅거미가 져서야 땀에 젖은 지친 몸을 끌고 절에 들어왔다. 그때 절에는 공부하러 온 학생들이 7~8명 있었다. 절에는 고기반찬이 없기 때문에 때때로 학생들은 공동 출자를 하여 닭백숙 잔치를 벌이곤 하였다. 닭을 사려고 하면 3km 떨어진 산 아래 동네까지 나가야 한다. 닭 심부름은 그 절의 일꾼, 김씨의 몫이었다. 종일 찌는 듯한 들판에 나가 땀에 젖어 일하고 지쳐 있는 사람에게 귀신도 다니기 무서운 컴컴한 야밤에 3km나 떨어진 동네까지 나가서 닭을 사오라는 것은 너무 가혹한 행위였다. 그런데 그 때는 그런 것을 생각하지 못했다. 얼마나 못된 인간들인가. 그렇게 고생한 김씨에게 돌아가는 것은 닭의 머리와 닭발 그리고 소주 한잔이 전부였다. 그런데 나중에 알고 보니 그마저도 일꾼 차지가 안 되고 스님 차지가 된 경우가 더 많았다.

그 절에 2개월 있으면서 스님의 독경소리를 거의 들어 본 적이 없었다. 스님의 낮잠 자는 모습은 때때로 보았는데, 그 스님이 일꾼 몫마저 욕심을 내다니. 괘씸한 스님이 아닌가. 그렇게 고생 고생하며 살고 있는 김씨는 생산능력이 좋아서 아들만 다섯을 두고 있었는데 그 중 한 명도 중학교에 보내지 못하고 있었다. 아들들은 절 주위를 이리저리 맴돌며 살고 있었다. 그는 정말 어렵게 살고 있었다. 새벽부터 저녁까지 일하는데 아들 한 명도 중학교도 보내지 못하다니. 그 이유는 어디에 있을까? 대답은 두 가지였다. 하나는 국가의 책임이요, 둘은 개인의 능력과 노력이었다. 김씨처럼 열심히 일하는 사람에게 최소한 아이들 기본교육이라도 시켜 주어야 하는 것은 국가의 몫이 아닌가? 지금은 한국사회도 복지국가가 되어야 한다고 떠들어 대지만 그때만 하더라도 복지의 복자도 모를 때였다. 그 절에서 김씨를 보고 충격을 많이 받고 생각했다. 김씨 같은 사람을 위해서 학자로서 무엇을 해야 할 것인가? 경영학자로서 할 수 있는 것이 무엇인가? 균형을 생각했다. 국가 경제의 균형을 생각했다. 국가경제의 균형을 이루기 위해서는 대기업의 나라가 아니라 중소기업이 국가경제의 기반이 되는 경제정책을 펴야 한다고 생각했고 하산하여 중소기업을 부전공으로 선택했다.

가난한 사람들을 위해서 무슨 일인가 해야겠다고 결심을 하였다. 신문에 나의 결심을 기고하기도 하였다. "빈자(貧者)의 편에 서서"라는 제목으로 칼럼을 썼다. 평생 김씨처럼 소외받고 있는 사람들을 위해서 학문을 하겠다고 결심하고 "국민경제의 발전은 중소기업으로부터라"는 철학을 가지고 중소기업에 대한 연구에 몰두하였다. 조사해 보니 한국은 중소기업에 대한 연구의 불모지였다. 중소기업에 대한 참고서적도, 연구도 너무 빈약하였다. 중소기업 경영에 대한 책 한 권이 없었다. 그것이 학계의 현주소였다. 중소기업 경영에 대한 책을 쓰기로 결심했다. 국민경제의 균형발전을 위한 중소기업 연구도 하기 시작하였다. 중소기업의 나라 대만까지 가서 중소기업공단을 방문하기도 하였다.

그 후 연구를 거듭하여 중소기업에 대한 논문을 발표하였고 몇 년 후 「중소기업경영론」이라는 참고서 겸 교과서도 발간하였다. 중소기업 연구에 열정을 바쳤다. 주전공이 인적자원관리인데 전공이 역전되었다. 전남대학교에 중소기업경영론이라는 과목도 개설하였다. 전국의 대학에 중소기업경영론을 개설한 경영학과는 거의 찾아보기 어려웠다. 다행히 필자의 책이 세상에 나오자 중소기업경영을 개설한 학교가 늘어나고 정부에서도 중소기업 육성에 대한 정책을 세우기도 하였다.

김씨는 내가 중소기업을 연구하고 서민대중에게 관심을 갖도록 한 스승이다. 여기서 솔직히 고백하건데 나는 대학의 전임강사부터 출발하였지만 사회문제에 대하여 특별한 관심을 갖지 못하였다. 너무 어려운 형편이었기 때문에 중·고등학교 다니면서 점심 먹어본 기억이 별로 없고 대학을 다니면서도 이것이 사람인가를 반복하면서 고생하며 학교를 다녔기 때문에 나의 정신과 정서는 너무 황폐해 있어서 나 자신이 가난에서 벗어나야겠다는 것이 제 일의 인생 과제였다.

그렇게 영혼 없는 대학 교수 생활을 하다가 절에서 만난 가난한 일꾼 김씨는 나 자신의 눈을 뜨게 한 스승이 되었다. 나의 학문의 기본 철학 공동선(共同善)의 세계를 위해서는 균형성장, 균형분배, 균형발전이라는 삼균주의(三均)를 실현시켜야 한다는 것은 김씨라는 스승을 통해서 정립한 기본철학이요, 비전이다. 중소기업을 공부하면서 우연한 기회에 접한 불환과이환불균(不患寡而患不均; 적은 것이 걱정이 아니라 고르지 못한 것이 걱정이라)이라는 공자의 교훈은 나의 사상 정립에 큰 자극제가 되었다. 이 공자의 교훈은 공자가 우나라를 방문하였을 때 우(禹)나라 왕이 공자에게 "이 나라는 무엇이 문제 입니까?"라는 물음에 대한 공자의 답이다. 공자는 한 마디로 우나라의 문제점을 진단했던 것이다.

지금 한국사회에서 가장 중요하고 시급한 문제가 무엇인가?

공유의 경제(Shared economy)를 통해서 균형의 사회를 이룩하는 것이다. 이 절체절명의 과업을 실행하기 위해서는 삼균주의의 실천을 통한 공동선의 나라를 건설해야 한다고 믿는다. 한국사회는 불균형이 넘치는 지체장애인이 되어 있다. 우리의 정신과 육신도 골고루 영양분이 분배되어야 균형성장할 수 있다. 지체장애인은 왜 생기는가? 성장하면서 영양분이 골고루 분배되지 못하기 때문이다. 나라도 마찬가지다. 인력의 편재, 권력의 편재, 부의 편재는 그 도를 넘었다. 한국은 지체장애인이 된 지 오래고 중증에 걸려 있다. 이 원고와 씨름하고 있는 새벽에 우리나라 최대 재벌의 총수가 구속되었다는 충격적 소식이 들려왔다. 불행한 일이다.

한국은 세계에서 미국 다음으로 빈부격차가 심한 나라이다. 이는 남북분단 국가에서 국가안보를 위해서 국민통합을 위해서 해결해야 할 절체절명의 시급한 과제다.

자화상

산모퉁이를 돌아 논가 외딴 우물을 홀로 찾아 가선
가만히 들여다 봅니다
우물 속에는 달이 밝고 구름이 흐르고 하늘이 펼치고
파아란 바람이 불고 가을이 있습니다

그리고 한 사나이가 있습니다
어쩐지 그 사나이가 미워져 돌아갑니다
돌아가다 생각하니 그 사나이가 가엾어집니다
도로 가 들여다보니 사나이는 그대로 있습니다

다시 그 사나이가 미워져 돌아갑니다
돌아가다 생각하니 그 사나이가 그리워집니다
우물 속에는 달이 밝고 구름이 흐르고 하늘이 펼치고
파아란 바람이 불고 가을이 있고
추억처럼 한 사나이가 있습니다

– 윤동주 –

6. 인생은 숲과 같은 것

초원의 빛이여
꽃의 영광이여
그 시절이 다시 돌아오지
않은들 어떠리
우리는 슬퍼하지 않고
오히려 남아 있는 것에서
힘을 찾으리

–William Wordworth–

저 시냇물 계곡 따라 졸졸 거리고 흐르는 실개천의 건너편 숲은 더없이 아름답다. 봄에는 생명력 넘치는 녹음방초로, 여름엔 청청한 푸르름이 넘치는 숲으로, 가을엔 천자만홍 단풍으로, 겨울에는 하늘에서 선물한 아름다운 설화로 우리의 가슴을 설레게 한다. 그뿐인가 아름다운 백화가 철따라 무늬를 놓고 온갖 동식물들이 에덴동산을 장식한다.

그러나 과연 숲은 우리에게 저렇게 아름다움만 전해줄까? 아름답게만 보이는 숲 속에도 그 속을 들어다보면 인간사회에서 벌어지는 약육강식의 세계가 벌어지고 있다. 아름답게 보이는 것이 있어 반가움에 다가가 보니 그것은 독버섯인 경우가 많다. 아름다움 속에 독이 숨어 있다. 아름다운 꽃이 독을 감추고 있기도 하다. 이 세상에도 독을 감추고 있는 미녀도 많지 않는가? 독을 품은 독사도 있다. 으르렁 거리는 맹수도 있다. 이들은 이들대로 영토전쟁을 하고, 생존을 위한 무기를 소지하고, 전쟁을 하고 있는 것이다. 인간 세상과 무엇이 다르랴.

그러나 그 숲속에는 인간에게 선(善)을 행하고 생명을 구해 주는 약초도 있다. 영양을 보충해 주는 순한 짐승들도 있다. 아름다움을 선사해 주는 꽃들도 있다. 인생이라는 숲속에서 무엇이 되기를 원하는가. 그것은 오로지 이성을 가진 당신의 선택에 달려 있다.

명심하라! 성균관대에 15세로 입학한 김세진 군은 팔목과 두 발이 없는 악조건을 극복하고 미래의 IOC위원을 꿈꾸며 인간세상 숲속의 아름다운 꽃으로 살고 있다. 미국에서는 한 다리 의족을 한 레슬링 선수(19세)도 있다(2004년 9월 23일 SBS에 방영). 그가 링 위에서 오직 한 발을 사용하여 적과 싸우는 장면은 가슴을 뭉클하게 하였다.

인생은 숲과 같은 거라고 하지만 자연의 숲과 인생의 숲은 차원이 다르다. 자연의 숲속의 수만 가지의 나무와 꽃과 짐승은 태어난 그대로 영원히 본능대로 살아간다. 인간의 손길에 의해서 변종으로 태어나기도 하지만, 소나무는 영원히 소나무로, 호랑이는 영원히 호랑이로 살아간다. 소는 1,000년 전의 소나 오늘의 소나 변함이 없다. 소는 그대로 소다. 그러나 인간의 숲속에서 살고 있는 인간들은 상황에 따라서 변하고 변한다. 선의 꽃이 악의 꽃이 되기도 하고, 악의 꽃이 선의 꽃이 되기도 한다. 인간은 환경과 교육과 자각에 의해서 변화를 거듭한다.

명심하라. 무슨 꽃으로 살아가기를 원하는가? 똥개는 영원히 똥개로 살아간다. 똥개는 아무리 훈련을 시켜도 절대로 사냥개가 될 수 없다. 그러나 사람은 똥개가 사냥개로, 사냥개가 똥개로 변할 수 있다. 악의 꽃이 선의 꽃으로, 선의 꽃이 악의 꽃으로 변하는 것이 인간의 숲의 모습이다.

히틀러는 2차대전을 일으켜 5,000만 명의 젊은이들을 죽게 했다. 전 유럽을 쑥대밭으로 만들었다. 악의 꽃이었다. 넬슨 만델라는 흑백통합의 거룩한 업적을 남겼다. 남아공은 백인통치 기간에 3백여만 명이 사망하거나 실종되었다고 한다. 만델라는 그 지옥의 흑백 분리정책에 종지부를 찍었다. 선의 꽃으로 전 세계에 사랑과 평화의 씨앗을 뿌렸다.

불행하게도 최근의 인류사회, 특히 한국사회는 괴물이 사는 암흑 속에서 사는 느낌이 들 때가 많다. 경제불황에, 정치적 혼란에, 입에 담기조차 부끄러운 엽기적 범죄가 급증하여 마치 어두운 지옥의 숲 속을 걸어가고 있는 것 같을 때가 많다. 그러나 인류사회는 유사 이래 위기의 연속이었고 또 그 위기를 극복하며 살아 왔다. 여기에 희망을 걸어야 하지 않을까? 희망을 버리면 절망이요, 절망은 죽음이니까.

20대 초에 소록도에 들어와 평생을 한센병 환자를 간호하다가 70이 되어 "우리의 죄를 용서하소서"라는 쪽지 한 장을 남기고 어느 날 새벽에 홀연히 소록도를 떠났던 오스트리아 수녀 간호사 한 분이 이번에 고흥 소록도에 다시 오셨다고 한다. 고흥군은 그 할머니를 노벨평화상 후보로 추천할 계획이라고 한다. 이 세상 천지에 어찌 그런 천사들이 있을 수 있을까?

오늘을 사는 한국 사람들 부끄럽지 않는가. 그분들은 평생 소록도 밖을 나가지 않았고 신문, 방송의 인터뷰도 거절하고 오로지 한센병 환자들의 간호에만 70평생 인생을 바쳤다. 하늘이 보낸 천사가 아니고서는 그럴 수 없었을 것이다. 아니, 천사도 하기 어려운 거룩한 일이었다. 이국 만리 낯설고 물 설은 소록도라는 섬에 들어와서 인생이라는 숲 속에 사랑과 희생의 꽃을 피운 분들이다. 이분들의 뜻을 우리들이 천분의 일이라도 이어갈 수 있다면 한국이라는 인생의 숲길은 사람다운 사람이 사는 아름다운 숲길이 되지 않을까?

아! 그런데 그분들 중 한 분은 치매에 걸렸고 한 분은 암수술을 세 번이나 했다고 한다. 나이 80이 넘으셨다고 하지만 하느님에게 보고가 잘못 들어간 것이 아닐까?

천사들의 선행을 다큐영화로 만들었다고 한다. 다행한 일이다.

괴물이 춤을 추는 사회라고 한탄하지만 아름다운 꽃으로 사는 사람들도 많다. 이분들이 선업을 쌓고 있기에 우리는 희망을 갖고 살아가고 있다. 대림그룹의 명예회장은 사회에 사재 2천억을 희사했고 영등포 젓갈장수 할머니는 대전 어느 대학에 평생 모은 돈 50억을 기증했으며 평생 안 해본 일이 없다는 김밥장수 할머니는 8억원을 가난한 사람들에게 내 놓았다. 이렇게 아름다운 나눔의 인간 꽃들이 곳곳에 피어 있기에 우리는 희망을 가지고 아름다운 인생의 숲속에서 행복한 삶을 누릴 수 있다.

서울 구치소에는 악의 꽃들이 그 독을 씻어 내느라 고통을 받고 있는 모양이다. 나라를 병들게 한 맹독을 씻어 내는 데는 시간이 많이 걸리리라.

먼 길 가려면 몸이 가벼워야 한다는데
60여년을 나는 그렇게 살았나 봅니다
등에 진 배낭이야 내려놓으면 그만이지만
등짐보다 더 무거운 게
내속에 달라붙은 탐진치(貪瞋癡)
아니겠습니까 탐, 진, 치
이제라도 탁 내려놓아 버릴까요

– 이명수 –

7. 이타행(利他行)의 얼굴 — 직지사 동자승

옛날 조선 말에 경남 직지사에 노승이 두 젊은 상좌와 수도하고 있었다. 한 제자는 노승이 후계자를 삼으려고 총애를 하고, 한 제자는 별로 관심이 없었다. 총애를 받고 있는 스님은 잘생기고 머리도 좋았고 다른 스님은 머리도 멍청하고 생긴 것도 그럭저럭 생겨 노승의 관심 밖이었다. 어느 날 두 스님이 휴가를 얻어 고향엘 다녀오게 되었다. 먼저 후계자로 생각했던 스님이 고향에 다녀와서 노승에게 의기양양하여 인사를 하는데 얼굴에는 살기가 등등하였다. 노스님이 "너 얼굴이 왜 그 모양이냐? 도중에 무슨 일이 있었느냐?"라고 물었다. 그 젊은 스님은 절로 오는 도중에 일어난 일을 자랑스럽게 이야기하였다. 추풍령 고개를 넘어오는데 가마 한대가 스님 앞에서 멈추더니 가마를 끌던 남자들이 "아가씨가 타고 있습니다. 우리는 이 아가씨를 살리기 위하여 피난을 가는 길입니다. 스님께서 부디 이 불쌍한 아가씨를 절로 데리고 가서 스님으로 만들어 주십시오. 그 길만이 한 생명을 구하는 길입니다."라고 간청하였다. 그러나 그 스님은 여자를 목석같이 대해야 한다는 계명만을 믿고 단호하게 거절하였다. 그 광경을 지켜보던 미모의 아가씨가 가마에서 나와 스님께 다음과 같은 애절한 시를 바쳤다.

추풍령고개 위에서 처음 그대를 만나
황죽교 다리 가에서 그대와 다시 헤어지네
복사꽃 땅에 떨어지니 봄자취 찾을 길 없고
차거운 달 빈산에서 얼마나 그대를 사모하리
(秋風領上始逢君 黃竹橋邊更別君
桃花落地春無蹟 寒月空山機思君)

– 「적멸의 즐거움」, 김정휴 참조 –

처녀는 복사꽃 지면 봄이 지듯이 스님과 헤어지면 죽어서 원귀가 되어 스님을 원망하고 사모할 것이라는 시를 읊으며 간절히 동행을 애원하였으나 그 스님은 거절하고 절로 돌아왔다는 이야기를 하였다.

이야기를 다 들은 노승은 “이놈 살인자 놈! 네놈은 스님 될 자격이 없다”며 질책하고 절에서 내쫓아 버렸다. 절에서 쫓겨난 젊은 스님은 동네마을로 내려가 서당을 열었으나 동네 고약한 개에게 중요한 그곳을 물려 불귀의 객이 되고 말았다는 이야기가 전해내려 오고 있다.

이 스님은 경직된 사고에 젖어 살려 달라고 애원하는 여인을 사지로 몰아넣고 단지 여자보기를 돌보듯이 해야 한다는 불교의 가르침만 믿고 그것을 실천했다는 자부심에 들떠 간접살인자가 된 줄도 모르고 절로 돌아왔던 것이다. 우리 주변에도 고정관념에 사로잡혀 인생을 그르치는 경우가 많지 않을까 생각한다.

한편 못생긴 스님도 고향에 다녀왔는데 노승이 보니 못생긴 얼굴에 생명의 빛이 감돌고 도승의 얼굴로 변해 있었다. 노승이 물었다. “오는 길에 무슨 좋은 일이 있었느냐” 그 못생긴 스님은 다음과 같은 이야기를 들려 주었다. “절로 돌아오는 길에 황죽교 다리를 건너는데 홍수를 만났고 수많은 개미떼들이 홍수로 떠내려가 그 개미떼들을 막대기로 건져 내느라 그만 늦어져서 절에 늦게 도착하였습니다. 스님 죄송합니다.”(「적멸의 즐거움」, 김정휴 참조)

만일 상사병이 난 어느 여인이 지나가는 스님과 하룻밤 정사로 생명을 건질 수 있다면 그 스님은 파계를 해야 하지 않을까. 부처님은 그렇게 답답한 분이 아니다.

인간은 어떤 인생길을 가느냐에 따라 얼굴이 변해 간다. 인생을 살면서 우리도 수많은 사람들과 만나고 산다. 만나는 사람들의 얼굴을 보고 저 사람이 무엇하고 사는 사람인가 하고 그의 직업을 점쳐 본다. 저 사람은 교수 같다, 저 사람은 사업가 같다, 저 사람은 사기꾼 같다 라고 인간은 천의 얼굴을 하고 카멜레온처럼 사는 동물이지만 들어맞은 경우도 많다.

인간은 살면서 자기의 직업에 따라 얼굴이 그의 직업형으로 변해 간다. 성직자 생활을 오래하면 성직자의 얼굴로 변한다. 김수환 추기경은 잘생긴 얼굴은 아니지만 인자스러움이 배어 있는 자비로움으로 가득찬 얼굴이다.

그래서 링컨은 인간은 40이 넘으면 자기 얼굴에 책임을 져야 한다고 말하지 않았을까. 부모에게서 타고난 얼굴은 한계상황이지만 선한 일을 하면 선한 얼굴로, 악한 일을 하면 악한 얼굴로 변한다. 선업선보(善業善報) 악업악보(惡業惡報)가 인과응보의 인생길이다.

비극의 세월호 침몰 사건 때 구명조끼를 학생들에게 나누어 주며 "언니는 왜 안 입어?" 하니, "이게 마지막이야." 하고 학생들을 구하고 떠난 박지영 양을 생각하면 가슴이 미어진다. 박지영 양이나 홍수에 떠내려가는 개미떼를 구해준 못생긴 스님의 마음으로 살아갈 수 있다면 이 세상은 좀 더 밝아지리라. 총체적 불감증에 걸린 한국사회는 너무 우울하다. 국민 80%가 타인을 믿지 못한다는 사회, 슬프고 부끄럽다. 그래도 포기하지 말고 희망의 길을 찾아보자.

얼마나 지리한가 멈춘다는 것은, 끝장낸다는 것은!
닦지 않아 녹슬고, 쓰지 않아 빛나지 않는 것은!
마치 숨만 쉬면 인생의 전부인양!

8. 조직사회의 생존 조건

법정 스님에게 어느 신도가 물었다. "스님 세상을 살면서 가장 어려운 일이 무엇이었습니까?" 법정 스님 왈 "인간관계입니다."라고 대답하였다. 혼자 살기 위해서 심산유곡 귀신도 살기 어려운 깊고 깊은 산중을 찾아다니며 평생을 부처님과 살았던 분이 인간관계가 제일 어렵다니 이해하기 어려운 대답이다. 그분은 강원도 산골 옛 화전민이 버리고 떠난 외딴 오두막에서 개울물을 식수로 사용하고 호롱불 밑에서 글을 쓰며 새소리, 물소리, 바람소리를 자연의 오케스트라 삼아 속인의 눈을 피해 홀로 고행의 수도 생활을 했던 특별한 스님이었다. 그렇게 세속을 피해 홀로 고행했던 스님이 인간관계가 제일 어렵다고 하니 속세에서 온갖 이해관계와 충돌하면서 사는 속인들은 오죽 하겠는가. 그 중에서 상, 하 동료와의 관계는 조직사회에서의 생존을 위해서 무엇보다 중요하다. 생존의 조건 몇 가지를 생각해 보자.

8-1. 상사를 놀라게 하지 말라

뛰어난 실력과 정보를 가지고 있다고 하여 상사를 놀라게 해서는 안 된다. 좋은 일이든 나쁜 일이든 상사보다 더 월등한 실력, 더 많은 정보를 가지고 있다고 상사가 판단하면 경계하기 시작한다. 가급적 많은 실력과 정보를 가지고 있되 함부로 노출시키지 말라. 상사가 필요해서 도움을 요청할 때까지 잠복해 있다가 필요한 만큼 실력을 보여라. 무능한 상사에게도 겸손하라. 무능한 상사, 무능한 동료는 자기 몸값을 올릴 기회를 주는 사람들이다. 자기를 100% 노출시키는 것은 여자가 거리를 나체로 활보하는 것과 같다. 캐나다 몬트리올의 나이트클럽에서는 나체쇼가 벌어진다. 여성 종업원들이 남성들 코앞에서 춤을 추는 것을 보면 흥미는커녕 피곤한 여행객에게는 나체쇼가 수면제 역할을 할 때가 있다. 자울 자울 졸고 있는데 진짜 미인이 밍크 코트 차림으로 무대에 오르면 남성들의 시선이 집중된다. 그때 그 미인은 발목에 인디언의 것과 같은 링을 달고 춤을 추기 시작한다. 술잔을 기울이는 남성들이 열광하기 시작한다. 그 여성은 현란한 춤을 추면서 코트부터 하나 하나 벗기 시작한다. 옷을 벗어서 객석에 던질 때마다 남성들은 정신을 잃는다. 그리고 마지막에 팬티를 공중으로 날리면 객석은 아우성으로 떠나갈 듯하고 그 댄서는 화려한 코트를 걸치고 사라진다. 조직생활의 비법은 그 댄서의 춤과 같다.

8-2. 작은 일이라도 상사와 상의하라

작은 일이라도 상사와 상의하고 보고하라. 사소한 일상적인 일은 처리하여도 사후 보고라도 하면 상사의 신뢰를 얻게 된다. 상사가 권한과 책임을 위양하였다 하여 자기 계획대로 처리하고 보고조차 하지 않으면 모함도 받게 되고 상사는 때때로 소외감을 느끼게 된다. 그것이 계속되면 경계하고 의심을 품게 된다. 신뢰를 심어 주어라. 그러면 긴장을 풀고 마음을 열고 동행하게 될 것이다.

8-3. Network를 만들어라

인생을 살아가는데 제일 중요한 요소는 인간관계의 망을 잘 구성하는 것이다. 영국의 수상 멕밀란은 결혼하고 보니 처가 쪽에 국회의원이 8명이나 있었다. 그 연고를 기반으로 하여 수상에까지 올랐다. 물론 본인의 능력이 우선이다. 필요한 인간관계망을 만들어라. 필요한 사람은 기회를 만들어 그의 마음을 점령하라. 필자의 제자 중 어머니가 자기 아버지한테 버림받고 재래시장 노상에서 콩나물 장사를 할 정도로 어려운 학생이 있었다. 그는 가난하고 불우한 환경 속에서도 공부를 열심히 하였다. 필자는 그 학생의 장래를 믿었다. 어느 날 대학원 학생들과 차를 마시면서 그 학생 이야기를 하였다. 지금은 어렵지만 이군은 틀림없이 성공할 것이라고, 사위라도 삼고 싶다고…. 그 후 한 여학생과 이군이 결혼한다는 소문이 돌았다. 그 여학생은 그 이야기를 듣고 그 학생을 공략하여 그와 결혼까지 하게 되었다. 그 남학생은 지금 모 국립대학 교수로 재직 중이다. 그 여학생에게 "어찌된 일이냐?"고 물으니 "선생님 말씀을 듣고 그 남학생에게 슬금슬금 접근하여 마음속으로 파고들어 결혼하게 되었습니다."라고 대답하였다.

사랑은 신성한 것이 아니라 싸워 쟁취해야 하는 걸로 생각하는 사람들이 있다. 대표적인 여인이 클레오파트라가 아닐까 한다. 그는 여신처럼 행동하면서 명장 카이사르를 정복했고 안토니오를 유혹하여 자기의 정치적 욕망을 충족시켰다. 여성의 유혹의 힘은 무섭다. 정치사회적으로 강력한 힘을 지닌 남성들, 즉 다윗왕, 트로이의 파리스, 카이사르, 안토니우스 등은 여성의 유혹에 굴복했던 영웅들이었다.

인연 따라 오고 가고, 가고 오면서 교류하고 사는 정 따라 사는 사람들도 많고 많지만 그래도 인간이 사는 데는 어떤 목표의식이 필요한 때가 있다.

저 사람과의 인간관계에서 나의 목표는 무엇인가? 상대방은 어떤 사람인가? 내가 얻을 것은 무엇인가를 생각하면서 교류하면 크게 실망하지 않을 수 있으리라 생각한다.

8-4. 생존부등식(生存不等式)의 삶을 살아라

인생을 어떻게 살아야 할까?

옛날 자유당 시절 어떤 국회의원이 있었는데 그는 담배 한 갑도 안 가지고 다니고 몇 년을 다른 의원들한테 얻어 피웠다고 한다. 그의 인색한 모습이 가증스러워 대판 싸웠다는 의원이 있었다. 그 국회의원의 신조는 “내 것 없으면 굶어 죽는다.”는 정신으로 살면 굶어 죽지 않는다는 것이었다. “담배 정도는 자기가 가지고 다니면서 피워야지 담배 안 피운다고 굶어 죽지는 않는데 담배까지 다른 사람에게 신세를 지는지 이해할 수 없다”는 것이었다.

남에게 더 많이 베풀고 약간 손해보고 살면 그것이 큰 덕을 쌓는 삶이 될 것이다. 이러한 삶이 생존부등식의 삶이다. 삭막하고 경쟁이 심한 세상에 주는 삶을 살라니 … 어려운 이야기이다. 그러나 인간의 삶은 사랑, 승화, 창조의 삶이다. 현실이 아무리 어렵더라도 이상을 버리면 삶의 의미는 사라지고 우리는 동물적인 삶을 살게 된다. 누에고치란 놈은 줄 줄을 모른다. 계속 뽕잎만 갉아 먹다 보면 사방이 캄캄한 벽으로 둘러 쌓인다. 그 때 아차 하고 탈출하려고 하면 이미 때가 늦어 탈출할 문이 없다. 그곳에서 이놈은 시체가 되어 번데기 신세가 되고 만다.

텍사스 대학교에는 PCL이라는 도서관이 있다. 그 도서관은 미국남부에서 가장 훌륭한 도서관이라고 정평이 나있다. 그 도서관은 바다에 나갔다가 풍파를 만나 사망한 아들을 기념하기 위하여 그의 어머니가 기증한 도서관이다.

그 학생은 하버드를 다니다가 풍파를 만나 육지를 불과 3미터 앞에 두고 익사하고 말았다. 그의 어머니는 경제적으로 여유가 있었고, 불행하게 죽은 아들의 죽음을 헛되게 하지 않기 위하여 도서관을 지어 학교에 기증하였다. 그 도서관 현관에는 이 학생의 불행한 죽음을 잊지 않기 위해서 그의 어머니가 기증한 도서관이라 현판이 붙어 있다. 그는 안타깝게 갔지만 그의 어머니의 선행으로 많은 학생들에게 공부할 도서관을 제공하고 갔다.

한때 일신제강이라는 큰 철강회사를 운영했던 현송 회장은 철강회사의 운영난으로 회사를 다른 회사에 넘기게 되었다. 그는 실의에 빠져 고민하다가 남아 있는 재산을 긁어모아 사회봉사를 해볼까하는 생각을 하고 사업을 접고 재산을 정리하여 현송장학재단을 설립하였다. 그 재단에서 일 년에 70여 명의 대학생에게 장학금을 지급한다고 한다. 그는 떠났으나 그의 아들이 장학재단을 건실하게 운영하고 있다. 이것이 생존부등식의 삶이다.

인간은 자기 나름의 세계에서 생존부등식의 삶을 살 수 있다. 돈 아니면 지식으로, 지식 아니면 노동으로 자기의 능력만큼 나누며 살 수 있다. 이런 삶이 참 삶의 길이다.

인간의 삶은 몇 가지로 생각해 볼 수 있다.

첫째는 받기만 하고 사는 사람이다.

둘째는 주지도 않고 받지도 않고 사는 사람이다.

셋째는 받은 만큼 주고 사는 삶 등식의 삶을 사는 사람이다.

넷째는 받은 것보다 더 많이 주고 사는 사람이다.

이런 삶을 사는 사람들은 생존부등식(生存不等式)의 삶을 사는 사람들이다. 생존부등식의 삶을 살기 위해서는 먼저 자기 자신의 지혜의 성을 쌓고 주는 삶을 살아야 한다. 인생의 삶에서 가장 의미 있는 삶은 주는 삶, 즉 자비를 베푸는 삶이다.

8-5. 부정적인 유머를 사용하지 말라

사람들과 대화를 하면서 마음에 상처를 주는 부정적인 대화는 삼가야 한다. 부정적인 유머를 사용하면 옆 사람들은 웃고 말지만, 상대방은 큰 상처를 받고 앙금이 남는다. 특히 육체적인 조건에 대하여는 건들지 말라.

1700년대 말에 디자이너로 유명했던 런던의 Reorge Brummell이라는 사람은 당시 영국의 귀족과 왕세자까지도 그와 친하게 지내고자 하였으나 왕세자에 대한 농담 한마디로 그의 인생은 파멸에 이르고 말았다.

당시 왕세자는 외소하여 별명이 Big Ben이었는데 저녁 만찬 도중에 음식이 안나오니까 Brummell이 왕세자에게 "Big Ben! 좋은 음식 좀 올려 주세요"라고 농담을 건넸다. 왕세자는 종을 울리고 시종이 들어오자 이자를 밖으로 내보내고 다시는 들여놓지 말라고 명령하였다. 그 후 그는 주위의 모든 사람들로부터 왕따가 되었고 그의 명성은 추풍낙엽이 되었으며 끝내는 가난과 정신 착란 속에서 홀로 죽음을 맞이하였다(「전쟁의 기술」 참조).

친구들끼리 모여서 농담한다고 친구의 약점을 꼬집어서 공격할 때가 많다. 필자는 어렸을 때부터 몸이 허약하여 자격지심이 심했고 체육시간이 제일 싫었다. 친구들에게서 얄궂은 공격을 많이 받았다. 제일 모멸을 느낄 때는 "그것도 몸이냐 시체지."라고 놀림을 받곤 할 때였다. 그들을 패 주고 싶었지만 힘이 없었기 때문에 싸울 수가 없었다. 입술을 깨물고 참고 넘겼다. 인간의 운명은 이상한 것, 그렇게 건강하고 힘을 자랑하고 놀려대던 친구들이 이 병약한 약자보다 더 빨리 세상을 떠났다. 나는 아슬아슬하게 고비를 넘고 넘기면서 아직도 살아 있다.

고등학교를 졸업하고 경찰이 된 친한 동창이 있었다. 학교 다닐 때는 한 서클 모임에서 죽마지우로 정말 친하게 지냈었다. 학교를 졸업하고 우리는 제갈 길을 가다보니 30여 년을 만나지 못하고 살았다. 어느 날 다른 친구가 찾아와서 너무 오랜만이니 그 친구를 찾아가 보자고 제안하였다. 그 친구는 어느 군청 소재지 경찰서에 근무하고 있었다. 그가 근무하는 곳을 방문하여 그와 다른 친구 두 명과 저녁식사를 하게 되었다. 그는 저녁 식사 자리에서 불고기와 소주를 야성적으로 먹으면서 필자를 공격하였다. "나는 이렇게 건강한데 그 몸이 무엇이며 고기도 잘 못 먹고 소주 한잔도 못 마시느냐. 그런 몸으로 교수하면 뭐하고 박사면 뭐하느냐. 나는 공무원 교육원에서 자네 강의도 들었지만 아는 체를 하지 않았다. 대학의 학생 데모 현장에도 갔었지만 자네를 찾지 않았네. 나는 이렇게 건강한데 그 몸이 뭐냐"고 계속 핀잔을 주며 몸 자랑을 하였다. 그 친구는 고등학교 때는 독서도 많이 하고 생각이 깊은 친구였다. 고등학교 졸업한 지 32년 동안에 그렇게 변해 있었다. 돌아오면서 얼마나 후회 하였는지 모른다. 32년 전 그 때의 모습, 그때의 추억을 안고 살 것인데 공연히 그 곳까지 찾아가서 벼락을 맞고 오게 되었다고 후회하고 후회하였다. 그 때의 모멸감과 마음 상했던 순간을 잊을 수가 없었다.

일 년이나 지났을까. 그 친구에게서 만나자는 전갈이 왔다. 아파서 나갈 수 없으니 자기 집에서 만나자는 것이었다. 그렇게 몸 자랑하던 사람이 어인 일인고 하고 그의 집을 방문하였다. 그는 일어나지도 못하고 누워있으면서 "자네를 비웃었는데 내가 죽게 생겼네. 그때 너무 자네를 괴롭혀서 미안하네." 하고 사과를 하면서 눈물을 줄줄 흘렸다. 그의 병은 발끝부터 서서히 머리 쪽으로 죽어 올라가는 병명도 모르는 병이었다. 서울의 유명 병원을 다 찾아 다녔으나 원인도 모르고, 치료 효과도 없고 몸은 점점 마비되어 간다는 것이었다. 그는 몸을 스스로 움직이지도 못하였다. 너무 처참하였다.

필자는 병약한 신체에 5.18의 후유증이 겹쳐 육신과 정신이 만신창이가 되어 몰골이 말이 아니었다. 눈 감으면 흡사 시체였다. 그 때 고마리아씨라고 안수하는 천주교 신자가 있었다. 집사람과 친척들이 손을 잡고 강요하다 싶이 권하여 고마리아씨 댁으로 안수를 받으러 다니고 있었다. 안수로 병을 치료한다는 것이 믿어지지도 않았고 시체나 다름없는 몸을 남에게 맡긴다는 것도 용납되지 않았다. 그러나 울면서 사정하는 아내 때문에 '죽은 사람의 소원도 풀어 준다는데 산사람 소원한번 못 들어 주면 되겠느냐'는 생각이 들어 아내의 손에 끌려 고마리아씨를 찾아갔다. 오후여서 인지 여인들 4~5명이 담소를 나누고 있었다. 너무 어색하여 고개도 제대로 들지 못하고 구석에 쪼그리고 앉아 있는데 여자분들이 힐끔힐끔 쳐다보더니 저 아저씨부터 안수해드리자고 하였다. 그리고 나를 방 한가운데로 나오라 하더니 고마리아씨를 비롯한 네

명의 여자들이 온몸을 쓰다듬으며 안수라는 것을 하면서 너무 불쌍하다고 눈물을 흘리면서 간절히 기도하였다. 순간 나는 병이 다 나아 버린 것 같은 환상에 젖었었다. 우리가 하느님의 안수기도가 아니면 어떻게 남자 몸에 손을 대고 이렇게 기도하겠느냐고 하는 소리들이 귓전에 희미하게 들려왔다. 그렇게 생사를 넘나들고 있었다.

그렇게 며칠 안수기도를 다니는 동안에 그 친구로부터 만나자는 전갈이 왔다. 그에게 안수기도를 권했다. "마지막으로 하느님한테 한번 맡겨 보게. 내가 다니고 있으니 같이 가보세." 하고 그를 부축하여 안수기도를 받게 하였다.

안수기도도 그를 살리지 못하고 그는 세상을 떠나면서 자기 아들의 주례를 부탁하였다.

나는 그를 통해서 '인간이 겸손해야 되겠구나. 절대 생명이나 건강을 가지고 교만을 떨어서는 안되겠구나' 하는 사실을 진리처럼 깨닫게 되었다. 그렇게 건강하던 친구들 수십 명이 세상을 떠났고 떠날 준비들을 하고 있다. 나도 준비하고 있지만 인명재천이라는 생각으로 겸손하게 살아야 하지 않을까? 낳고 죽는 문제는 인간의 영역이 아니다.

인명은 재천이라 하지만 하늘은 스스로 돕는 자를 돕는다고 한다. 노력하고 기도하면 좀 봐주시지 않을까?

명심하라! 칼로 벤 상처는 쉽게 낫지만 혀로 벤 상처는 오래 간다.

개한테 물린 상처는 쉽게 낫지만 사람한테 물린 상처는 오래 간다.

물아래 그림자 지니
다리 위에 중이 간다
저 중아 게 있거라
너 가는데 물어 보자
막대로 흰구름 가리키며
돌아 아니 보고 가노메라

–송강–

8-6. 상대의 마음을 잡아라

사람을 설득할 때는 이성은 1/3, 마음은 2/3의 정성으로 마음을 유혹하라. 사람들은 이성보다 감성에 약하다. 특히 한국 사람들은 더더욱 그렇다.

대학교수였던 필자의 한 친구는 장소를 불문하고 따지는 것을 좋아했다. 모임 장소에서 이것은 이렇고 저것은 저렇고 따지는 습성 때문에 주위 친구들이 피곤해 했다. 상대를 부드럽고 점잖은 방법으로 유혹하라. 남들과 다른 상대만의 특징(개인적인 심리)과 보편적인 특징(일반적인 감정반응) 모두를 주시하라. 사랑, 미움, 질투 등 기본적인 주요 감정에 주목하라. 상대의 감정을 움직이면 그는 당신의 편으로 쉽게 끌어들일 수 있다. 상대를 움직이는 열쇠를 찾으려면 먼저 상대가 마음을 열게 하라.

상대에게 많은 이야기를 하게 하라. 그의 말을 통해서 그가 누구인지 파악할 수 있다. 마음의 열쇠 구멍을 찾아라. 사람들은 남이 다가오지 못하게 벽을 세운다.

강제로 그 벽을 뚫으려고 하지 말라. 벽을 뚫으면 또 다른 벽이 있을 것이다. 그 벽에는 문이 있다. 그것은 마음으로 들어가는 문이며 거기에는 작은 열쇠 구멍이 나 있다. 그 안을 들여다 보아라. 문을 열 열쇠를 찾아라. 그러면 힘을 사용하는 추한 모습을 보이지 않고도 그들의 마음에 이를 수 있다.

1870년대 영국 빅토리아 여왕 시대의 디즈레일리라는 수상은 여왕의 마음을 파고드는 마력을 발휘한 인물이었다. 그는 빅토리아 여왕의 완고하고 절제된 외모의 이면에 남성을 열망하는 여성적인 본능이 꿈틀거리고 있다는 사실을 감지했다. 그는 빅토리아 여왕이 억눌린 여성적인 본능을 발산할 수 있도록 숨통을 틔어준 인물이었다.

다른 사람들은 빅토리아 여왕을 여성으로 생각하지 않았을 뿐더러 그녀가 대단한 자부심을 가지고 있다는 사실도 눈치채지 못했다. 하지만 디즈레일리는 바로 그 점을 분명하게 꿰뚫어 보았다. 그는 상대의 마음을 파고 드는 천재적 재능을 가지고 있는 인물이었다. 상대를 편안하고 즐겁게 해주면서 여왕이 경계심을 풀게 한 후 그는 더욱더 부드럽고 은근한 분위기를 만들어 나갔다. 그는 빅토리아 여왕이 여자로서도 더없이 매력적일 뿐만 아니라 군주로서도 재능을 타고난 것처럼 느끼게 만들었다. 그런 그를 어찌 여왕이 거부할 수 있었겠는가. 그녀는 그가 원하는 모든 것을 허락할 수밖에 없었다(「유혹의 기술」, 307쪽 참조).

인생에 성공을 원하거든 상대의 마음을 잡아라.

첫마음

사랑했던 첫 마음 빼앗길까봐
해가 떠도 눈 한번 뜰 수가 없네
사랑했던 첫 마음 빼앗길까봐
해가 져도 집으로 돌아갈 수 없네

–정호승–

9. 감정의 주인이 되어라

감정의 운전수가 되어라. 셰익스피어는 "세상은 무대요, 인생은 배우"라는 명언을 남겼다. 배우가 연기를 하듯 감정을 조절하면서 인생을 살아야 실수를 예방할 수 있다. 청담 스님이 종정으로 있으면서 불교현대화운동을 펼쳤다. 당연히 불교계는 시끄러웠다. 대구의 한 사찰 마당에서 집회가 끝났을 때 불만을 품은 한 신도가 청담 스님의 뺨을 쳤다. 갑작스럽게 일어난 너무도 끔찍한 일이었다. 그런데 청담 스님은 빙그레 미소만 짓고 있었다. 청담 스님은 내면 깊숙이 감정조절의 도사가 되어 있었다. 그의 얼굴뿐만 아니라 마음도 미소 짓고 있었다. 청담 스님처럼 어떤 상황에서도 평정심을 잃어서는 안 된다. 평정심을 잃지 않으면 인생이라는 전쟁터에서 전체 그림을 투명하게 바라볼 수 있다. 평정심이 흔들리면 호수의 물결처럼 판단력이 흔들리고, 판단력이 흔들리면 인생이 흔들린다.

몇년 전 모 재벌회장이 자기 아들이 술집에서 폭행을 당했다는 소식을 듣고 직접 주먹 쓰는 사람들을 대동하고 폭력을 휘두른 사람들에게 폭력으로 앙

갚음했던 사건이 있었다. 결국 회장은 체면이 손상되고 세간의 비웃음거리가 되었다. 조금만 참았더라면… 이처럼 흥분한 상태에서 중요한 의사결정을 하여 개인사나 국가의 대사를 망친 경우가 많다. 아파트에서 투신한 사람, 한강에서 투신한 사람, 홧김에 이혼한 사람, 욱하는 마음에 집에 불을 지른 사람 등 조금만 참았더라면 그들의 인생이 달라졌을 것이다. 며칠 전 고층 아파트에서 밧줄에 의지하여 외벽 페인트 작업하던 사람을, 밧줄을 절단하여 사망케 한 사건이 있었다. 그 피의자는 현장검증 때 눈물을 보였다고 한다. 이러한 범죄가 곧 후회할 우발적 범죄다. 흥분하였을 때가 가장 조심할 때다.

미국의 9.11테러는 미국 건국 이래 최대의 수치였고 참사였다. 미국은 바로 보복의 칼을 들었다. 냉정을 잃어버린 흥분한 상태에서의 결정이었다. 그 결과는 어떠한가. 미국은 이라크와 아프가니스탄에서 깊은 수렁에 빠져 있다. 9.11테러에서 잃은 것보다 훨씬 많은 인명과 재산을 잃고 퇴로를 찾지 못하고 허덕이고 있다. 그 나라의 문제점들은 해결하지 못한 채 엄청난 상처만 안고 철수하고 말았다.

대중은 바람이다. 위정자들은 흥분한 대중을 이용하여 나라를 위기로 몰아 넣으면서 권력을 유지하고 국민을 기만하려고 하는 경우가 있다. 미국의 부시 전 대통령은 9.11테러가 발생했을 때의 지지율이 사상 최대였는데, 그가 퇴임할 때에는 미국 역대 대통령 중 최하위였다.

콘스탄티노플의 어떤 황제는, 본처의 아들이 자기를 노린다는 사랑하는 애첩의 모함에 조사해 보지도 않고 아들을 죽여 버렸다. 훗날 애첩의 모함이 거짓이었다는 사실이 밝혀졌다. 그 황제는 자기의 애첩을 끓는 물에 넣어 죽였다. 아들은 이미 죽었고 죽은 아들은 살릴 수 없었다. 영조도 사도세자를 뒤주 안에 가두어 죽였다. 그는 평생을 후회하였다고 한다. 그래서 죽은 아들에게 사도세자(思悼世子)라는 시호를 스스로 지어 주었다. 하느님도 사자는 살려내기 어렵다.

필자도 흥분상태에서 의사결정하여 돌이킬 수 없는 인생의 실수를 저지른 적이 있다. 감정의 조종사가 되어라. 흥분했을 때 의사결정 하지 마라. 곧 후회하게 된다. 요새 사회가 각박해지고 살기가 어려우니까 감정 조절을 못하고 이곳 저곳에서 분노가 폭발하여 돌이킬 수 없는 비극이 일어나고 있다. 인일시지분(忍一時之忿)이면 면백일지우(免百日之優)라! 한때의 분노를 참으면 백일의 근심을 면할 수 있다. 잊지 말자!

어느 나라 대통령은 공개석상에서 책상을 치고 가슴이 타들어간다고 극도의 감정 표출을 하였다. 그 후 선거에서 참패했다. 리더의 흥분은 절대 금물이다. 냉정하게 이야기하고 대중을 흥분하게 하라. 집안에서 아버지가 매일 밥상을 치고 흥분하면 집안 꼴이 무엇이 되겠는가? 한국은 불안하다. 국민들은 점점 불안과 전쟁의 공포를 느끼고 있다. 가장 높은 수치인 지도자의 지상과제는 무엇이겠는가? 전쟁으로부터, 자연재해로부터 국민을 지키고 평화를 유지하는 것이다. 지도자부터 흥분하여 곧 전쟁이 일어날 것처럼 분위기를 조성하는 것은 지도자의 할 일이 아니다. 철통 같은 방어망을 구축하여 전쟁이 일어나지 않도록 예방경영하는 것이 지도자의 사명이다. 승산 없는 전쟁을 일으키는 바보가 어디 있겠는가?

유엔총회에 참석한 러시아 수상 흐루스쵸프는 구두를 벗어 책상을 치면서 연설을 하였는데 무례한 행동이라는 비판이 많았었다. 그러나 그것은 쇼였다. 속으로 울면서 겉으로는 웃고 겉으로 책상을 치면서 속으로는 웃을 수 있는 감정관리가 필요하다. 현대의 인간관계는 기만의 인간관계다. 불행한 일이지만 그것이 인간이 살아가는데 필요한 전술이다.

10. 평정심을 지킨 명장

인간의 삶은 감정과 이성의 싸움이다. 평정심을 잃어버린 지도자들이 엄청난 역사의 비극을 가져오기도 한다.

어려울 때 평정심을 유지한다는 것은 정말 어려운 일이다.

평정심을 유지하고 감정의 주인이 된다는 것은 어려운 일이고 아무도 전수해 줄 수 없는 지혜이다. 훈련과 경험, 피나는 고뇌를 통해서만 얻을 수 있다. 평정심을 유지하는 단계는 평정심의 필요성을 절실히 인식하는데 있다. 평정심이 뛰어났던 역사적 위인들 알렉산드로스 대왕, 율리시스, 그랜트, 처칠 등은 곤경과 시행착오를 통해 그것을 획득했다. 전쟁의 와중에 평정심을 유지했던 한 장군의 예를 보자.

전차전의 영웅: 패튼 장군

패튼(George S. Patton) 장군은 「패튼 전차군단」이라는 영화가 나올 정도로 전차전으로 유명한 장군이다. 그의 선조 중 남북전쟁 때 장군이 있어서 선조들을 따라 군인이 되었다. 그러나 그는 감성적인 청년으로 마음속에는 늘 두려움이 따라 다녔다.

그가 최초로 실전을 경험한 것은 1918년 1차 세계대전 중 아라곤 전투에서 전차부대의 지휘관이었을 때였다. 조그마한 언덕에 올라 보니 그는 함정에 빠져 있었다. 후퇴한다면 언덕의 복병들로부터 총격을 받을 것이고, 전진한다면 독일군 기관총부대의 공격을 받게 되어 있었다. 그는 진퇴양난의 갈림길에서 순간 결심을 했다. 어차피 죽을 목숨이라면 싸우다 죽자. 전진한다라고 명령을 내리려는 순간 강렬한 두려움이 엄습하여 몸이 부들부들 떨리고 두 다리는 젤리처럼 흐느적거렸다. 그는 두려움에 용기를 잃어 버렸다.

그런데 그의 시선이 독일군 포대 너머의 구름떼에 가 닿는 순간 그는 계시를 보았다. 무공을 빛낸 군인 선조들이 모두 제복을 차려 입고서 준엄하게 그를 내려다보고 있었다. 선조들의 모습을 보는 순간 이상하게도 패튼은 침착할 수 있었다.

그는 돌진을 명령하면서 "또 한 명의 패튼이 전사할 시간이다."라고 외쳤다. 그 순간 두 다리에 힘이 돌아 왔다. 그는 독일군 포대를 향해 돌진하였다. 그리고 몇 초 후 허벅지에 총상을 입고 쓰러졌다. 그 경험이 패튼을 완전히 바꾸어 놓았다. 패튼만큼 전쟁터에서 평정심을 유지하는 장군은 없었다. 패튼은 명장이 되었다.

여기서 주목해야 할 것은 패튼은 그만큼 노력을 하였다.

패튼이 준 교훈은 두 가지로 요약할 수 있다.

첫째, 두려움에 맞서 싸우는 것이 두려움을 애써 무시하거나 억누르는 것보다 낫다.

둘째, 패튼의 경험은 명예심과 품위라는 힘이 자극제가 된다는 것이다. 두려움에 굴복하거나 평정심을 잃어버리면 당신의 자아, 자기 이미지, 명성뿐 아니라 당신의 동료, 가족, 그룹에까지 치욕이 미치게 된다. 공동체 정신을 깎아 내리는 짓이다. 아무리 작은 집단에서라도 지도자가 되면 당신에게는 기대에 부응할 대상이 생긴다. 사람들은 지도자인 당신을 지켜보고 당신을 평가하고 당신에게 의지한다. 냉정을 잃게 되면 스스로 버티기 힘들어 질 것이다(「전쟁의 기술」 참조).

감정을 조절하여 평정심을 유지할 때 당신은 그 모든 것들로부터 초탈하여 전체 군사적 전쟁터나 삶의 전쟁터를 투명하게 바라볼 수 있다. 인간의 삶은 하나의 전쟁터다. 위대한 지도자들은 어떤 상황에서도 평정심을 잃지 않았다. 평정심을 유지하는 것은 상황에 대한 철저한 준비에 있다. 손자의 병법 "적을 알고 나를 알면 백번 싸워도 백번 이길 수 있다."는 논리를 여기에 적용할 수 있다. 이 때 당신은 지도자로서 신화를 창조할 수 있다.

사막의 영웅 롬멜은 우연히 탄생한 것이 아니다. 그는 전쟁터의 지형을 철저히 연구한 장군으로 유명하다. 상황을 모르면서 함부로 의사결정하는 것은 만용이요, 자살골을 넣는 것이다.

감정의 주인이 되어라.
태연한 자세를 생활화하라.
흥분했을 때 의사결정을 하지 말라.

한 친구에 대해 난 생각한다.

한 친구에 대해 난 생각한다.
어느 날 나는 그와 함께 식당으로 갔다.
식당은 손님으로 만원이었다.

주문한 음식이 늦어지자
친구는 여종업원을 불러 호통을 쳤다

무시를 당한 여종업원은
눈물을 글썽이며 서 있었다
그리고 잠시 후 우리가 주문한 음식이 나왔다.

난 지금 그 친구의 무덤 앞에 서 있다.
식당에서 함께 식사를 한 것이
불과 한 달 전이었는데
그는 이제 땅 속에 누워 있다.
그런데 그 10분 때문에 그토록 화를 내다니…

—막스 에르만—

군대는 화 때문에 군대를 출정시키는 일이 없어야 하고,
지도자는 분노 때문에 전쟁을 일으키는 일이 없어야 한다

—손자—

11. 인간만이 약속을 하고 산다

이 세상에 숨 쉬고 사는 수많은 동물 중 인간만이 약속을 하고 산다. 사람 다음으로 지능을 가졌다는 개나 원숭이도 미리 약속하고 애인을 만나러 나가지는 않는다. 사람만이 약속을 하고 산다. 인간이 사는데 가장 중요한 두 가지 요소가 있는데 먹는 것(食)과 믿는 것(信)이다. 먹는 것과 믿는 것 중 어느 것이 더 중요할까? 모두 식(食)이라 생각할 것이다. 그러나 공자는 신(信)을 앞세웠다. 믿음이 깨어지면 그 사회는 깨어진다. 한국에서는 제야에 보신각(普信閣) 종을 울린다. 믿음을 널리 펴자는 종소리다. 제야의 종이 울릴 때 10만 인파가 몰려든다는데 과연 몇 사람이나 공자가 말한 뜻을 알고 실천할까? 우리 사회는 불신으로 병든 사회다. 위험수위에 도달했다. 여기서 약속을 지키고 세상을 떠난 한 여가수의 이야기를 들어 보자. 이애리수라는 가수가 있었다. 그녀는 1928년 단성사에서 '황성옛터'를 처음 불렀다. 여러 곡을 불러 인기를 한몸에 받은 미모의 가수였다. 한참 인기절정에 있을 때 그녀는 갑자기 자취를 감

이애리수

추고 어디론가 사라져 버렸다.

그녀가 자취를 감추자 사망설까지 떠돌았다. 그러다 그녀에 대한 기억은 세상에서 사라지고 말았다. 그러나 그 사연 뒤에 숨어 있는 내막은 약속이라는 두 글자에 있었다. 그녀는 배○○씨라는 연세대생과 사랑에 빠져서 결혼을 약속하고 시부모 앞에 섰는데, 시댁에서 가수라는 이유로 결혼을 완강하게 반대하였다. 그녀는 자살 소동까지 벌였지만 시댁의 고집을 꺾을 수 없었다. 마침내 시아버지와 굳은 약속을 하고 결혼을 허락받았다. 가수라는 사실을 숨기고 앞으로 가수 활동을 하지 않겠다는 약속이었다. 결혼생활 2년 후 그의 시아버지가 사망하였다.

남편이 제안하였다. 아버지가 돌아가셨으니 이제 가수활동을 해도 되지 않겠느냐고. 그러나 이애리수는 반대하였다. 돌아가셨지만 약속은 약속이라고 그녀는 평생 평범한 주부로 살다가 어찌어찌 하여 98세에 그녀의 존재가 세상에 알려지고 99세에 타계하였다. 그녀의 자녀들도 어머니가 가수였다는 사실을 전혀 몰랐다고 한다.

우직하리만큼 시아버지와의 약속을 지킨 그녀의 약속을 오늘의 한국 사람들, 특히 정치인들은 생각해 보았으면 한다.

또 한 사람의 약속을 생각해보자. 안창호 선생이 독립운동을 할 때의 일이다. 그는 친척집 어린이에게 내일 모레 과자를 사 주겠다고 약속하고, 그 약속을 지키기 위해서 과자봉지를 들고 어린이를 찾아 가는데 일경이 미행을 하였다. 그는 일경이 미행하는 것을 알고도 어린이와의 약속을 지키기 위해서 친척집에 가다가 잡혀 감옥살이를 하게 되었고 그길로 옥사하고 말았다. 생각하면 얼마나 우직한 행동인가? 그러나 그는 그런 정직한 정신으로 독립운동을 하였기 때문에 지금 이 순간에도 우리 민족의 가슴 속에 살아있다. 인간은 살아있을 때 어떤 감투를 썼느냐가 문제가 아니라 어떻게 살았느냐에 따라 평가를 받는다.

셰익스피어는 정치인을 가리켜 "신도 속여 먹는 자"라고 한탄하였지만 한국 정치인들 해도 너무한다. 원칙과 신뢰의 정치인이라고 알려진 정치인, 나는 약속을 지키는 사람이라고 일관하던 그 정치인의 약속에 대한 기대가 무너질 때 너무 슬펐다. 그 외 수많은 정치인들이 수많은 약속을 하였는데 그 약속들은 모두 어디로 갔는가?

인간만이 약속을 하고 산다. 그 약속을 지키지 않을 때 불신이 깊어지고 사회는 병이 깊어진다. 특검에 나와서, 헌재에 나와서 위증을 하고 거짓말하는 것을 보면 가관이다.

제야의 보신각 종소리가 허공에 뜬다. 한반도의 역사에서 한국 사람 모두가 이렇게 슬퍼하고 분노한 적이 있었던가! 그 원인은 허공에 뜬 약속 때문이다. 한국 사람 80%가 타인을 못 믿는다는 조사 결과가 나왔다. OECD 국가 중 최고라고 한다. 내가 어려울 때 의지할 곳이 있는가의 물음에 OECD 국가 중 한국 사람이 최하위로 조사되었다. 왜 이렇게 되었는가? 대부분의 책임은 지도자라는 정치인에게 있다. 높은 사람이 식언을 하면 모방심리의 현상에 의해서 서민들도 따라서 거짓말은 하고 죄의식을 느끼지 않는다. 대통령도 거짓말하는데, 나 같은 서민이 좀하면 어때 하고.

정직하게 살았던 한 지도자의 고백을 들어 보자.

나는 나 자신을 사랑하고,
나의 아내를 사랑하고,
내 아이들을 사랑하고,
그리고 나라를 사랑한다.

미국 대통령을 지낸 아이젠하워의 말이다.

12. 신이 보고 있다

그대의 삶은 그대의 것
두들겨 맞고 굴종의 시궁창에 처박히게 하지 마라
잘 살펴보라 빠져나갈 길이 있다
어딘가에 빛이 있다
—찰스 부코프스키(Charles Bukowski)—

살기 힘든 세상이다. 세상을 살아가려면 일과 사랑이 근본인데 진정한 사랑도 메마르고 일터 찾기도 정말 어려운 세상이다. 수백만의 젊은 청년들이 일터를 찾지 못하고 거리를 방황하고 있는 것이 한국의 현실이다.

우리 앞에 살았던 두 사람의 이야기를 통해서 조그만 위로라도 젊은이들에게 주고자 한다. 질곡의 들판에서 살아온 나에게 큰 위안과 용기를 준 이야기이기도 하다.

그리스 아테네에 가면 아테네시의 아크로폴리스 언덕 위에 파르테논 신전이 2,400년의 역사를 자랑하며 우뚝 서 있다. 이 신전은 세계 3대 걸작품으로, 위대한 조각가 피디아스(Phidias)가 총 감독한 걸작이다.

피디아스는 신전을 완성하고 시청에 신전의 건축경비를 신청하였다. 그런데 시의 재무관은 공사비를 반으로 삭감했다. 신전은 언덕 위에 서 있어서 사람들이 뒷면은 볼 수 없다는 것이 그 이유였다. 피디아스는 "당신은 틀렸소. 뒷면은 신들이 보고 있소."라는 유명한 말을 남겼다.

인간은 삶의 조각가다. 인간은 누구나 자기의 인생을 조각하며 살아간다. 어떤 삶을 조각하고 인생을 떠나는가? 혹시 신이 보지 않기를 내심 바라면서 신의 눈길을 피하면서 적당히 하지는 않는지? 작은 일이든 큰 일이든 신 앞에서 일하고 있다는 심정으로 일을 하면 어려운 한 세상 의미 있게 살 수 있지 않을까 생각해 본다.

피디아스는 신이 내려다보고 있다고 생각하고 파르테논 신전을 건축하였기 때문에 그 신전은 2,400년의 세월이 흐른 지금도 세계 3대 걸작품으로 우리 앞에 서 있다.

프랑스에 살고 있었던 장 도미니크 보비라는 잡지사 편집장은 갑자기 뇌졸중으로 전신마비가 되어 쓰러졌다. 그는 의식과 왼쪽 눈꺼풀만 살아 있었다. 그는 삶의 마지막을 정리하기 위해 편집부 여직원을 불러 암호를 정하고 대필을 부탁하였다. 암호는 a, b, c …로 정하고 한번 깜박거리면 a, 두 번 깜박거리면 b로 하고 눈꺼풀을 깜박거리는 것으로 여직원의 협조로 책을 썼다. 책의 이름은 「잠수복과 나비」, 그는 45일 동안 20만 번 이상 왼쪽 눈꺼풀을 깜빡거려서 책을 마무리하고 세상을 떠났다. 그의 한 서린 마지막 유언을 들어 보자.

열쇠로 가득 찬 이 세상에 내 잠수복을 열어줄 열쇠는 없는 것일까?
종점 없는 지하철 노선은 없을까?
나에게 자유를 되찾아 줄 만큼 막강한 화폐는 없을까?
다른 곳에서 구해 보아야겠다.
나는 그곳으로 떠난다.

피디아스나 장 도미니크 보비 같은 정신으로 살면 어려운 세상 삶의 길을 찾을 수 있으리라 생각해본다. 동양의 3절이라는 서예의 대가 추사는 그냥 탄생한 것이 아니다. 그는 벼루 10개가 구멍이 뚫리고 붓 천 자루가 마모될 정도로 서예에 평생을 바쳤다. 특히 그는 제주도 유배 9년 동안 외로움을 이겨내고 서예를 갈고 닦아서 추사체라는 오직 추사만의 서체를 완성하였다.

한때 한국의 공장을 조립공장, 한국 교수들의 저서를 복사품이라 부른 때가 있었다. 남의 나라 제품을 조립하고 남의 저서를 복사하여 자기 자신의 것인 양 양산하는 표절의 시대가 있었다. 한 신문의 보도에 의하면 100명이 넘는 교수들이 남의 저서를 표지만 바꾸어 자기 저서라고 출간하였다고 한다. 대학총장을 지내고 교육부장관이 된 어떤 교수는 자기의 저서라고 내놓은 책 거의 전부가 표절이라는 사실이 밝혀져 24일만에 장관자리에서 물러난 적도 있었다. 미국에서 박사학위를 취득하고 유명대학 교수가 된 어떤 교수가 저서를 냈는데 국회도서관에서 우연히 본 미국 책과 숫자 하나 바꾸지 않고 번역하여 자기의 저서로 둔갑시키고, 일류대학 일류교수 행세를 하고 다녔다. 정말 씁쓸했다. 수치의 극치다. 러셀은 인간이 동물과 다른 점은 측은지심과 수치심이라고 하였다. 인간만이 나쁜 일을 하면 얼굴이 붉어지는 동물이다. 인간이 수치심을 느끼지 못하면 인간의 한계를 벗어난 것이다. 수치심을 느끼지 못하는 인간들이 너무 많다. 인간을 잃어버린 인간들이다.

부끄러워할 줄 모르는 사람들이 대학총장을 하고 일류교수 행세를 하고 또 일류교수로 대접받고 다녔던 어두운 시절이 있었다. 코미디 같은 일들이 만연했던 때가 있었다. 지금도 그런 일이 가끔 일어나고 있는 모양이다. 여기서 이 이야기를 하는 것은 청년들 이야기를 하기 위해서이다. 한국 청년들은 취직하기 위해서 인생을 건다. 정말 열심히 공부한다. 토플이나 토익 만점이 수두룩하고 만점에 가까운 청년들도 많다. 그런데 토익 만점에, 외국 어학연수에, 무슨 자격증에, 준비할 것은 모두 완벽하게 준비하였어도 갈 곳이 없다. 천재도 살기 어려운 시대가 되고 말았다. 피디아스 못지않게 우리 청년들도 신께 기도하며 신과 함께 살면서 거의 완벽한 준비를 하였지만 갈 곳이 없다니…

최고의 명문대 3학년 학생이 희망이 없는 세상을 개탄하면서 유서를 남기고 투신자살하였다. 피를 토할 일이다. 어찌 이렇게까지 되었을까? 기성세대, 특히 나라의 경영을 책임지고 있는 정치꾼들의 책임이 크다.

마지막으로 어떤 청년의 독백을 비통한 마음으로 말하고자 한다.

"내 인생의 전성기는 초등학교 때였다."

5,000만 한국 사람들이여! 이 얼마나 피맺힌 절규인가.

대통령부터 고관대작들이 한 맺힌 젊은이의 독백을 듣고 있는가?

절망의 암흑을 겪어 보지 않고 살아갈 수 있는 사람들이 과연 얼마나 있을까? 그런데 어떤 사람은 절망에 굴복하고 어떤 사람은 절망을 딛고 일어선다. 절망을 딛고 일어서는 힘! 그 힘은, 미래에 대한 희망을 포기하지 않는 신념에서 나온다. 피디아스처럼 신이 보고 있다고 생각하면서…

제19대 대통령은 일자리위원회까지 만들었고 친히 그 의장이 되었다. 그 공약이 지켜지기를 기원한다.

13. 자연의 강물은 때때로 역류하지만 세월의 강물은 역류하지 않는다

세월 가면 인생도 간다. 이 무한대의 우주에 만고의 진리가 하나 있다. 자연의 강물은 홍수가 나면 때때로 역류하지만 세월의 강물과 인간의 강물은 역류하지 않는다. 순간순간 감기는 세월의 나이테에 따라 인간의 나이테도 돌고 돌아 영원히 사(死)의 강물 속으로 침잠하고 만다. 인생에는 역주행이 없다. 인생에는 후진이 없다. 세월이라는 배는 인간의 의지와 관계없이 항해를 계속하여 어느 날 죽음의 바다에 수장시키고 돌아선다. 세월을 거역하고 죽음을 거역하려는 인간은 수없이 많았다. 그러나 한 사람도 성공한 사람이 없었다. 수천 년 전 이집트의 왕들은 미이라가 되어 다시 태어나고자 하였지만 후세의 관광 상품이 되는데 그쳤다. 중국의 진시황은 불로초를 구하러 그 옛날 부하들을 조선, 일본까지 보냈지만 그도 52세에 가고 말았다. 그는 죽어서도 세상의 황제가 되기 위하여 수천 명의 병사들이 도열해 있는 병마총을 만들어 땅속에 묻혔지만 역시 세상 사람들의 볼거리로 전락하고 말았다.

인간의 역사는 피로 쓰여진 역사다. 왜 인간 사회는 피비린내로 진동하고 있을까? 유한한 인간이 무한을 꿈꾸고 있기 때문이 아닐까? 인간은 권력과 돈과 명예를 획득하기 위해서 획득한 것을 계속해서 지키기 위해서 투쟁하고 투쟁하는데서 갈등과 싸움이 벌어져서 인간의 삶의 현장은 핏자국으로 얼룩진 전쟁터가 되고 말았다. 그러나 이 세상에 영원한 것은 없다. 지상의 모든 것은 유한한 존재로 언젠가는 사라지게 된다. 세월 따라 가다 보면 영원한 고향 죽음의 바다가 기다리고 있다. 생로병사는 인간의 한계상황이다. 언젠가는 희미한 발자국도 남기지 못하고 우리는 사라지게 된다. 무상의 진리 앞에 겸손하고 무상을 극복할 수 있는 길을 찾을 수 있다면 우리는 보다 더 평화롭게 함께 공동선의 세계에서 살다 갈 수 있지 않을까 한다.

슬픔이 그대의 가슴에 밀려와 소중한 것들을 쓸어가 버릴 때면
그대 가슴에 말하라. 이 슬픔 지나가리라.
기쁨이 그대 가슴에 찾아와 행복이 손짓을 하고

근심 어린 날들이 비켜 갈 때면
세속적인 것들에 안주하지 않도록
이 진실을 조용히 그대 가슴에 속삭여라.
이 기쁨 또한 지나가리라.

－렌터 윌슨 스미스－

이 시는 인생의 무상을 노래하고 있다. 세상 사람들은 인생의 덧없음을 노래하면서도 깨닫고 실천하기는 어렵고 어려운 듯하다. 우리가 이루어 놓은 모든 것, 우리의 생명까지도 언젠가는 이 지상에서 사라진다. 70억년 후에는 태양계는 대폭발이 일어나 소멸된다고 한다. 그런데 인간의 싸움터는 날로 비참해져 간다. 이 무상의 진리 앞에서 좀 더 겸손한 마음으로 인간으로서의 가치관을 지키며 함께 사는 것, 그것이 오늘의 인간의 삶의 명제가 아닌가 한다.

14. 결혼은 밥, 사랑은 사탕

인생을 살다가 2, 30대가 되면 짝을 찾아 결혼이라는 것을 해서 함께 살아간다. 그리스 신화에 보면 부부는 본래 등과 척추가 붙은 한 쌍이었다고 한다. 서로 등을 붙이고 산다는 것은 상상만 해도 너무도 불편한 일이 아닌가! 어느 날 인간의 불편한 삶을 보다 못한 신이 나타나서 인간의 등을 단칼에 갈라놓아 버렸다고 한다. 그래서 인간이 사춘기가 되면 자기 본래의 짝을 찾아 헤매다가 짝을 만나서 결혼하게 된다. 금슬이 좋고 행복하게 사는 부부들은 전생의 자기 짝을 찾은 사람들이다. 반면 결혼 후 싸우고 별거하고 헤어지는 사람들은 본래의 짝을 찾지 못하고 엉뚱한 짝을 자기 짝이라 착각하고 살다 보니 부부간에 온갖 갈등이 생겨 불행한 가정생활을 하게 된다. 불교에서는 심지어 전생에 원수끼리 만난 부부도 있다고 한다.

전생의 짝을 만난 사람들이나, 잘못 만난 사람들이나 살다 보면 실증을 느낄 때가 있다. 인간은 실증을 느끼는 동물이다. 실증을 회피하기 위하여 다른 생각을 하고 다른 대안을 찾는다. 실증 나는 결혼생활을 해결하기 위한 대안은 무엇이겠는가? 바로 자기의 정원 넘어 이웃에서 달콤한 사탕을 찾는 것이다. 혼외의 사랑인 사탕은 달콤하지만 지나치게 많이 먹으면 탈이 난다. 혼외 사랑을 왜 사탕이라고 하는가? 옛날 중학교 때 내 친구 중에 과자 집 아들이 있었다. 그 친구가 자기 집 사탕을 얼마나 많이 먹었던지 피를 토하고 배가 아파 큰 소동이 벌어진 일이 있었다. 사랑은 사탕처럼 달콤하지만 지나치면 가정을 망치고 자신도 병든 인생을 살게 된다.

인간이나 동물이나 먹어야 산다. 심지어 미생물까지도 먹어야 산다. 인생에서 결혼이란 밥과 같은 존재다. 인간은 사탕을 먹지 않더라도 죽지 않지만 밥을 먹지 않으면 죽게 된다. 달콤하지도 않고 때로는 씁쓸할 때도 있지만 밥은 먹어야 생명을 유지한다. 사람은 결혼생활을 하는 것이 인간의 정도다. 결혼하지 않고 결혼 중에 실증이 난다고 하여 달콤한 사탕만 먹고 살다 보면, 끝내는 피를 토하고 파멸하게 된다. 간통죄가 없어졌다고 한때 떠들썩했는데 잠잠한 모양이다.

결혼은 밥과 같은 것, 진정한 인간의 행복은 행복한 결혼생활에 있다. 사탕을 조심하라. 세상을 호령하는 황제도 산골의 농민도 가정이 행복할 때 그들도 행복하다. 황제의 행복한 가정생활은 나라 백성의 행복과 연결된다. 그런데 어느 나라에서는 독신 황제가 있고 독신 대통령이 있다 황제나 대통령은 꼭 결혼을 해서 배우자가 직언을 진언해야 정치가 잘 되는 것이다. 당태종은 국정이 끝나면 집에 들어와 아내에게 그날 일어난 국가의 일들에 대해서 이야기 하였다. 국가 통치술인 유명한 「정관정요」는 아내의 진언도 많이 들어 있다. 당태종은 고언을 한 신하가 너무 미워서 그놈을 죽이고 싶었다고 아내에게 털어 놓기도 하였다. 가슴 속에서 끓고 있는 응어리를 이야기하고 나면 화도 풀어지고, 정상으로 돌아가 국정을 냉정하게 처리할 수 있다.

사탕 같은 연애는 조심하고 결혼을 잘하여 인생을 잘 살아야 한다. 황제나 대통령이 혼자 살고 있으면 국민들이 서명날인 운동이라도 하여 꼭 결혼을 시켜야 한다. 구중궁궐 깊은 곳에 황제가 홀로 밤을 지새우면 황제는 불면증에 걸려 국사를 그르칠 수 있다. 그러면 개인만 불행하게 되는 것이 아니라 나라 살림도 망치게 된다. 잘못하면 자신도 망하고 나라도 망한다. 당현종은 양귀비 때문에 나라를 망쳤다. 연산군은 나라 일은 접어두고 흥청망청 잔치를 벌리고 엽색행각에 눈이 멀었다가 비참하게 되었다. 연산군은 폐위되어 강화도로 유배되었다가 두 달만인 31세의 나이로 생을 마감하였다. 탄핵당한 어느 나라 대통령도 남편이 있어 밤을 지새우며 나라 일을 의논하였더라면 탄핵이라는 불명예까지는 당하지 않았으리라 생각한다.

진정한 부부를 위한 시 한편을 이야기해 보자. 신부님과 수녀님은 하느님과 결혼하고 비구승과 비구니는 부처님과 결혼하였으니 그들도 고행이지만 여기서는 일반 대중의 이야기를 하고자 하였다.

(중략)
어느 날 저녁
세상의 모든 것에서 버림받고
홀로 되어 울고 있을 때
당신은 아십니까
당신의 가슴 되어 함께 울고 있는 사람
그 사람
당신의 아내입니다
당신의 남편입니다

–조요한–

15. 가치관을 지키기 위해서 목숨을 버린 위인들

나는 모든 사람이 동등한 기회를 누리며 살아가는
이상적인 민주사회를 꿈꾸고 있습니다.
필요하다면 나는 그 이상을 실현하기 위해 기꺼이 죽을 수도 있습니다.

–넬슨 만델라–

가치관이란 세상을 살아가는 척도다. 칸트는 양심이란 마음의 재판관이라고 하였다. 양심의 재판관의 명령에 따라 나는 이런 원칙을 세워 세상을 살겠다고 결심하고 살아가는 것이 가치관이다. 가치관은 거울에 비교할 수 있다. 가치관이 흔들린 사람은 굴절된 거울을 보고 사는 사람이다. 이런 사람들은 잔물결을 들여다보는 것처럼 얼굴이 흔들리고 인생이 흔들린다. 가치관이 확립된 사람들은 얼굴이 흔들리지 않고 인생이 흔들리지 않는 사람들이다. 한 개인이 어떠한 가치관에 입각하여 개인 생활과 조직 생활을 하느냐에 따라 그 개인과 조직의 운명에 중대한 영향을 미친다. 가치관의 중요성은 바로 여기에 있다.

인간의 바람직한 삶의 태도란 무엇 때문에, 무엇을 위해서 살아가느냐 하는 명제에 대한 해답을 필요로 한다. 이러한 명제에 대한 해답은 그가 어떠한 가치관에 따라 행동하느냐의 문제와 직결된다. 가치관에 따라 기꺼이 죽음의 길을 택했던 위인들을 보자.

동학혁명의 녹두장군 전봉준은 친구의 밀고로 일본군에게 잡혀 서울로 압송되었다. 일본의 관헌들은 처음에는 잔인한 고문을 하다가 그를 이용해야겠다는 야심을 품고 회유하기 시작하였다. 잘못을 인정하고 순순히 항복하면 일본으로 망명시켜 주겠다고 회유하였지만 단호히 거절하고 죽음을 택하였다. 그는 최후 진술에서 "정부의 명이라면 기꺼이 목숨을 바치지만 바른 길을 걸었던 자에게 대역죄를 적용한다니 천고의 유감이다. 내가 죽거든 내 목을 베어 종로 네거리에 오가는 사람에게 피를 뿌려 달라."는 유언을 남기고 기꺼이 순국의 길을 택했다.

하얼빈역에서 이등박문을 저격한 안중근 의사는 이등박문을 포살한 것을 실수였다고 인정하면 목숨을 살려 주겠다고 항복할 것을 권하였지만 단호히 거절하고 최후 진술에서 사형보다 더 무거운 형량은 없느냐고 일갈하고 형장의 이슬로 사라졌다. 전봉준, 안중근 그들은 갔지만 그들의 생사를 초월한 애국혼, 가치관은 우리 한민족의 가슴속에 살아 있다. 그들이 3.1 독립선언서에 서명하고 잉크도 마르기 전에 변절하였던 사람들처럼 변절하였더라면 어찌 우리 가슴속에 살아있겠는가?

독일의 신부 본회퍼(Dietrich Bonhoeffer)는 히틀러 암살 작전에 가담하여 미수에 그쳤고 나치에 의하여 교수형에 처해졌다. 그가 옥중에서 남긴 시는 유명하다. 생사를 초월한 가치관을 가지고 수감생활을 하는 사람들도 인간인데 왜 두려움이 없겠는가? 본회퍼는 죽기 전에 인간적인 진실로 인간적인 시를 남겼다. 나약한 인간의 옷깃을 여미게 한다. 나약한 인간이지만 사생관이 확립되면 한없이 강해지는 것이 인간이기도 하다. 여기 그의 시를 싣는다.

나는 무엇?
남들은 가끔 나더러 말하기를
감방에서 나오는 나의 모습이
어찌 침착하고 명랑 확고한지
마치 자기 성에서 나오는 영주 같다는데
나는 무엇?
남들은 가끔 나더러 말하기를
감시원과 말하는 나의 모습이
어찌 자유롭고 친절, 분명한지
마치 내가 그들의 상전 같다는데
나는 무엇?
남들은 또 나에게 말하기를
불행한 하루를 지내는 나의 모습이
어찌 평온하며, 웃으며, 당당한지
마치 승리만을 아는 무사 같다는데
남의 말의 내가 참 나냐?
나 스스로 아는 내가 참 나냐?
새장에 든 새처럼 불안하고, 그립고, 약한 나
목을 졸린 사람처럼 살고 싶어 몸부림치는 나
색과 꽃과 새 소리에 주리고
좋은 말, 따뜻한 말동무에 목말라 하고
방종과 사소한 굴욕에도 떨며 참지 못하고
석방의 날을 안타깝게 기다리다 지친 나
친구의 신변을 염려하다 지쳤다
이제는 기도에도, 생각과 일에도 지쳐 공허하게 된 나
이별에도 지쳤다. 이것이 내가 아닌가?

나는 무엇?
이 둘 중 어느 것이 나냐?
오늘은 이 사람이고 내일은 저 사람인가?
이 둘이 동시에 나냐?
불쌍하고 약한 난가?
이미 결정된 승리 앞에서
떠는 패잔병에 비교할 것인가?
나는 무엇?
이 적막한 물음은 나를 끝없이 희롱한다
내가 누구이든 나를 아는 이는 오직 당신 뿐
나는 당신의 것이외다
오! 하느님

춘원 이광수는 "붓 한 자루 너와 함께 일생을 같이 하련다." 하고 독백하였다. 춘원은 글을 쓰는 것이 그의 가치관이요, 그의 인생이었다. 필자가 미국에서 연구생활 할 때 텍사스 대학에 샤마라는 교수가 있었다. 백만장자인 교수의 사촌형이 그에게 "너는 머리가 돌았다. 그 가난한 교수생활을 왜 하느냐? 그만두고 함께 사업을 하자."고 제의하자, 그 교수는 형은 돈이 좋으니까 돈속에 살고 나는 책이 좋으니까 책속에 살겠다라고 거절하였다고 말하였다. 책속에 묻혀 책과 더불어 학자로 사는 길이 그의 가치관이었다.

잊을 수 없는 한 여인의 남편을 향한 일편단심에 관한 이야기는 가슴을 뭉클하게 한다. 요새 사고방식으로는 이런 소설 속 주인공 같은 여인이 있을까 생각된다. 1880년대 러시아 니콜라이 황제 시대, 젊은 장교와 진보적인 지식인들이 황제에게 반기를 들고 혁명을 시도하였지만 실패하고 말았다. 황제는 주모자 5명을 처형하고 나머지 가담자 116명을 시베리아로 유형을 보냈다. 그리고 모스크바에 남아 있는 약혼자나 처들을 불러 그들과 헤어지고 모스크바에 남으면 예전의 삶을 보장해 주겠지만, 만약 그렇지 않고 시베리아 유배지로 남편을 찾아 가고자 하는 자들은 걸어서 남편을 찾아 가라고 양자택일을 강요하였다. 왕의 제의에 모스크바에 남겠다는 여자들도 있었지만 대부분의 여자들이 남편 곁으로 가는 쪽을 택했다. 모스크바에서 유배지까지는 장장

600km였다. 영하 30~40도의 죽음보다 더 무서운 추위에 많은 여자들이 죽어 나가고 소수의 여자들만 살아 남아 남편과 재회할 수 있었다. 그 여인들 중에 에카트리나라는 여인이 있었다. 그녀가 죽음의 추위를 이겨내고 추위에 지친 몸으로 남편과 극적으로 상봉해 보니 남편은 4kg의 무거운 쇠사슬을 발목에 차고 있었다. 그 여인은 남편과의 포옹대신 남편의 발목을 동여매고 있는 쇠사슬에 키스를 하였다. 얼마나 극적인 장면인가? 그 후 30년이라는 세월이 흐른 후에 그녀의 남편은 사면되었다. 그러나 그 아름다운 여인 에카트리나는 동토의 유배지에서 저 세상으로 떠나고 남편 혼자 자유의 세상 밖으로 나왔다. 부인은 갔지만 그는 이르크추크에 남아 유배문학을 꽃 피웠다. 가치관이란 죽음까지도 초월하는 무서운 힘을 갖는다.

인생을 사는 데는 여러 길이 있다. 왔다 갔다, 갔다 왔다 하지 말고 확고한 가치관을 정하고 흔들림 없는 인생길을 가야 한다. 필자도 세속의 유혹에 흔들릴 때가 많았다. 덧없이 흐르는 세월 따라 인생은 흘러가니 갈 길이 바쁘다. 무엇을 하다가 자연의 부름에 응할 것인가? 삼경에 책상 앞에 앉아 있을 때가 행복한 순간이다. 육체의 한계를 느낄 때 슬프기도 하지만…

서울대학교에 두 사람의 교수가 있었다. 한 교수는 교수로서의 책임과 양심을 돈에 팔아 연구결과를 조작하여 제출하여 구속되었고 실형을 받았다. 한 교수는 다른 교수들과 뜻을 모아 자비로 연구를 하여 진실에 입각한 결과를 제출하였다. 이 교수들 때문에 옥시 사건이 세상에 진실이 알려지고 수사의 급물살을 타게 되었다. 얼마나 대조적인 모습인가? 이들 교수들은 희생자 가족들이 영국 본사를 찾아 갈 때 동행을 하였다고 한다. 이것이 양심이요, 가치관이다. 그 교수들의 희생적인 연구가 없었더라면 사망자만 1,000명에 이른 옥시 사건의 진실이 땅에 묻혀 버리고 말았을 것이다. 그 교수들의 양심과 가치관에 희망을 걸어 본다.

세월호 참사 때 대통령은 TV 앞에서 인양되지 못한 아홉 명의 학생들 이름을 눈물을 흘리면서 일일이 부르고 진실을 규명하겠다고 약속하였다. 그 약속은 어디로 가버리고, 3년의 세월이 흐른 지금에야 겨우 육지로 견인되어 미수습된 어린 학생들의 시신이라도 찾고 침몰의 원인을 규명해야 한다고 외치는 소리가 봄 산천을 메아리 치고 있다.

나는 인간으로 태어나서 무엇을 위해서, 어떻게 살고 있는가를 생각하고 있는가? 또 그것을 실천하며 살고 있는가?

사랑은 … 생명 이전이고
죽음 … 이후 이며 …
천지 창조의 시작이고
지구의 해석자

－에밀리 디킨슨(Emily Dickinson)－

16. 천상천하 유아독존(天上天下 唯我獨存)의 의미

인간, 천상천하 유아독존의 존재: 부처는 태어나서 일곱 발자국을 걸어나가 엄지로 하늘을 가르키며 천상천하 유아독존이라고 외쳤다고 한다. 이는 천상천하에서 제일 잘났다는 뜻이 아니라 천상천하에서 유일무이한 존재라는 뜻이다.

부처가 외친 대로 이 세상에서 나라는 존재는 유일무이한 존재이며 이 세상의 의미는 나로부터 출발한다. 나 없는 세상은 무(無)이다. 나 없는 세상은 아무런 존재 가치가 없다. 내가 있음으로 이 세상은 의미가 있다. 나는 이 세상에서 유일무이의 존재이며 가장 존귀한 존재이다. 세계 70억 인구 중 나는 오직 하나뿐이다.

이 세상에서 오직 하나뿐인 존재인 나는 세상을 무대로 나의 세계를 펼쳐나간다. 이렇게 존귀한 하나하나의 사람들은 의미 없는 일생을 살다가 허무하게 생을 마감한 사람들이 있는가 하면, 자신을 위해서 인류사회를 위해서 빛을 남긴 사람들도 있다.

인류의 역사에서 개인, 개인의 역할이 얼마나 위대한 성을 쌓는가. 피터대제라는 위인이 없었더라면 상트페테르부르크라는 유명한 도시가 탄생할 수 없었을 것이다. 이 도시를 지키기 위하여 2차대전 때 독일과의 전쟁에서 소련인 50만 명이 목숨을 바쳤다.

징키스칸이 태어나지 않았더라면 세계 역사상 가장 강대하고 넓은 몽골제국을 건설할 수 있었을까. 징기스칸은 폴란드를 넘어 러시아까지, 헝가리를 넘어 중앙아시아, 중동의 여러 나라를 정복하였다. 세계 역사상 징기스칸처럼 광대한 영토를 정복한 정복자는 없었다. 정복왕 알렉산더 대왕보다 더 많은 영토를 정복하였다.

세종대왕이 없었더라면 한글이 탄생할 수 있었을까? 이순신이라는 위대한 장군이 태어나지 않았더라면 임진왜란 때 조선의 전세는 어찌 되었을까? 정주영이라는 기업가가 없었더라면 현대라는 대기업을 그 짧은 기간 동안에 세울 수 있었을까. 이러한 사례는 수없이 이어진다. 이렇게 이 세상에 하나뿐인 나는 나의 역사를, 세계의 역사를 창조한다.

명심하라. 천상천하에 하나뿐인 나, 위대한 존재인 나에게 운명의 신은 어떤 역할을 주었는데 무의미한 인생을 보내다가 후회 속에 부평초처럼 생을 마감해서는 안 된다. 유신론의 입장에서 보면 들에 피어 있는 이름 없는 야생화 한 송이도 피어날 의미가 있기 때문에 피어난 것이다. 하물며 인간이 의미없이 이 세상에 던져졌겠는가?

사르트르 같은 무신론자의 입장에서는 우연히 이 세상에 내던져진 존재인 인간은 무(無)에서 출발한다고 한다. 사르트르는 선택과 책임을 강조하였다. 무에서 태어난 인간은 자기의 의지에 따라 인생의 길을 선택하되 그 선택에 대하여 책임을 져야 한다는 것이다. 인생의 길은 운명 플러스 선택이다. 인간의 탄생은 한계상황이다. 인간의 의지로는 어떻게 할 수 없는 선택 불가능의 세계다. 이것을 우리는 운명이라 부른다. 운명적으로 태어난 인간은 인생의 길을 자기가 선택할 수 있다. 불교에서는 인생의 길은 운명 30%, 선택 70%라고 한다. 우리는 선택 70%에 운명을 걸어야 한다. 그리고 선택에는 책임이 따라야 한다. 선택해 놓고 불리하면 책임을 회피하는 인간들이 얼마나 많은가?

천상천하 유아독존의 인간들이여! 정말 살기 어려운 세상이다. 앞에서도 말하였지만 아우슈비츠 수용소에서는 98%의 죄수 아닌 죄수들이 죽어 나갔다. 100명 중 2명만이 살아 남았다. 그 2명에게 물었다. 어떻게 해서 살아 남았느냐고. 최후까지 삶의 의지를 포기하지 않았다는 것이 그들의 답이었다.

선택하라! 살 것인가, 죽을 것인가! 그리고 어떻게 살 것인가를!

다음 시는 아우슈비츠 수용소 벽에 손톱으로 쓰여 있었던 시이다. 그 주인공이 누구인지, 그가 살았는지 죽었는지 아무도 모른다. 2차대전이 끝난 후 수용소를 조사하던 어떤 학자에 의해서 발견된 시이다.

태양이 빛나지 않을 때에도
태양이 있음을
사랑을 느끼지 못할 때에도
사랑이 있음을
신이 침묵 하실 때에도
신이 계심을 나는 믿는다

17. 소통(communication)의 핵심 요소

인간은 함께 사는 존재이다. 함께 살기 위한 가장 중요한 수단은 무엇인가? 대화를 통해 소통하는 삶이다. 소통을 통해서 서로 이해하고 협력하고 사랑하며 공동체를 이루어 사는 것이 인간의 삶이다. 소통 없는 삶이란 동맥경화증에 걸린 삶이다. 동맥경화증에 걸린 사람은 오래 살지 못한다. 효과적으로 소통하기 위해서는 몇 가지 핵심 요소를 이해하고 실천해야 한다.

첫째는 효과적인 지각(perception)이다.

말을 보내는 사람(송신자)이 아무리 값있는 이야기를 하여도 듣는 사람(수신자)이 반응이나 관심이 없고 듣지 않는다면 아무런 의미가 없다. 산중의 메아리도, 바닷가의 파도 소리도, 숲속의 새 소리도, 따뜻한 봄바람 소리도 듣지 않고 느끼지 않는다면 소리는 없는 것이나 마찬가지다. 그래서 가장 효과적인 소통(커뮤니케이션)을 위해 송신자는 수신자들이 귀 기울여 들을 수 있도록 소통을 효과적으로 해야 한다. 듣지 않으면 공자님 말씀도, 부처님 말씀도 허공에 뜬다. 하느님 말씀도 듣지 않으면 말씀은 없다. 송신자는 수신자가 듣게 하라. 그리고 수신자는 들어라.

둘째는 기대(expectation)이다.

탄핵정국에서 대통령의 지지율은 4%까지 사상 최악으로 떨어졌고 국민의 80%는 대통령의 하야를 지지하였다. 대통령은 국민이 자기한테 기대하고 있는 것이 무엇인가를 파악하고 대처해야 했다. 대통령이 국민의 기대를 파악하고 잘 대처하였더라면 탄핵이라는 극한 상황까지 가지 않고, 구속이라는 비극을 겪지 않고도 동정을 받으며 물러날 수 있었을 것이다. 이것이 소통 부재의 비극이다. 이러한 비극은 자신에게서, 부부 간에, 조직생활에서 항상 일어나고 있다. 이러한 소통의 부재 때문에 얼마나 많은 비극이 매일 일어나고 있는가를 생각해 보라. 송신자는 수신자의 기대가 무엇인지 알아야 하고 수신자에게 무엇을 기대하고 어떤 메시지를 보내려고 하는가를 분명히 하여야 한다.

셋째는 요구(demand)이다.

진정한 하나의 소통의 예를 들어보자. 사울이라는 사람은 기독교를 박해했던 사람이다. 사울이 예루살렘에서 다마스로 예수를 잡으러 가는데 갑자기 강렬한 빛이 비추면서 눈이 안보이게 된다. “사울아 왜 나를 핍박하느냐?”하는 말씀이 들리고 사울이 “누구십니까?” 물으니, 예수라는 답변이 들려왔다. 예수는 사울에게 기독교를 핍박하지 말고 개종할 것을 요구했다. 그 후 사울은 눈을 뜨게 되고 개종하여 유명한 사도 바울이 되었다. 소통에는 이처럼 진실이 전제되어야, 용서를 받을 수 있고 사울처럼 바울로 다시 태어날 수 있다.

영화 「서편제」에서 여주인공은 멀쩡하던 눈이 멀게 된다. 억지로 명창을 만들기 위함이었다. 요구란 이렇게 무서울 정도로 강렬한 것이다. 예수는 사울을 사도 바울로 만들기 위해서 그의 눈을 멀게 하고 요구를 들어 주니 눈을 뜨게 하고 사도 바울로 다시 태어나게 하였다.

넷째는 소통과 정보이다.

현대 조직사회는 대립과 상호의존 속에서 생존한다. 네트워크(network)의 세계에서 아프리카 산골마을의 일이 한국의 농촌마을에 영향을 미치고, 남미의 칠레와 자유무역협정을 맺는 것이 오늘의 세계이다(「경영의 지배」, 드러커 참조」).

대립하고 경쟁하고 상호 의존하는 모순의 세계에서 상대방의 정보는 살기 위한 무기이다. 소통을 통해서 정보를 획득하고, 그 정보는 개인이나 조직이 살아가는 무기가 되어야 한다. 현대 정보사회에서 소통은 생존을 좌우하는 가징 핵심적인 요소이다.

18. 운명의 만남

만일 비천한 사생아인 에비타라는 여인이 페론이라는 한 인간을 만나지 않았더라면 그녀의 운명은 어떻게 되었을까. 아마 무명의 이류 배우로 생을 마감했을런지 모를 일이다. 페론을 만남으로써 인생역전이 되어 하층민에서 대통령 부인이라는 최고의 자리에까지 올랐다.

에비타는 사생아였다. 그녀의 아버지는 부유한 유부남으로 다른 도시에 정실 가정을 두고 있었다. 목장을 경영하는 아버지에게 다섯 형제가 있었다. 목장을 경영할 때는 여유 있게 살았는데 어느 날 정실부인이 나타났다. 정실부인 앞에서 그의 어머니는 가정부 취급을 받았고, 그 후 그의 아버지는 정실부인에게 돌아가 버렸고 목장에서 쫓겨나는 신세가 되었다. 그때부터 그의 가족은 천민이 되어 호구를 해결하기 위하여 그의 어머니는 온갖 궂은일을 다하였다. 나중에 겨우 집을 마련하여 독신자들을 하숙쳐서 생계를 유지하였는데 그녀의 어머니는 하숙치는 일에 더해 남자들을 접대한다는 소문까지 돌아 그 소문이 그녀를 가장 비참하고 부끄럽게 하였다고 훗날 술회하였다. 그녀는 이렇게 살아서는 평생 천민의 신세를 면치 못한다고 생각하고 탈출을 시도했다. 어렸지만 그녀는 영특한 데가 있었던 모양이다.

에바는 15세에 부에노스아이레스로 탈출하는 데 성공했다. 어떻게 어떻게 하여 그녀가 얻은 배우 자리는 단역이며 대화가 거의 없는 연극무대였다.

그녀는 남성 중심의 사회에서 성공하기 위하여 성적 매력을 이용했다. 한 연인은 그녀를 연극에 캐스팅했고 다른 연인은 잡지 모델로 일할 수 있도록 도왔다. 그런가하면 라디오 출연할 기회를 만들어 준 연인도 있었다. 이렇게 어렵게 해서 그녀는 부에노스아이레스의 2류 라디오 스타로 부상했다. 그녀의 원대한 꿈이 보이는 듯 했다. 상류층 사람들은 그녀의 촌스런 사투리를 비웃었지만 노동자들은 에비타를 좋아했다.

그러던 중 1944년 한 카페에서 노동부장관으로 임명된 페론을 만났다. 나이가 그녀보다 배가 많았다 그들은 육체보다 정신적 애인이며 동지였다. 페론을 만나고 그녀의 인생은 하늘과 땅 차이만큼 변화가 일어났다. 페론은 노동부장관으로 노조 편에 선다고 투옥되기도 하였다. 에비타는 페론이 투옥되어 있는 동안 노조를 이끌고 페론 석방을 위한 데모의 선봉에 섰다.

페론은 석방되어 가난한 노동자들의 지지를 받아 대통령이 되었다. 가난한 사생아 소녀 에비타는 꿈속에서도 생각 못했던 아르헨티나의 영부인이 되었던 것이다. 만일 어느 날 카페에서의 만남이 없었더라면 그녀의 운명은 어떻게 되었을까.

인간의 역사는 만남으로부터 시작된다. 일생을 살면서 우연이든 필연이든 누구를 만나느냐가 정말 중요하다. 좋은 친구, 좋은 연인을 만나면 의미 있고 행복한 인생을 살 수 있지만 그 반대의 경우에는 어두운 인생을 살 수 있다.

에바는 영부인으로 노동자를 위한 정책을 펴 대통령보다 영향력 있고 추앙받는 여인이 되었다. 그녀는 남편의 정치고문, 매력적인 국제스타, 요부, 국민의 어머니, 가난한 사람들의 옹호자, 그리고 빈민층을 보호하고 여권을 증진시키기 위하여 지칠 줄 모르고 뛰어다녔던 살아 있는 성인이었다. 이렇게 에비타는 영부인으로 있는 동안 다양한 역할을 담당하였다.

7년의 영부인 생활 중 에비타 페론은 1952년 7월 26일 암으로 32세를 일기로 그 꽃다운 나이에 파란만장한 삶에 종지부를 찍게 된다. 인간의 운명은 인간의 것이 아니다. 어떤 보이지 않는 신이 명줄을 쥐고 있는 모양이다. '너는 젊은 나이에 영부인 생활을 7년이나 하였으니 그만하고 세상을 떠나라'고

명줄을 끊어버린 모양이다. 에바의 공식적인 추모의 날이 선포되었다. 영부인의 죽음을 추모하기 위해 전국에서 몰려온 사람들이 거리를 가득 메우는 바람에 부에노스아이레스가 폐쇄되었다. 조문객들의 행렬이 수 킬로미터에 걸쳐 도시 전역에 이어졌다.

도밍고 페론과 에비타(에바페론)

그녀가 간 후 1955년 쿠데타가 일어나 페론 정부가 전복되었다. 국민들의 그녀에 대한 지지가 두려웠기 때문에 그녀의 시신은 군사정부에 의해서 비밀리에 스페인의 공동묘지로 이장되었다. 그 후 26년이 지나 그녀는 다시 조국으로 돌아왔다.

인간은 인간을 필요로 한다. 톨스토이의 말대로 인간은 어떤 사람을 만나느냐에 따라 운명이 좌우될 때가 많다. 에비타는 아르헨티나 노동자들의 우상이었고 어머니였고 최고의 선(善)이었다.

에비타도 하층민 사생아였지만 열정과 꿈이 있었고 불타는 신념과 능력이 잠재되어 있는 카리스마가 있었다. 그녀보다 나이가 배가 많은 페론 부인이 됨으로써 꿈을 실현하고 한을 풀었던 것이나. 에비타는 32세라는 젊은 나이로 불꽃 같은 삶을 살다간 아르헨티나 노동자의 여신이었다.

인간의 역사는 만남으로 이루어진다. 사람들의 삶은 누구를 만나느냐, 어디를 가느냐, 어떤 인간관계를 유지하느냐, 그리고 운명에 따라 결정된다. 에바는 네 가지 것이 들어맞았던 운명의 여인이었다.

그녀는 그 자리에 머물지 않고 인생을 스스로 개척하기로 결심했다. 그리고 아르헨티나의 영부인이 되어서도 자신의 출신을 결코 잊지 않으며 하류층을 돕는 일을 최우선으로 삼았다(「사생아 그 위대한 반전의 역사」에서 참조).

그녀가 영부인이 되어 가난하고 병든 자들을 위로하기 위해서 병원을 방문하여 행한 한 일화를 들어보자.

그녀는 만나는 환자들마다 (그 중에는 나병환자와 매독환자도 있었다) 볼에 입을 맞추었다. 한번은 환자들에게 입을 맞추는 에비타의 모습에 깜짝 놀라 수행원이 그녀의 입술을 소독하기 위해 알코올을 발라 주려고 한 적도 있었다. 하지만 그녀는 알코올 병을 잡아채 벽에 던져 깨뜨려 버렸다. 에바는 말 그대로 성녀였다. 그녀는 살아 있는 마돈나였다. 그녀의 모습을 보는 것만으로도 환자들의 병이 나을 정도였다.

Ⅲ 인생의 길 — 승화의 길

양심이여! 지성이여!
반항하라

– 앙리 발뷰스 –

초등학교를 졸업한 한 아이가 있었는데 그 아이는 중학교를 가고 싶었지만 아버지의 생각은 달랐다. 이 아이는 몸이 허약하고 가난한 농촌 살림에 중학교 보내기는 어려우니 서당에나 몇 철(옛날 시골에서는 농한기인 겨울에 서당을 열어서 동네 아이들 한문 공부를 시켰음) 보내서 동네 반장이나 하면서 농사나 짓게 해야겠다는 것이 아버지의 생각이었다. 이 아이가 몸이 허약한 것은 어머니의 젖이 부족하여 영양실조에 걸렸기 때문이었다. 해방 전후 그 원시적인 가난한 농촌에서 어머니의 모유를 대신하여 영양을 보충할 우유제품이 없었기 때문에 이 아이는 단식연습을 태어나자마자 하기 시작하였던 것이다.

이 아이는 초등학교를 졸업하고 아버지의 손에 이끌려 동네서당에서 한문 공부를 하게 되었다. 겨울 한 철에 「명심보감(明心寶鑑)」과 「소학(小學)」을 배우고 「논어」도 공부하였다. 초고속 공부였다. 아버지의 강요로 서당에 다니기는 하였지만 중학교에 가야 한다는 생각은 마음속에서 떠나지 않았다. 중학교를 다니지 못하고 서당 공부로 끝나고 만다면 영원히 섬 구석에서 가난한 농부나 어부로 일생을 마쳐야 된다고 생각하니 전신에 경련이 일어나곤 하였다 섬을 탈출하기 위한 길은 중학교 가는 길이라 생각하고 중학교를 가기 위한 투쟁을 시작하였다. 때로는 단식투쟁도 하고, 아버지에게 읍소도 하고, 작대기로 엉덩이를 맞아 가면서 투쟁, 투쟁을 계속하여 마침내 중학교를 가도 좋다는 허락을 받아 내었다. 때는 6.25 전란시라 섬 시골의 형편은 말이 아니었다. 문자 그대로 원시생활이나 다름이 없었다. 그런 가난한 형편이었기에 아버지로부터 허락을 받은 날 밤은 섬을 벗어난다는 기쁜 마음도 들었지만 기쁜 마음은 잠시 집안 형편을 생각하니 이렇게까지 해서 꼭 중학교를 가야 하나 하는 생각이 들어 두렵고 식구들에게 미안하고 왠지 외로움이 엄습하였다. 때때로 삶이 너무 고달플 때는 초등학교만 졸업하고 섬에서 농사도 짓고 고기도 잡으면서 가난을 즐기며 섬 색시와 함께 살았으면 행복하지 않았을까하고 가끔 생각해 본다. 이 세상에서 제일 행복한 사람은 남태평양 야자수 그늘에 앉아 바나나 입에 물고 십만 달러짜리 미소 짓고 앉아 있는 남태평양 어느 원주민이라고 읊은 어느 시인의 글이 생각날 때가 있다.

그 서당에서 공부했던 '족이부족 상부족(足而不足 常不足), 부족지족 매유여(不足之足 每有餘)'라는 경구가 세월이 가고 인생이 가서 황혼의 언덕에 올라서니 인간의 삶에 얼마나 중요한 의미를 부여하는가를 깨닫게 되었다. 그 때는 철없을 때라 무관심했는데 지금 와서 생각하니 탐욕의 진흙탕 싸움 속에 살고 있는 인간에게 들려주는 중요한 교훈이다. 넉넉하지만 부족하다고 생각하면 언제나 부족하고, 부족하지만 넉넉하다고 생각하면 언제나 여유 있는 삶을 누릴 수 있다는 내용이다. 탐욕에 병든 인간들에게 들려주는 깨우침의 종소리다. 탐욕은 인간에게 씌워진 멍에다. 인간은 탐욕의 욕망에서 벗어나지 못하고 끊임없이 욕심을 추구하다가 불행을 당하는 수가 많다. 탐·진·치(貪瞋痴)라는 삼독은 인간에게 씌워진 그물이다. 심산유곡에서 수도하는 수도승이야 탈 속세하고 살지만 속세의 인간들이야 이 탐진치의 포로가 되어 몸부림치다가 자연의 부름에 고달픈 현생을 떠나가는 인생이 아닐까 한다. 우리 인간은 이 '탐진치'에서 완전히 벗어날 수 없다. 깊은 산중의 스님도 이 '탐진치' 때문에 몸부림치고 있는 것이 아닐까? 면벽 수도하는 그 많은 스님들 중 과연 몇 명이나 이 '탐진치'에서 완전히 벗어나 득도하였다 할 수 있을까? 속인들은 '탐진치'를 적당히 조절하면서 사는 것이 현명한 길이 아닌가 한다. 어떤 기록에 의하면 수십만의 수도승이 득도를 향해 정진하였지만 정작 깨달았다는 스님은 20명 내외라고 한다. 이 얼마나 어려운 일인가? 불교에서는 성불하자가 인사인데 부처가 되었다는 사람은 아직 출현하지 않은 듯 하다.

C라는 그룹의 회장은 비자금 조성, 세금포탈 등의 혐의로 실형을 받고 병고에 신음하며 신장이식 수술까지 받고 갖은 고통 속에서 세월을 보내고 있다고 한다. 그의 80대 노모가 아들 사건의 충격으로 병원에 입원하여 의식이 왔다 갔다 하는데, 그가 어머니를 문병 가서 하염없이 회환의 눈물을 흘렸다고 한다. 불효자식 탓에 어머니가 저렇게 되었다고… 불행한 일이다. 그런 고통 속에 살면 남산만한 황금궁전에 산들 무슨 의미가 있겠는가. C그룹의 회장은 8.15 특사로 사면이 되었다. 그의 감옥생활이 헛되지 않고 카네기나 록펠러 같은 기업인으로 다시 탄생하기를 기대해 본다. 그는 휠체어를 타고 그룹 행사에 나타나 미래 그룹의 청사진을 펼쳐 보였다. 좋은 모습이었다.

자본주의 사회는 탐욕의 사회다. 자본주의 사회는 비교의 사회다. 자본주의 사회는 경쟁의 사회다. 사람들은 소형차를 사면 중형차를, 중형차를 사면 대형차를, 대형차를 사면 명차를, 명차를 사면 명차 중에 명차를 원한다. 청와대에 근무하는 어떤 높은 분은 공직자 재산 신고 때, 자동차를 한 대도 신고하지 않았는데, 그가 사는 아파트 경비실에는 외제차 세 대 등 모두 다섯 대가 신고 되었다고 한다. 탐욕은 탐욕을 낳는다. 부정, 부패, 사회악이 범람하여 사회는 악의 소굴로 변하고 인간은 괴물로 변하고 있다. 우리는 깨어나야 한다. 인간의 의식구조는 어린 시절 어떤 교육을 받았는가에 큰 영향을 받는다고 한다. 어린 시절 서당에서 공부했던 '족이부족 상부족 부족지족 매유여(足而不足 常不足 不足之足 梅有餘)'라는 교훈 덕분에 때로는 탐욕의 수렁에 빠지기도 하지만 삼독의 탐욕에서 벗어나야겠다는 의지라도 불태우며 살고 있는 듯하다. 승화의 철학을 어릴 적 서당에서 배웠지만 그 참 뜻을 공자의 나이가 되어서야 깨닫게 되었다.

미국에서 악덕 기업인에서 존경받는 기업인으로 행복한 인간으로 변한 모습을 보자. 이것이 어리석은 인간이 승화한 모습이라 할 수 있다.

석유재벌 록펠러의 두 인생

석유왕 록펠러는 돈버는 방법밖에 몰랐던 수전노였다. 그는 악덕 기업주로 악명을 날리며 53세에 미국 석유시장의 95%를 점유하였다. 그는 어떤 사람인가.

그는 수만 달러의 화물을 선적한 화물선에 불과 150달러의 보험도 들지 않았다. 그런데 그날 밤 갑자기 폭풍우가 몰아쳐 그는 놀란 나머지 밤중에 부하직원을 시켜 보험에 들도록 하였다. 화물선은 다행히 침몰하지 않고 뉴욕항구에 도착하였고, 록펠러는 공연히 보험을 들었다고 후회를 거듭한 사람이었다.

그렇게 살다보니 그는 53세에 머리가 빠지고 시력이 나빠지고 당뇨에 걸려 죽음에 이르게 되었다. 그가 할 수 없이 의사를 찾아갔다. 의사는 살고 싶으면 다음의 사항을 지키라고 처방을 내려준다.

1) 번민에서 해방될 것
2) 휴식을 취하고 적당한 운동을 할 것
3) 식사를 조절할 것
4) 사회에 기여할 것

그는 의사의 처방을 지키기로 결심하고 록펠러 재단을 설립하여 자선사업을 시작했다. 그가 얼마나 악명 높은 기업인이었는지 병원에서도 학교에서도 그의 자선기금을 거부하고 그를 규탄하는 집회를 열고 언론은 매일 그를 비난하였다. 그러나 그는 자선을 계속하였다. 마침내 미국사회도 그를 이해하고 받아주기 시작했다. 그리하여 록펠러 재단은 미국에서 가장 큰 자선재단이 되었고, 록펠러는 가장 훌륭한 자선사업가가 되었다.

그는 돈의 포로에서 벗어나니 스트레스에서도 해방되어 98세까지 건강하게 살았다. 53세에 죽을 사람이 45년을 더 살면서 보람 있고 존경받는 인생을 살다 가게 되었다.

2017년 겨울 한국에서 일어나고 있는 사태를 보라. 권력 때문에 돈 때문에 인생을 망치고 나라를 망치고 있다. 인간으로서 기본적인 가치관조차 없는 사람들이 나라를 흔들고 있다.

페이스북 창업자 저커버그라는 31세 청년이 52조원을 사회를 위해서 기증하여 미국뿐만 아니라 전 세계에 신선한 충격을 주고 있다. 높은 곳을 향하여 가되 오늘 현실에 만족할 줄 알아야 한다. 소형차를 타도 행복한 사람이 있고 대형차를 타도 불행한 사람이 있다. 보리밥에 웃음이요 쌀밥에 눈물이라는 할머니가 들려준 교훈이 생생하게 생각날 때가 많다.

사자(死者)는 떠나는 수의에 주머니가 없다. 갈 때는 맨손으로 가기 때문이다. 인간은 자기 인생의 조각가이다. 인생의 조각은 하루 아침에 완성되지 않는다. 소형차에 만족하고 노력해서 중형차를 타면 중형차에 만족하면서 명차를 지향하는 삶이 필요하다. 탐욕 때문에 일어나는 비극이 너무 많다. 공유경제(shard economy)가 자본주의 종주국이라 할 수 있는 미국사회의 이슈가 되어 있고 날로 빈부의 격차가 심해지는 자본주의 사회의 화두가 되어 있다. 날로 계층의 격차가 심해지는 한국사회, 그 어느 사회보다 공유경제의 실천에 앞장서야 할 때다.

탐욕의 허욕에 인생을 망쳐버린 이야기를 들어보자.

유명한 단편소설, 모파상의 「진주목걸이」 이야기이다. 가난한 하급관리인의 아내 마틸드는 화려하게 살기를 원했지만 너무 가난하여 한탄하며 살았다. 어느 날 남편이 파티에 같이 가자고 하였다. 남편은 꽃 한송이 달고 가자고 하였지만 그녀는 친구에게서 다이아 목걸이를 빌렸다. 파티에서는 인기가 있었지만 오는 길에 그만 그 목걸이를 잃어버리고 말았다. 그녀는 전 재산을 처분하고도 모자라 빚까지 내어 진주목걸이를 사주었다. 진주목걸이 때문에 진 빚을 갚기 위해 10년 동안 궁핍한 생활을 한 마틸드는 10년 만에 우연히 그 친구를 거리에서 만났으나 친구는 그녀를 알아보지 못했다. 심신이 피곤해서 너무 늙어버렸기 때문에… 목걸이 때문에 인생이 폐허가 되었다고 들려주자 그 친구는 말한다. 그 목걸이는 가짜였다고.

모파상은 인간의 허영으로 인한 파멸을 말해주고 있다. 목걸이를 빌리지 않았더라면 …. 그러나 인생에 '만약에'라는 말은 가슴을 태우는 후회의 병이다.

"알 수 없지. 인생이란 묘하고 허망한 거야. 대수롭지 않은 일이 파멸을 가져오기도 하고 구원해 주기도 해."

「진주목걸이」의 대사의 한 구절이다.

'족이부족 상부족 부족지족 매유여(足而不足 常不足 不足之足 每有餘)'라는 교훈을 생각하며 지혜로운 삶의 길을 열어가자.

인생의 두 가지 명제는 사랑과 일이다. 사랑을 잃어버린 사회, 일터를 잃어버린 사회에서 우리는 방황하고 있다. 인생을 살아 보니 인생의 길은 사랑, 승화, 창조라는 세 가지 길로 요약할 수 있다. 인생을 사는데 승화의 문이 없다면 사방이 막힌 문 없는 방에서 사는 것과 같다.

쥐를 대상으로 실험을 하였는데 한 무리의 쥐는 사방이 막힌 우리에서, 한 무리의 쥐는 바늘 구멍만한 구멍 뚫린 실험실에서 살게 했다. 구멍 뚫린 실험실에서 산 쥐가 일주일을 더 살았다는 실험결과가 나왔다. 바늘 구멍은 쥐에게 삶의 희망이었던 것이다. 인간사에 있어서 승화라는 단어는 희망을 뜻한다. 희망이 없는 삶은 곧 절망이요, 절망은 죽음을 말한다. 왼쪽 문이 막히면 오른쪽 문을 만들어 나가는 것이 승화라는 인생의 길이다.

1. 천지불인(天地不仁)의 교훈

노자(老子)는 천지불인(天地不仁)이라는 특별한 교훈을 후세에게 주고 떠났다. 하늘과 땅은 우리 인간에게 인자하지 않다는 교훈이다. 우리가 살고 있는 우주도 하나의 거대한 생명체다. 이 생명체는 그의 생명을 유지하기 위하여 운동을 한다. 그 운동이 폭풍우로, 지진으로, 가뭄으로, 홍수로 변화를 거듭하면서 인간생활에 막대한 영향을 준다. 2002년 대홍수 때 우리나라에서도 300여 명의 무고한 사람들이 목숨을 잃었고 많은 재산을 잃었다. 2005년에는 유난히도 지구가 대로했던 해였다. 인도네시아의 쓰나미라는 지진해일, 미국 남부를 휩쓴 카트리나라는 허리케인, 파키스탄의 지진으로 얼마나 많은 사람들이 목숨을 잃고 고통을 받았는가? 2010년은 지구촌 재앙의 해였다. 아이티, 칠레, 중국, 터키에서 크고 작은 지진이 계속 일어났고 이상 기후가 지구를 흔들었다. 2015에는 봄이 오자마자 일본, 에콰도르에서 지진이 일어나 지옥을 방불케 하였고, 2016년에는 전 세계적으로 기상이변이 일어나서 전 지구가 몸살을 앓고 있다. 한국도, 말복이 지나서도 기온이 섭씨 35.6도를 넘나들며 전국을 찜통으로 만들어 놓고 있다. 사람들은 더위를 피하기 위하여 몸부림을 치고 있다. 또한 천년 고도 경주에 5.8 강도의 지진이 일어나 주민들을 불안과 공포에 떨게 하였다. 경주의 지진 공포가 가시기도 전에 포항에 지진이 일어나 주민들의 고통은 경주지진 이상이었다. 이상기후로 전 세계가 몸살을 앓고 있다. 미국 애리조나는 기온이 40도에서 50도를 넘나든다고 한다. 우리나라도 6월부터 7, 8월의 폭염이 계속되었다.

우리는 한탄한다. '하늘도 무심하다. 하느님은 어디에 계시는가…'그러나 하늘과 지구라는 자연이 인간의 삶을 생각이나 하겠는가. 자연은 자연의 법칙에 따라 운동할 따름인데 어리석은 사람들이 하늘과 땅을, 때로는 하느님을 원망한다.

하늘과 땅이 우리 인간에게 인자하고 사랑을 베풀며, 보호하기 위해서는 어떻게 해야 하겠는가. 하늘과 땅은 인간의 어머니이다. 어머니의 사랑을 받기 위해서는 낳아준 어머니를 보호해야 한다. 어머니인 자연을 보호하고 자연을 사랑하면 자연도 인간을 사랑하고 보호하게 된다. '사람은 자연보호, 자연은 사람보호'라는 자연보호 구호가 있지 않는가. 지구 기상이변은 어디서 왔는가. 그것은 인간이 지구 온난화 현상을 일으켰기 때문이다. 이상기후의 원죄는 우리 인간에게 있다.

역천자 망 순천자 흥(逆天者 亡 順天者 興)이라는 진리를 인간들이 지키지 않고 편리의 문명을 위해서 자연을 파괴했기 때문에 기상이변의 벌을 받고 있는 것이다.

인간의 사회에 있어서도 천지불인의 진리를 적용할 수 있다. 남편도, 마누라도, 동료도, 학생들도, 다른 사람들도 하늘과 땅과 같이 냉정하다. 그들이 나를 사랑하도록 내가 먼저 사랑을 주어야 한다. 인간의 진정한 삶은 주는 삶이다. 가치 있는 삶을 산 사람들은 모두 주는 삶을 산 사람들이다. 하늘과 땅이 인자하지 않는 것과 같이 인간사회에서도 가만히 앉아서 나에게 인자하기를 바라기만 한다면 사랑과 보호를 받을 수 없다.

천지는 냉정하다. 인간을 봐주지 않는다. 자연의 법칙에 따라 생명운동을 할 뿐이다. 인간도 인간사회의 법도에 따라 냉정해야 한다. 인간사회의 평화와 정의, 안녕을 위해서 부정부패, 각종 사회악을 막아야 하는데 그 길은 인간 스스로 만들어 가야 한다. 한국사회에서 천지불인의 교훈을 가장 냉정하게 지켜야 할 사람들은 바로 지도층이라는 사람들인 바, 그들은 냉정을 잃고 연고주의의 포로가 되어 나라를 망치고 있다.

구엔 지압 장군의 위대한 전략

베트남의 명장 구엔 지압 장군은 베트남전쟁에서 농민군으로 편성된 오합지졸의 군대와 보잘것 없는 재래식 무기로 어떻게 세계최강의 미군을 제압할 수 있었을까? 그는 전쟁의 범위를 베트남에 국한하지 않았다. 그는 미국의 문화와 여론의 변화, 미국의 정치계와 TV가 사회적으로 미치는 영향을 연구하여 다음과 같은 전략을 세우고 거인 미국을 베트남에서 몰아냈다.

첫째, 전쟁터의 범위 확대: 전쟁터의 범위를 베트남에 국한시키지 않고 미국 본토로, 세계로 확대

둘째, 미국에 대한 철저한 연구: 미국의 문화, 시민의 여론, 정계, TV의 영향에 대해서 연구

셋째, 첨단 미국의 군사력을 무력화시킬 원시적 전략 활용: 농민군으로 밀림과 지하땅굴을 이용하여 전략물자 수송, 미국의 폭격기에 노출되지도 않았고 베트남의 군수물자 수송루트는 전쟁이 끝난 후에도 미국은 알지 못하였음.

넷째, 프랑스를 퇴패시킨 디엔비엔에프(DNBNF) 전쟁 경험 활용

반면, 미국의 전략가들은 베트남에 대한 문화의 이해는 접어두고 공산주의를 막아야 한다는 강박관념에 사로잡혀 그들의 종교와 문화가 전투방식에 얼마나 영향을 주는가를 간과하였다. 베트남전 전략의 대실수였다.

모택동이 공산혁명 전쟁 시 중국의 무게 중심을 농민에게 두었듯이 미국의 무게 중심을 시민들의 정치적인 지원에 두었다. 2차대전 때처럼 미국 국민이 군대와 정부를 지지한다면 이기기 어렵다고 판단하였다. 전략적 의사결정은 승리의 전기를 마련한다. 그는 1968년 1월 구정공세를 일으켰다. 사이공을 기습하여 정부관청과 미국 대사관까지 포격을 하고 일시 점령하였다. 지압 장군도 많은 병사를 잃었지만 남베트남과 사이공, 그리고 미국은 큰 혼란에 빠졌다. 미국 대사관의 공격받는 모

습, 사이공의 혼란이 미국의 시민들에게 여과 없이 방영되었다. 당시 북베트남은 전쟁을 수행할 수 없을 정도의 절망적 상황이었다. 만일 미국이 북베트남의 정보를 알고 북폭을 계속하였더라면 베트남은 무너졌을 것이라는 것이 전략연구가들의 결론이다. 구정공세 이후 미국의 여론은 반전으로 돌아섰다. 미국은 민주주의 나라이자 여론의 나라임을 간파하고 이를 적절히 활용하여 베트남에서 미국의 심장부를 공격한 것이다. 그의 전략은 적중하여 공룡 미국은 손을 들었다. 미군이 후퇴할 때 베트남에 버리고 도망간 무기가 50억 달러 상당이었다고 한다.

여기에서 특별히 밝히고자 하는 바는 중국에서 트럭과 라디오, 무기 등을 공급해 주겠다고 제안하였으나 거절하였다. 그는 중국을 그들의 덫이라고 생각하였으며 자신이 가지고 있는 것을 최대한 활용하는 쪽을 택했다. 승리를 가져오는 것은 무엇을 가지고 있느냐가 아니라 그것을 어떻게 사용하느냐가 문제다. 화력이 우세한 쪽은 장비에 의지하기 때문에 정신적으로 나태해지기 쉽다.

위 사례에서 얻을 수 있는 교훈은 적보다 가진 것이 적다고 해서 절망할 필요는 없다는 것이다. 가난하고 가진 것이 적은 이들이 더 창의적이며, 더 즐겁게 사는 경우도 있다는 점을 명심해야 할 것이다(「전쟁의 기술」, 로버트 그린 참조).

또한 위의 이야기를 수평적 사고로 다시 한 번 생각해 보면 미국이 북폭을 감행할 때, 한편으로는 협상하면서 한편으로는 북폭을 계속했더라면 베트남에서 미국은 보다 명예로운 후퇴를 했을런지도 모른다. 여론에 밀려서 북폭을 중단하여 숨통을 열어준 것이 문제였다. 다 잡은 쥐를 놓치는 경우를 중요한 역사적 사건에서 종종 볼 수 있다.

지압 장군은 군사교육이라고는 한 시간도 받지 않은 사람이었다. 그의 삼불(三不)전략은 유명하다.

적이 원하는 장소에서 싸우지 않는다.

적이 원하는 때에 싸우지 않는다.

적이 원하는 방법으로 싸우지 않는다.

2. 학습은 인간을 혁명시킨다

학습은 인간을 혁명시키는 제일의 수단이다.

만일, 인간이 문자를 발견하지 못하고 태어난 그대로 살았더라면 원시

상태를 벗어나지 못했을 것이다. 인간은 학습을 통해서 자신을 혁신시키고 사회를 혁신시킨다. 지혜의 세계를 창조하고 지혜를 축적시켜 인류사회를 발전케 한다. 동물의 세계는 지혜의 축적이 없다. 그 결과 동물의 세계는 발전이 없다.

모택동은 사범학교를 졸업하고 초등학교 교사를 지낸 정말 평범한 청년에 불과하였는데, 장개석이 이끄는 정규군 50만을 격파하고 1949년 10월 천안문광장에 붉은 깃발을 꽂았다. 그 경이적인 승리는 어디서 나왔을까. 이유는 끊임없는 학습을 통해서 위대한 전략가로 변신하였기 때문이었다. 모(毛)는 독서를 시작하면 피곤함을 모르는 강인한 사람이었다. 한번 책을 들면 잠자는 것이나 밥먹는 것을 잊은 것은 다반사였다. 그는 업무를 보면서도 최대한 시간을 내어 독서를 하였다. 모택동의 게릴라 전략은 거의 독서를 통해서 정립된 것이었다. 그는 다방면에 걸쳐서 독서를 하였지만 그의 게릴라 전략은 거의 중국 고전에서 나온 것이었다. 무위자연(無爲自然)의 사상이 모택동 전략의 원천이었다. 모택동은 장개석과 싸우면서도 어떤 동네를 점령하면 먼저 도서관을 찾아 책을 가져올 정도로 독서광이었다.

모택동 전략의 핵심을 보자. "당신들이 우리와 싸우고자 해도 우리가 대응하지 않으면 당신들은 우리를 찾지 못한다. 하지만 우리가 당신들과 싸우기를 원하면 당신들은 우리를 피하지 못한다. 우리는 당신들에게 치명타를 날리고 전멸시켜 버린다. 적이 진격해 오면 후퇴하고, 적이 야영하면 습격한다. 적이 지치면 공격하고, 적이 후퇴하면 추격한다." 이와 같은 모택동의 게릴라 전략은 중국의 고전에서 나왔으며, 국민당 군과의 전투의 좋은 예가 일본군 퇴각 후 만주에서의 전투이다.

2차대전이 끝나고 중국대륙에서 일본이 물러나자 장개석의 국민당과 모택동의 공산당의 싸움이 벌어진다. 중국대륙의 대부분을 통치하고 있던 장개석은 중국대륙에서 공산당의 뿌리를 뽑아야겠다고 벼르고 있었다. 반면 모택동은 일본군이 퇴각한 만주 일대를 겨우 차지하고 있었다.

장개석의 전략: 장개석은 최정예 부대를 만주에 파병하기로 결심하였다. 만주의 주요 도시를 점령하고, 이를 근거지로 북부 산업지역에 세력을 확장하

고 공산당을 일소할 심산이었다. 일단 만주를 점령하면 공산당은 붕괴되리라 예견하였다.

양 진영의 싸움: 1945년과 1946년에 이러한 계획은 완벽하게 진행되었다. 국민당은 만주의 주요 도시를 쉽게 점령하였다. 국민당이 압박을 가하자 공산당은 만주의 산간벽지로 흩어졌다. 공산당은 게릴라 전법으로 국민당군을 괴롭혔지만 공산당군은 소규모로 흩어져 있어 공격하기가 쉽지 않았다. 공산당은 마을을 점령한 후 몇 주 지나지 않아 물러나고 하는 식이었다. 전위나 후위 부대도 없이 한곳에 머무르지도 않고 교묘하게 형체도 없이 움직였다.

모택동의 본격적 전략: 모택동의 진짜 공격의 모습이 드러나기 시작했다. 국민당은 쓸모없는 땅을 공산당이 차지하도록 내버려 두고 도시를 점령하였는데, 공산당은 쓸모없지만 넓은 지역의 공간을 활용해 그 도시를 포위하기 시작했다. 장개석이 한 도시에서 다른 도시를 지원하기 위해 군대를 파병하면 공산당은 지원병을 포위, 공격했다. 장개석의 군대는 소규모 단위로 쪼개져 고립된 채 서서히 허물어져 갔고 보급로와 통신도 차단되었다. 국민당의 화력이 아무리 월등하다 하여도 움직일 수 없다면 무슨 소용이 있겠는가? 공포가 국민당 군대를 뒤덮었다. 물처럼 유연하고 신속하게 움직이는 적이 사방에서 돌진해 오자 병사들은 도시에 틀어박힌 채 지켜보기만 할 뿐이었다. 족히 수백만 명은 되는 것 같았다. 공산당은 성치선선을 무차별적으로 퍼부어 사기를 떨어뜨리고 정신을 황폐화시켰다. 국민당은 정신적으로 굴복하기 시작했다. 고립된 도시들은 공격하지 않아도 스스로 붕괴되었다. 1948년 11월, 국민당은 공산당에게 만주를 넘겨 주었다. 군대, 전쟁의 물량 모든 것이 우세했던 국민당에게는 치욕적인 일이었으며 전쟁의 승패에 결정적인 일격을 가한 것이었다.

컴퓨터 황제 빌 게이츠는 독서광으로 유명하다. 그는 이렇게 고백하였다. "나의 오늘이 있게 한 것은 하버드 대학도 아니요, 어느 유명한 교수의 가르침도 아니요, 동네의 조그만 도서관이었다." 그는 하버드를 자퇴하고 나와서 세계 제일의 기업인이 되었다.

OECD 국가 중 우리나라 사람들이 가장 독서를 하지 않는다고 한다. 1년에 책 한 권도 읽지 않는 사람들이 많다고 한다. 정부에서는 독서를 장려하기 위해 지원정책을 내 놓았다. 의미 있는 인생을 살고 인생의 후반부를 후회 없이 살기 위해서는 인생이라는 열차여행을 책과 더불어 하여야 하지 않을까 생각한다. 끊임없는 학습을 통해서 사상을 정리하고 사상을 실현할 수 있는 비전을 설계하고, 비전의 실천을 통해서 의미 있는 인생을 사는 것, 이것이 인간으로서 살아가는 알파요, 오메가의 길이 아닌가 한다. 더욱이 현대인은 4차 산업혁명의 시대에 살고 있다. 4차 산업혁명은 지식혁명을 전제로 한다.

3. 오드리 헵번의 두 얼굴

오드리 헵번은 세상에서 가장 아름다운 여인이라고 칭송을 받은 여인이다. 세계의 모든 남성들을 뇌살시켰던 여성이었다. 「로마의 휴일」과 「티파니에서의 아침」을 통해서 20세기 은막의 여왕으로 등장했다. 세기의 미녀, 화려한 여왕 오드리 헵번도 사생아로 태어나 영양실조에 걸려 쓰러지기도 하였다. 찢어지게 가난했던 헵번은 세기의 배우가 되면서 돈방석에 앉게 되었다. 그렇게 화려하게 살았던 그녀가 59세에 유니세프(UNEICEF) 홍보대사가 되어 아프리카로 가면서 그녀의 인생에 획기적인 변화를 가져오게 되었다. 그녀는 아프리카에 가서 빈민구제 사업을 하였다. 특히 가난한 어린이들의 구제사업에 몰두하였다. 아프리카에서 빈민구제 사업에 몰두하다가 과로로 암에 걸려서 회복하지 못하고 64세 아직 젊은 나이에 세상을 떠나고 말았다. 여기에 헵번의 두 사진을 실었다.

하나는 젊은 시절 너무도 아름다운 모습이요, 하나는 60이 넘어 암에 걸려 빈민구제 사업을 할 때의 초췌한 모습이다. 그녀의 젊은 시절은 그 시절대로 아름답지만 더 감동적이고 더 아름답게 보이는 사진은 아프리카에서의 홍보대사 시절 모습이 아닌가 한다. 인간은 보이는 아름다움도 물론 중요하지만 보이지 않는 아름다움은 더욱 아름답고 후세에게 시사하는 바가 크다.

아무리 아름다운 모습도 세월이 가면 세월의 이랑이 생겨 늙고 병들고 죽는다. 그레타 가르보처럼 늙어가는 모습을 감추기 위하여 모자를 깊숙이 눌러 쓰고 자폐증 환자처럼 살아야 할 것인가. 오드리 헵번처럼 늙음도 병도 받아들이며 자비의 인생을 살아야 할 것인가는 각자의 가치관의 문제이다. 인간의 가치관은 소외된 자를 위한 사회화에 역점을 두었을 때 더욱 빛난다.

헵번은 진정한 아름다운 인생이 무엇인가를 우리에게 선물하고 떠났다.

> 한 동안 빛나는 배우로 살아가긴 싫다.
> 외모가 아니라 마음이 아름답고 싶다.

그녀가 남기고간 명언이다.

그녀는 아름다운 유산을 남기고 떠났다. 육체와 마음이 그렇게 아름다웠던 미인도 사생활은 그렇게 행복하지 못했다. 두 번이나 결혼에 실패하고 세 번째 남자를 만났는데, 그 남자와는 불타는 사랑은 아니었지만 이해와 동반자로 살았다고 고백하였다. 그녀의 아들도 어머니를 따라 봉사활동을 하며 인생을 살고 있다. 그는 세월호 참사를 잊지 못하고 먼 곳 진도까지 찾아와 세월호 기념공원을 조성하기도 하였다.

4. 희망을 잃어버린 사람들에게

세상이 살기 어렵다. 40대 사망률 세계 1위 OECD 국가 중 자살률 세계 1위가 어느 나라일까? 불행히도 한국이라는 나라다. 공무원시험, 기업체시험에 100대 1, 200대 1 하는 나라가 어느 나라일까? 한국이라는 나라다. 4년제 대학에 다니는 학생들이 스스로 유급하여 7학년, 8학년 다니는 나라가 있는데 그 나라가 바로 한국이라는 나라다. 대학생 57만 명이 스스로 유급을 하고 18만 명이 자퇴를 하였다고 한다. 이 얼마나 참담한 현실인가.

영등포 노량진 고시촌에서 9급 공무원시험을 보기 위해서 7, 8년을 감옥 같은 방에서 보내며 천원짜리 식사로 아침을 때우고 젊음을 불태우고 있는 청년들을 보면 가슴아프기 그지없다. 지방이 고향인 어느 청년이 8년만에 소방관 시험에 합격하였는데, 서울까지 달려와서 아들을 껴앉고 감격해 하는 어머니의 모습을 보고 눈물이 고인 적이 있다. 그 고시촌에서 공부하는 청년들에게 김밥을 1,000원씩에 제공하며 봉사하고 있는 어느 김밥집 아주머니의 다음과 같은 탄식은 가슴을 아프게 한다. "처음에 학생들이 들어왔을 때는 눈동자가 살아 있는데 3년쯤 지나면 눈동자가 멍하니 죽어 있다." 나라를 경영한다는 잘난 위인들이여! 5,000만 국민들이여! 이 아주머니의 말을 들으며 무슨 생각들을 하는가.

340만의 청년들이 일터를 구하지 못하여 거리를 방황하고 있다. 큰일이다. 슬픈 일이다. 나이 많은 세대의 입장에서 위로할 말이 없다. 그렇다고 포기하면 안 된다. 학업도 취직도 포기하고, 연애도 결혼도 포기하는 젊은 세대들이 늘어나고 있다고 한다.

포기는 인생 자체의 포기요, 죽음이다. 처칠은 옥스퍼드 대학 졸업식 축사에서

> 포기하지 마십시오(Never give up!).
> 포기하지 마십시오(Never give up!).
> 포기하지 마십시오(Never never give up!).

"포기하지 마십시오"를 세 번 외치고 하단하여 큰 감명과 많은 박수를 받았다. 그렇다고 무조건 포기하지 않으면 무얼 어떻게 하겠다는 건가. 신념과 믿음을 가지고 인생을 개척해 나가면 희망의 빛이 찾아오리라 믿는다.

첫째, 우주는 육체를 덮고 마음은 우주를 덮는다는 위대한 명제가 있다. 인간은 무한한 상상력의 소유자다. 이 상상력은 마음은 우주를 덮는다는 우주보다 광대한 무한한 마음에서 나온다. 이 상상력은 인간의 무한한 능력을 말

한다. 당신에게 위대한 능력이 있다고 믿어라.

둘째, 릴케는 시인이 되고자 하는 젊은이들에게 다음과 같이 호소하였다. "밤중에 뜰에 나가 가슴에 손을 얹고 나는 시인이 될 자격이 있는 인간인가?" 라고 자신에게 물어 보라고… 릴케의 충고처럼 두 번, 세 번, 백 번 물어보고 갈 길을 정하라. 낙엽이 우수수 지는 달밤에 길을 잃고 날아가는 길 잃은 기러기가 되지 말고 자기 길을 찾아야 한다.

셋째, 길을 찾았으면 방황하지 말고 인생을 걸어라. 인생의 길을 가는 데는 장애물이 많다. 인생은 봄 동산의 산보객이 아니다. 산 넘고, 강을 건너 목적지를 찾아 가는 고행의 길이 인생길이다. 고통 없는 영광은 없다. '풍상은 자연을 아름답게, 시련은 인간을 아름답게'라는 인생의 구호를 잊지 말자. 마젤란은 해도에도 없는 망망대해를 180일 동안 항해하여 필리핀을 발견하였다. 그 후 필리핀은 333년간 스페인의 식민지가 되었다.

넷째, 희망을 버리지 말자.

어려움이 닥치고 모든 일이 어긋난다고 느낄 때, 이제 1분도 더 견딜 수 없다는 생각이 들 때 그래도 포기하지 말라. 바로 그때, 바로 그곳에서 다시 기회가 올 것이기 때문이다(「톰 아저씨의 오두막」에서).

헤밍웨이의 「노인과 바다」에서 주인공 노인은 낚시에 걸린 고기와 사투를 벌인다. 84일 동안이나 그 노인은 끝까지 낚시대를 놓지 않고 고기와 싸우면서 외친다. "희망을 포기하는 것은 부끄러운 일(It is silly not to have hope)이다. 그것은 죄악!(It is sin!)"이라고.

희망은 생명을 이어주는 끈이다.

K.F.C를 창업한 사람은 당시에는 생을 마감할 나이인 64세였다. 지금은 전 세계적으로 지점을 두고 있고 그 치킨 맛은 누구도 흉내내지 못한다. 필자도 유학생활 중 자주 먹었던 치킨이었다.

슈바이처는 89세에도 아프리카의 오지 람바네 병원에서 집도를 하였다. 미켈란젤로는 71세에 유명한 성당 벽화를 그렸으며 베르디는 80세에 폴스타프(Falstaff)라는 명작 오페라를 작곡하였다. 괴테는 「파우스트」를 24세에 시작하여 82세에 완성하였다. 이병철 회장은 73세에 반도체회사를 설립하였다. 자유의 시인이자 신랄한 논쟁자이며 낭만주의적인 것에 열망했던 존 밀턴이 유명한 「실낙원」을 쓴 것은 그가 녹내장으로 시력을 완전히 잃고 난 후였다.

일하고 싶지만 일거리가 없다고 한탄하는 사람들이 많다. 한탄은 마음과 몸을 좀먹을 뿐 문제를 해결해 주지 않는다. 생이 다할 때까지 일하고 사랑하는 길을 찾아야 한다.

조광희(KBS '아침마당'에 출연)라는 37세 젊은이가 있다. 현재는 호프집을 하고 있는데 전신마비가 되어 의식은 살아 있으나 혀만 겨우 움직일 수 있었다고 한다. 그는 자신보다 자신을 간호하는 어머니를 위해서 살아야겠다는 결심을 하고 혀를 좌우로 굴리기 시작했다고 한다. 혀를 굴리다가 머리를 좌우로 흔들기 시작하고 다음에는 팔과 다리를 움직이기 시작하였다. 팔다리 움직이기에 성공하자 그는 수많은 시도 끝에 몸 뒤집기에 성공하였다. 몸 뒤집기에 성공한 후에는 기는 연습에 들어갔다. 손과 발, 네 다리로 기어다니는 연습을 하다가 다음에는 무릎 꿇고 기어다니는 연습을 하였다. 그는 사년 만에 드디어 지팡이를 집고 일어나 처음으로 발로 땅을 밟을 수가 있었다. 어머니의 힘은 무서운 것. 그는 어머니를 생각하며 운동을 시작하였다.

지팡이에 의지하여 땅을 밟고 일어나니 돈을 벌어야 되겠다는 생각이 들어 여러 가지 궁리 끝에 호프집을 열었다. 처음에는 맥주 500cc를 겨우 날랐는데 지금은 3,000cc를 한손으로 나를 수 있다고 한다. 기적 같은 일이 아닌가.

인간은 무한한 능력의 소유자다. 어려운 세상이지만 조광희씨처럼 생을 걸면 동트는 새벽을 맞이할 수 있다.

그 어떤 질병보다 더 무서운 질병은 아마 삶을 포기하는 절망일 것이다. 마음으로 질병도 치유할 수 있고 고난도 이겨낼 수 있다. 마음의 치유 의사는 바로 내 자신이다(「마지막 잎새」에서).

사랑하는 것, 그리고
견뎌내는 것
이것만이 인생이고

기쁨이며
왕국이고 승리이다

— 셀리 —

5. 용서하고 잊어버려라(Forgive and Forget)

70대 후반의 어느 노파가 있었다. 30대에 남편과 이혼하고 40여년을 독신으로 살게 되었다. 그녀는 이혼 후 원한 맺힌 한 많은 인생을 살았다. 평생 남자를 증오하고 비난하며 살았다. 때때로 다른 남자를 만났지만 3주를 가지 못했다. 남편에 대한 원한의 후유증이 다른 남자에게로 전이되었던 것이다. 남자에 대한 증오의 포로가 되어 살아온 인생이 병들고 늙어 떠날 때가 되었다. 그녀의 인생을 되돌아보니 자기의 인생이 너무도 비참하였다. 그녀는 틱낫한 스님이 운영하는 프랑스 프럼 빌리지에 찾아와 스님에게 고백하였다. "사랑하지 않고 삶을 산 것이 너무 슬퍼요. 평화롭게 살지는 못했지만 평화롭게 죽고 싶어요."

사랑하고 평화롭게 살기 위해서는 용서가 필요하다. 용서는 자기 자신의 분노를 불살라 버릴 줄 알아야 한다. 그러나 용서한다는 것은 말처럼 쉬운 문제가 절대로 아니다. 자기 자신의 마음의 수도가 선행되어야 한다.

18년 긴긴 세월을 중국의 감옥에서 수많은 고문과 학대를 이기고 가까스로 살아 나온 티베트의 한 승려가 있었다. 그 스님에게 달라이라마가 물었다. "두려운 적이 없었느냐?" 그 스님은 "한 가지 두려운 것은 중국인들을 미워하게 될까 봐. 중국인들에 대한 자비심을 잃게 될까 봐. 그것이 두려웠습니다. 만일 용서하는 마음이 없었더라면 살아 나오기 어려웠을 것입니다."며 심정을 토로하였다. 나쁜 짓을 한 사람을 증오의 눈으로 바라보면 자신의 분노 때문에 병이 든다. 진정한 승리자는 적이 아닌 자기 자신의 분노와 미움을 이겨내는 사람이다. 진정한 영웅은 미움을 사랑으로 되돌리는 사람이다. 미움을 미움으로 이길 수 없다.

흑백통합을 하여 진실화해위원회를 만든 만델라는 "용서는 하되 잊지는 말자."라는 구호를 내걸고 실천하여 흑백통합의 나라를 세웠다. 용서하고 잊어버리기는 정말 어렵다. 머리로는 용서하였지만 마음속에서 용서하기는 더욱 어렵다. 진정으로 용서하고 사랑 속에서 평화롭게 살기 위해서는 용서하기 위한 가슴 타는 고통을 겪어야 한다. 헤아릴 수 없는 용서와 증오의 순간순간을 반복한 후에라야 용서하는 마음이 계속될 수 있다. 그래도 바다의 파도처럼, 미움이 가슴 속에서 솟구칠 때가 있다. 수도승 같은 평정심을 가지고 용서하라. 용서는 적을 위한 것이 아니고 자기 자신을 위한 것이다.

"용서하고 잊어버려라."라는 글을 쓰게 된 것은 한 일화 때문이다. 대학에서 영어를 가르치는 킴벌리라는 미국인 여교수가 있었다. 우연한 기회에 그녀를 알게 되어 어느 날 그 교수가 필자의 집을 방문하였는데 조그만 책을 끼고 있었다. 책 이름을 보니 'Forgive and Forget'이었다. 책명에 호기심이 발동하여 책 구경 좀 합시다 하고 책장을 이리저리 넘기면서 관심을 많이 보였었다. 혹시나 나에게 선물하지 않을까 하고. 그러나 그녀는 아무런 내색도 없이 다시 책을 가져갔고 미국으로 떠났다. 몹시 아쉬웠다. 그런데 그녀가 떠난 지 몇 개월 후에 소포가 왔는데, 그 소포는 미국에서 여교수가 보낸 바로 'Forgive and Forget'이라는 책이었다. 그렇게 배려심이 깊은 여자였다. 말 한마디 없이 떠나더니 그 책을 보내 준 것이다. 그렇게 아름다운 사람이 낙상하여 50대 초에 사망하고 말았다. 2015년에 미국을 방문하였는데 그녀가 가고 없어서 너무 가슴 아팠다. "용서하고 잊어버려라."는 한 때 내 인생의 화두였다. 참을 수 없는 배신적 행위에 대하여 용서하고 잊어버리기는 정말 어렵고 어려운 삶의 명제였다. 용서는 적을 위해서가 아니라 바로 나 자신을 위하는 것이라는 것을 수십 번, 수백 번 다짐하여 보지만 실천하기는 어렵고 어려운 문제다.

그러나 기억하라. 용서는 자신의 평화스런 삶을 위해서라고…

순천에 있는 요양원의 한 목사는 6.25 때 자기 두 아들을 죽인 사람을 양아들로 삼아서 함께 살았다. 소록도에서 43년간 나병환자를 간호한 오스트리아의 두 수녀님은 70대가 되어 나병환자를 돌볼 수 없게 되자 "그동안 신세

많이 졌습니다. 우리의 잘못을 용서해 주세요."라는 쪽지를 남기고 새벽에 소리 없이 떠났다. 수십 번 생각해 보았다. '그 천사들은 무엇을 잘못했을까?' 나 같은 속인은 이해할 수 없는 가르침이었다. 부끄럽기 그지없다.

진정한 승리자는 적이 아닌 자기 자신의 가슴에서 끓고 있는 분노와 미움의 불덩어리를 이겨낸 사람이다.

적이 있어야 용서하는 법을 배운다.

영웅은 미움을 사랑으로 되돌리는 사람이다. 늘 마음속으로 다짐하여 보지만 분노의 불길이 가슴을 뜨겁게 할 때가 많은 것이 인간의 삶이다.

용서하고 잊어버리자. 적을 위해서가 아니라 자신의 삶의 평화를 위해서.

6. 황제의 넘치는 사랑의 말로

인도 무굴제국의 왕 사자한은 두 번째 왕비를 가장 사랑했다. 당시 인도에서는 황실을 일 년에 한 번씩 일반인에게 개방하는 풍습이 있었는데, 16세 된 황태자가 황실의 시장을 거닐다가 예쁜 처녀와 눈이 마주치자 반해버린다. 돌아와서 아버지에게 그 처녀와 결혼하겠다고 간청하였으나 아버지의 반대로 첫 번째 결혼은 페르시아 공주와 하게 된다. 그리고 5년을 기다리다가 드디어 그 처녀를 아내로 맞이하게 된다. 얼마 지난 후 1628년 황태자는 역모를 꾸며 아버지를 퇴위시키고 스스로 왕이 되어 자기의 이름을 사자한이라고 칭하였다. 그는 방탕한 선왕의 뒷수습을 하고 반대파와 싸움도 해야 했다. 남편과 한시도 떨어지지 않았던 왕비는 전쟁터까지 동행하였다가 15번째 출산 중에 사망하게 된다. 그녀는 14명의 자녀를 두었다고 한다.

이 왕비는 왕에게 두 가지 유언을 남겼다. 첫째, 다른 여자와 아이를 갖지 말 것, 둘째, 자기를 기념할 불당을 지어 줄 것. 사자한은 5명의 왕비를 두었는데 그 왕비를 제일 사랑해서 그녀의 청을 들어 주기 위해 불당을 지었다. 그 불당이 불가사의한 그 유명한 타자마할 성이다. 성을 쌓으면서 국내는 물론이요 터키와 멀리 유럽에서 대리석을 가져와 건축하느라 나라의 재정이 흔들렸다. 그리고 아내를 잃은 사자한은 폭군으로 변하고 병에 걸려 신음하게 된다. 그 틈을 이용하여 아들이 반란을 일으켜 아버지를 유폐시키고 만다. 이 집안은 역모가 세습인 모양이다. 타자마할 성은 22년 동안 축성을 하였고 새벽에는 분홍색, 정오에는 흰색, 저녁에는 황금빛으로 물드는 신비의 성이 되었다. 사자한 왕은 타자마할 성이 바라보이는 건너편 언덕의 검은 성에 유폐된다. 아들에게 성을 바라볼 수 있게 작은 창문 하나만 내주라고 부탁하여 그 창문으로 타자마할을 바라보다가 유폐 8년만에 사랑하는 아내 곁으로 간다. 그 비극의 성은 세계의 불가사의로 유명해져, 세계 관광객이 모여드는 명소가 되었다. 모순의 역사요, 모순의 인생사다. 사자한도 과욕으로 나라를 멍들게 하지 않고 중용을 취하였더라면 비극적 생애를 마치지 않을 수도 있었을 것인데…

당나라 현종은 며느리인 양귀비를 빼앗아 색정에 빠져 놀다가 나라를 망하게 하였다 어느 날 현종이 정원을 산책하다가 우물가의 한 여인을 발견하였는데 그 여인한테서는 향기가 나고 자태도 절세미인이요 성적 매력이 넘쳤다. 그 여인은 18번째 아들 이모의 아내인 며느리였다. 그는 그 며느리에게 혼을 빼앗겨 며느리를 빼앗아 도교의 절로 보냈다. 그 때는 도교에서 도를 닦으면 속세의 모든 죄악이 닦아진다고 믿었다. 일년 후 양귀비를 데려와 부인으로 삼고 아들에게는 다른 여인과 결혼하게 하였다. 세상에 이런 일이 있을 수 있을까? 현종은 괜찮은 임금이었는데 양귀비를 만난 후에는 정사는 뒷전이고, 매일 양귀비와 노는데 미쳐서 나라는 망해가고 있었다. 궁중은 양귀비의 친척 측근들로 들끓었다. 그 와중에 안록산이라는 양아들과 6촌 오빠 양국진의 알력으로 안록산이 난을 일으켜서 현종은 서역으로 피란을 가게 되었다. 100리쯤 갔을 때 부하들이 가마를 내려놓고 양귀비를 사형시키지 않으면 한 발자국도 나아가지 않겠다고 버텼다. 요망한 양귀비 때문에 나라가 망하게 되었다고 백성들의 원성이 넘쳐났다. 현종은 애첩 양귀비를 버렸다. 양귀비 나이는 38세, 죽기 아까운 나이였다. 그리고 그는 도망쳐서 아들 숙종에게 자리를 내어주고 양귀비를 그리며 살다가 6년 후에 세상을 떠나고 만다.

요새 한국에도 나라를 말아 먹는 여인들이 나타나 나라 전체가 공황에 빠져 있다. 이것이 대통령만의 책임인가? 직접적인 책임은 대통령에게 있지만 그 근본적인 책임은 그 사람을 대통령으로 뽑은 독립 변수인 국민에게도 있다. 대통령과 그 측근들은 감옥에 가고 새로운 대통령이 선출되고 새로운 정부가 출발하여 희망을 걸어본다. 인도의 사자한이나, 당의 현종이나 통일 대박론을 외치는 어느 나라의 대통령이나 혼을 빼앗기고 나라를 망하게 하는 정신 상태는 마찬가지 아닐까? 그래도 그 때는 미개한 시대였지만, 오늘날은 컴퓨터, 알파고 시대가 아닌가?

7. 5.18과 걸음 연습

민주주의의 출발은 인권에서 출발한다. 10.26이 일어나고 이른 바 서울의 봄이 와서 민주주의에 대한 열망이 전국을 불태우고 있었는데, 신군부는 정치일정을 밝히지 않고 모종의 음모를 꾸미고 있는 안개 정국이었다. 전국에서 정치일정을 밝히라는 데모가 일어나고 광주에서도 일어나고 있었다. 1980년 5월 어느 날 전남대학교에서부터 학생들 주도로 평화적인 데모가 소규모로 계속되고 있었다. 5월 17일 저녁 난데없이 계엄령이 선포되고 과잉 진압이 시작되었다. 무장군인이 시내로 진입하여 무차별 폭력진압을 하였다. 데모하는 청년들만 구타하는 것이 아니라 거리의 행인들을 무차별 폭행하고 체포해 갔다. 이 무자비한 폭력에 분노한 시민들이 데모에 가담하게 되면서 엄청난 파장을 가져 오게 되었다. 서울 종로에 해당되는 광주의 금남로는 군인들의 과잉진압에 항의하는 시민들의 데모가 연일 계속되었다. 세상에 어느 나라 군대가 민주화를 요구하는 자기 나라 학생들의 평화스러운 데모에 총을 난사하고 무차별 폭행을 하여 수많은 사람들을 잔인하게 살육할 수 있겠는가? 한국의 군인은 나라를 지키라는 군대지, 평화스런 데모대를 살육하는 군대가 아니지 않은가?

인간은 민주화네 뭐네 운운하기 전에 인간으로 살아 갈 수 있는 기본권리를 부여받고 태어난다. 이 기본권이 무너질 때 인간의 존엄성이 무너지는 것이다. 5.18 때 신군부의 학살극은 자기 민족에 대한 기본권리를 말살하는 망동이었다. 필자는 5.18 때 민중의 외침은 인간으로서 살 권리를 요구하는 외침이었다고 믿는다. 당시 집권세력은 민주화에 대한 청사진을 밝히지 않고 음모를 꾸미고 있었다. 전국은 혼란에 빠졌고 민주화를 요구하는 함성이 전국에서 울려 퍼지고 있었다. 이 때 양심 있는 교수들이 민주화를 요구하는 성명서를 발표하였다. 필자도 민주화를 요구하는 소위 양심선언의 주동자라 하여 합동수사본부에 끌려가 한 달 동안 지하실 독방에서 수감생활을 하였다. 지하실 독방은 소리도 없이 물어대는 모기떼가 들끓었고 침대도 덮을 것도 아무 것도 없었다. 수사용 조그만 책상 위에서 잠을 청해야 했다. 상상할 수 없는 고초를 당하고 한 달만에 세상 밖으로 나오게 되었다.

마음과 몸이 만신창이가 되어 걸음조차 걸을 수 없었다. TV를 보니 어떤 정치인이 산에 갔다가 힘이 빠져서 졸도를 하였는데 그는 건강을 회복해야겠다고 결심하고 1년을 등산 연습을 하여 무리 없이 등산을 하고 건강해졌다는 보도가 났다. 그 보도에 자극받아 다음 날부터 걷기 연습에 들어갔다. 사람들이 다니지 않는 한적한 곳을 찾았다. 몰골이 말이 아니었다. 눈만 감으면 바로 시체 같은 한심스런 모습이었다. 한 호수를 찾았다. 비포장도로여서 사람들이 거의 다니지 않았고 호수를 끼고 도는 길이어서 아름답기도 하였다. 봄부터 시작하여 하루는 100m 다음 날은 200m 그렇게 매일매일 늘려 나갔다. 여름이 가고 가을이 왔다. 그 호수를 한 바퀴 돌 만큼 몸이 회복되었다. 그 호수 건너편에는 무등산이 호수를 바라보며 웅장한 자태를 자랑하고 있고 그 밑에 옹기종기 작은 산들이 자웅을 뽐내고 서 있었다. 그 중 낮은 언덕 같은 산을 택해서 처음 한 달은 산의 3분의 1, 두 번째 달은 3분의 2쯤 그렇게 가다가 쉬다가, 쉬다가 가다가를 반복하며 몇 개월의 연습 끝에 그 작은 산의 정상에 오를 수 있었다.

그 산엔 목장이 있었고 목장 옆에는 음성 나병환자촌이 자리 잡고 있었다. 필자는 그 환자촌의 입구에서 가끔 쉬며 스스로를 위로할 때가 많았다. 난 그래도 저 사람들보다는 더 나은 인생이 아닌가 하고… 작은 산이지만 에베레스트 산을 정복하는 것만큼 만감이 교차되었다. 일 년을 걷고 걸으면서 육체와 정신의 수련을 동시에 하게 되었다. 완전하지는 않았지만 광주의 어머니라 부르는 무등산을 오를 만큼 건강이 회복되었다. 어느 듯 해가 바뀌고 봄이 왔다.

친구들이 무등산을 오른다고 하여 함께 가겠다고 하니 깜짝 놀라는 것이었다. "누굴 죽이려고 그러느냐." 자기들이 업어 날라야 한다고 동행을 거부하였다. 그렇게 친구들 사이에서는 회생 불능의 친구로 낙인이 찍혀 있었다. 그렇지만 동행을 고집하여 5시간의 산행을 마칠 수 있었다. 일 년을 걷기 연습을 한 결과였다.

상처투성이인 육신과 정신을 이끌고 그래도 살아야 한다는 일념으로 호숫가를 거닐고 산을 오르면서 만행(萬行)을 많이 한 셈이다. 누우면 죽고 걸으면 산다고 하는데 걷는 것은 곧 생명이요, 걸음을 통해서 만 가지 생각을 하고 그 만 가지 생각을 정리하여 하나의 사상을 잉태할 수 있다고 생각한다. 프랑스 플럼 빌리지에 가면 틱낙한 스님이 걷기 수련을 하고 있다. 수련하기 위해서 시작한 걷기가 아니라, 살기 위해서 걷기를 시작한 것이 삶의 원동력이 되었다. 지금도 나는 5.18의 후유증에 시달리고 밤이면 악몽의 공포 속에서 전신이 땀에 젖어 고통받을 때도 있지만 그래도 생활이 많이 안정된 편이다. 사마천(司馬遷)이 한무제에게서 궁형을 받고 그 원한을 「사기(史記)」라는 역사서로 응수했듯이 필자도 글 쓰는 일로 나의 한을 풀어보려고 하는데 그것도 뜻대로 되지 않아 슬플 때가 많다.

만일 걷기 연습을 하지 않고 아픈 몸을 이끌고 누워서만 살았더라면 내 인생은 어떻게 되었을까? 아마 이 세상에 존재하지 않았을 것이다. 나는 걸으면서 살고 있다. 한 때는 산악회도 만들어서 전국의 산을 누비고 다니기도 하였다. 요즘도 틈나는 대로 걷고 걷는다. 제주도 올레길도 걷고 이름 없는 산길도 걷고 바닷길도 걷는다. 인생은 걸음 걸음이다. 걸으면서 건강을 유지하고 걸으면서 생각하고 걸으면서 책을 쓴다. 피곤하고 지칠 때도 많지만 걷지 않으면 가슴이 막힌다. 걸음은 인생이요, 삶이다. 인생의 삶에 걸음의 생명력을 적용해 보기를 권한다. 인생의 길은 강 건너 산 넘고, 산 넘고 강 건너를 반복하는 고행의 길을 가는 고달픈 나그네 길이다. 그렇지만 저 산 넘으면 평원이 펼쳐지리라는 희망을 가슴에 품고 걷고 걷다 보면 평원으로 가는 길이 열리리라.

기쁨과 슬픔
그 어느 것 하나라도 부정한다면
삶을 부정하는 것
그렇기에
기쁨과 슬픔
모두에게 조용히 대답한다
'네'라고

—주디 브라운(Judy Brown)—

8. 독립변수와 종속변수

독립변수는 원인변수, 종속변수는 결과변수이다. 결과는 원인변수의 원인 제공 여하에 따라 그 결과와 효과가 나타난다. 과학실험에서는 변수의 돌연변이가 거의 일어나지 않는다. 그러나 인간의 사회에서는 양 변수가 혼란을 겪고 역전되는 기현상이 일어나기도 한다.

특히 한국의 정치상황에서는 그 정도가 심하다.

국민은 독립변수요, 선거에서 선출된 대통령, 국회의원이라는 사람들은 종속변수다. 독립변수는 종속변수를 만들어 낸다. 민주국가에서 한 나라의 대통령은 그 나라 국민의 눈높이에 따라 선출된다고 한다. 선출된 종속변수는 자기를 만들어 낸 독립변수를 무서워할 줄 알아야 한다. 독립변수인 국민을 위해서 헌신해야 한다. 그런데 경우에 따라서는 반대의 현상이 나타나기도 한다. 선출된 종속변수가 독립변수를 종속변수로 만들어 통제하는 경우가 있다. 이런 국가는 진정한 민주국가가 아니다. 전제국가요, 독제국가로 흐를 가능성이 매우 크다.

선거라는 이름만 빌렸을 뿐 제왕적 대통령제라는 말이 나온다. 왜 이런 현상이 일어날까. 그 답은 Nepotism이라는 괴현상 때문이다. Nepotism이란 지연, 학연, 혈연에 의한 사회시스템의 현상을 말한다. 한국은 그런 현상이 극에 달한 나라이다. 5.16혁명 후 유신시대는 경상도 인맥에 의해서 나라가 통치되어 왔다. 3김 시대에서는 영남은 한나라당, 호남은 민주당, 충청은 자민당을 지지했다. Nepotism의 표본이 되었다. 영남에서는 민주당 의원이 한 명도 없었고, 호남에서는 한나라당 의원이 한 명도 없었다. 기이한 현상이었다. 대통령 선거에서 영남인은 김영삼씨를 90% 이상 지지하고 호남에서는 김대중씨를 90% 이상 지지하였다. 선거가 필요 없었다. 선거라는 이름을 빌려서 영토 지키기를 할 뿐이었다. 기적 같은 일이 벌어진 것이다. 세계 민주국가의 선거에서 어떻게 한국의 선거 같은 기이한 선거가 있을 수 있겠는가? 우리가 살고 있는 사회는 보편타당한 가치가 있다. 간디는 인도의 간디도 되지만 세계의 간디가 되고 한국의 간디도 된다. 민권운동가 마틴 루터 킹은 미국의 민권운동가요 한국의 민권운동가이기도 하다 민주투사 김영삼 대통령은 영남의 투사도 되지만 호남의 투사로도 되고 또 그렇게 인정을 받아야 한다. 반대로 김대중 대통령도 마찬가지다. 그런데 선거 때만 되면 거부반응이 일어난다.

원수의 Nepotism 때문이다. Nepotism은 각계각층 정치, 경제, 학계 등 모든 계층에 거미줄을 치고 조직을 경영하고 나라를 경영한다. 솔직히 말하면 마피아 집단을 형성하여 거대한 이익집단 역할을 하며 권력을 행사한다. 여기에서 파생되는 것은 불공정, 불평등 등 갖은 편재가 일어난다.

권력의 편중, 부의 편중, 교육의 편중이 일어나 나라가 계층화되고 소외계층은 희망을 잃게 되고 나라는 불신, 불평에 빠진다. 희망을 잃어버린 사회가 두렵지 않은가. 그 결과 수저논쟁이 일어나고 헬조선이라는 해괴한 유행어가 떠돌아다닌다.

왜 이런 현상이 일어나는가. 독립변수 때문이다. 지역을 떠나서, 학연을 떠나서 정당의 정책 경쟁이 되어 이성이 지배하는 독립변수의 수준이 된다면 Nepotism은 파괴될 수 있다. 미국은 근 2백년 동안 공화당, 민주당의 양당 정치가 뿌리를 내리고 영국은 보수당과 노동당이 오랫동안 교대로 집권하면서 정당정치의 뿌리를 내리고 있다. 한국의 정당사를 보면 코미디도 이런 코미디가 없다. 자유당 때부터 시작하여 얼마나 많은 정당들이 밤하늘의 별처럼 명멸하였던가? 한 사람에 의하여 당이 창당되고 그 사람이 사라지면 당도 사라지고 만다. 이번 선거에 새로운 당이 생겨 제3당이 출현하였다. 만일 창당의 주역이 사라지게 되면 그 당도 사라질 것이다. 이러한 현상이 바로 네포티즘 인물 중심주의의 표본이다. 이 망국적인 네포티즘을 청산해야 하는데 지금의 상황을 보면 요원하다.

국가의 안보를 위해서는 더욱 걱정스럽다. 국가 안보는 정치적, 경제적, 사회적으로 진정한 민주화가 이루어질 때 굳건해질 수 있다. 독립변수의 혁신이 일어나든가 종속변수인 정치지도자 중 선각자가 나와 정치풍토를 바꿀 때 진정한 민주화를 이룰 수 있다.

독립변수들이 의식의 혁명을 하지 못하면 후진적인 정치 상황은 계속되고 그 불행은 국민들의 몫이 될 것이라는 것을 명심해야 한다. 한국인들은 네포티즘에서 깨어나야 미래가 있다. 선거 때만 되면 연고주의가 판을 친다. 이번 19대 대통령 선거에서 희망의 빛이 보이는 듯하다. 독립변수인 국민과 새로운 정부에 희망을 걸어 본다. 한국은 대혁신이 필요하다. 국민 의식의 혁신이 필요하고 정치, 경제, 사회, 교육 모든 면에서 대변혁이 일어나야 한다.

명심하자. 한 나라의 대통령은 그 나라 국민의 눈높이만큼의 사람이 선출된다는 사실을.

9. 수리와 홍학의 싸움

다리가 길고 아름다운 홍학들의 무리가 떼를 지어 개천에서 산책을 즐기고 있는데 천적 수리가 나타났다. 수리는 홍학 중 한 마리를 사냥해야 주린 배를 채울 수 있다. 수리는 가장 약한 홍학을 찾는다. 동물의 눈도 대단하다. 수리는 수많은 홍학 중 약한 홍학을 발견하고 그 홍학을 노린다. 다른 동물들의 사냥도 마찬가지이다. 호랑이나 사자가 물소나 기린이나 다른 동물들을 사냥할 때 그들 무리를 지켜 보다가 약자를 발견하고 무리에서 떼어 놓는 작전을 편다. 그리고 약한 자를 사냥하여 만찬을 즐긴다.

인간의 세계나 동물의 세계나 약육강식의 역사는 계속되는가 보다.

홍학들은 지혜롭다. 수리가 약자를 노리는 눈치를 채고 약자를 홍학 무리의 한 중간에 감추고 수리와 대치한다. 수리가 약자를 향하여 날개를 펴고 공격을 개시하면 홍학들은 약한 홍학을 둘러싸고 하늘로 날아오른다. 수리는 홍학들의 방어망을 뚫고 약한 홍학을 찾아 홍학들의 중심부로 돌진한다. 그런데 이 어인 일인가. 강한 수리는 수많은 홍학들의 날개에 부딪쳐 오히려 죽거나 사냥을 포기하고 후퇴하고 만다. 홍학의 약자의 생명을 지키는 지혜에 놀라지 않을 수 없다.

오늘 인간사회는 어떤 모습인가.

신자유주의라는 물결이 세계를 지배하면서 약육강식의 역사가 계속되고 있다. 힘 있는 자들의 지배 속에서 힘 없는 자들은 버림받고 있다. 약자가 보호 받지 못하는 슬픈 일들이 세계 도처에서 벌어지고 있다. 홍학의 삶에서 무엇을 배울 것인가. 부끄러운 일이다. 미국에서는 상위 5%의 부자가 나라 전체 부의 60%를 차지하고 있다. 미국 대기업의 최고 경영자는 그들의 직원보다 평균 419배나 많은 급여를 받아 왔다고 한다. 이번 미국의 대선에서 트럼프의 약진은 무엇을 말해주고 있는가. 바로 불공평에 대한 분노의 표출이다. 한국은 어떤가. 빈부 격차는 미국을 따라가고 있다. 불행한 일이다. 불공평을 어떻게 해결할 것인가. 전 대통령은 헬조선이라는 자학적인 풍조가 유행하면 되느냐고 자존심을 갖고 미래를 향해 나아가자고 국민들을 향해서 노여움을 토해냈는데, 헬조선이라는 낯선 유행어는 어디서 날라 왔는가. 한국의 핵심적인 경제정책은 대기업 위주의 정책이다. 양극화는 치유할 수 없는 지경에까지 이르렀다. 이 양극화 문제의 치유야말로 국가안보의 제일의 과제다.

한때 미국 어느 기업의 광고에서는 1등이 아닌 것은 모두 버려라. 또 한국의 S기업의 광고에서는 1등이 아닌 것은 아무도 기억하지 않는다라고 광고한 적이 있다.

이 얼마나 살벌한 광고인가. 홍학 같은 하등동물도 약한 동료를 살리기 위하여 힘을 합해서 수리와 싸우는데 인간의 사회에서는 약하고 병든 자는 버림받아야 한단 말인가. 1등도 2등도 꼴등도 함께 사는 사회를 건설해야 하는 것이 당면한 인류의 과제요, 한국의 과제다. 가진 자와 가지지 않은 자, 강대국과 약소국이 함께 사는 길을 갈 때 사랑과 평화와 공정의 세계를 건설할 수 있다.

10. 빈대의 교훈 — 정주영

풍상은 자연을 아름답게 하고
시련은 인간을 아름답게 한다.

정주영 회장은 북한 송전의 아산이라는 가난한 농촌에서 태어나 네 번의 가출 끝에 도시에 정착하여 갖은 고생 끝에 기적을 이룬 영웅적인 기업인이다.

그가 네 번째 가출하여 인천에서 노동일을 할 때 빈대 때문에 잠을 잘 수가 없었다. 노동자 숙소는 빈대의 천국이었다. 고된 노동일이라 잠자리에 들면 곯아 떨어지는데 빈대의 공격 때문에 잠을 잘 수가 없었다. 빈대의 공격을 피하기 위해 지혜를 짜내서 밥상 위에서 잠을 청했다. 잠시 잠잠하더니 빈대의 공격은 다시 시작되었다. 이번에는 밥상 네 다리를 양푼에 물을 담아 담궈놓고 잠을 청했다. 2~3일은 빈대에 물리지 않고 편안하게 잤는데 2~3일이 지나니까 다시 빈대의 공격이 시작되었다.

불을 켜고 도대체 빈대들이 어떻게 해서 양푼의 물을 피해 몸의 피를 빨아 먹는지 보니 기절초풍할 일이 벌어지고 있었다. 빈대들은 벽을 타고 천정으로 올라가 밑에서 자고 있는 사람 몸을 향해서 떨어져서 자고 있는 사람의 피를 빨아 먹고 있는 것이 아닌가.

미물인 곤충, 빈대도 살기 위해서 장애물인 양푼의 물을 피해 우회해서 벽을 타고 그 높은 천정까지 필사적으로 기어올라가 그들의 목적 달성을 하고 있었다.

정주영은 빈대를 보고 크게 깨달았다. '미물 빈대도 목적을 달성하기 위해서 끝까지 싸우는데 하물며 인간이 빈대만도 못하게 중간에 포기하면 되겠느냐' 하고.

그의 사전엔 일단 시작한 사업에는 포기는 없었다. 그는 하다가 중간에 포기하는 사람을 보면 빈대만도 못한 놈이라고 핀잔을 주곤 하였다. 세계적인 기업가 정주영은 빈대한테 배워서 포기하지 않고 기적을 이루어낸 위대한 경영자가 되었다.

명심하라. 포기하는 자에게 미래는 없다. 정주영은 큰 꿈을 꾸었다. 그의 꿈을 향한 끈질긴 도전은 빈대한테 배운 교훈에서 시작되었을 것이다

"시련은 있어도 실패는 없다"

꿈을 가져라
꿈이 사그라지면
삶은 날개 부러져
날지 못하는 새와 같으니
꿈을 가져라
꿈이 사라지면
삶은 눈으로 얼어붙은
황량한 들판이니

– 램스턴 휴스 –

11. 시대를 예측했던 K변호사

빌 게이츠는 미래를 준비한 자만이 미래를 지배할 수 있다고 충고하였다. K변호사라는 분이 있었는데 그분이 그런 사람이었다.

역사와 시대의 흐름을 예견하고 미래를 준비하여 성공적인 인생을 살았던 한 사람이 있었다. 그는 가난한 집안 출신으로 일제 말 겨우 중학교를 졸업하

고 시골 금융조합(현 농협의 전신, 농민의 수탈기관)에 다니고 있었다. 그때 세계 정세는 2차 대전 말로 접어들어 일본의 패색이 여기저기서 나타나고 있었다.

일본 경찰들은 시골을 돌아다니며 소의 풍경까지도 주인의 아무런 동의도 구하지 않고 다짜고짜로 떼어 가는 어처구니없는 세상이었다. 필자가 어렸을 때 아침밥을 먹고 있었는데 경찰들이 우리 소의 풍경을 떼어 가는 기막힌 광경을 직접 목격하기도 하였다. 심지어 주민들에게 소나무에서 나오는 송진으로 기름을 만들어 내라는 강요도 하였다. 동네 청년들이 온 동네에 연기를 내뿜으며 송진기름을 만들던 광경들이 지금도 눈에 선하다. 그처럼 전쟁물자가 고갈된 나라가 어떻게 전쟁에서 이길 수 있겠는가.

그때 금융조합에 다니고 있었던 그 청년은 일본의 패망 징후를 감지하고 전쟁이 끝난 후의 살길을 생각했다. 그분이 살고 있는 곳은 대도시가 아니고 도시나 육지에서 멀리 떨어진 섬이었기 때문에 전쟁에 대한 정보를 얻기가 어려웠다. 그런데도 그분은 전쟁준비에 광분하는 일본의 모습을 보고 일본이 머지않아 항복하리라는 예견을 하였다. 그리고 그는 전쟁 후의 준비를 하였다. 일본이 패망하면 미국이 올 것이고 미국이 오면 영어가 필요 할 것이라고 생각했다.

영어 공부하기에 너무나 열악한 환경에서 그는 독학으로 영어를 공부했다. 2, 3년 후 드디어 해방이 찾아 왔다. 그의 생각대로 미군이 한국에 진출하였다. 미군은 영어를 할 줄 아는 한국인을 모집하였으나 영어를 하는 한국인은 찾기 어려웠다.

지금의 수준으로 보아 독학한 그분의 영어실력은 미루어 짐작할 수 있지 않는가… 여하튼 그 영어 실력으로 그분은 미군정에 발탁되어 미군정의 국고 지출관이 되었다.

그의 예견은 적중하였다. 그는 안정된 생활을 하면서 공부를 계속하였다. 공부를 너무 열심히 하여 폐결핵에 걸려 투병생활하면서도 약학 공부를 하여 약종상에 합격하여 약국을 개업하여 약국은 부인에게 맡기고 고시공부를 시작하였다. 그는 독학의 천재였다. 중학교 학력으로 사법시험에 합격하여 판사가 되었고 정계로 진출하여 국회의원까지 지냈다.

그는 역사의 흐름과 시대의 변화를 읽었던 사람이었다. 예측과 실천을 병행하지 않았더라면 그의 인생 역전은 이루어질 수 없었을 것이다. K변호사 외에도 일본이 망하리라고 생각한 사람들은 많았을 것이다. 그러나 그들은 일본은 망할 것이라고 생각만 했을 뿐 아무런 대비를 하지 않았다. 그의 이야기를 여기에 소개하는 것은 일본의 끝이 오고 있음에도 많은 사람들이 친일의 앞잡이 노릇을 하였다는 사실을 독자들, 특히 젊은 독자들이 깊이 인식하여 주었으면 하는 뜻에서이다. 3.1 독립선언서에 서명했던 인사들도 서명한 종이의 잉크가 마르기도 전에 친일파로 돌아선 사람들도 있었다. 최남선, 최린과 같은 사람들은 대표적인 변절자들이었다. 춘원 이광수는 처음에는 독립운동에 협력하였다가 일제 말에 친일파로 돌아선 사람이다. 시대를 제대로 읽지 못한 한심한 인사들이었다.

어떤 사람은 학도병으로 강제로 군에 끌려가는 청년들 앞에서 일본 천황의 신민으로서 열심히 싸우라고 열변을 토하기도 하였다.

명심하자! 역사의식과 시대의식을 가져야 시대의 패자로, 미래의 죄인으로 후손을 부끄럽게 하지 않는다.

인생을 살면서 자기 몸에서 나는 향기를 자기 몸에서 나는 줄 모르고 평생을 향기를 찾아 방황하다가 어느 낯선 들판에서 생을 마감하는 사향노루라는 처량한 놈이 있다.

인간은 사향노루가 되어서는 안 된다. 자기 몸에서 나는 향기를 찾아 향기 나는 인생을 살아야 한다.

미래의 길을 가는 사람은 모두 미래를 내어다 볼 줄 아는 사람들이다.
미래는 준비하는 자의 것이다.
미래를 내어다 보는 통찰력이 미래의 방향을 제시해 준다.
미래를 기획할 줄 알아야 도전 속에서 성공할 수 있다.
– 빌 게이츠 –

12. 실연의 시련을 승화시킨 위인들

슈베르트의 '미완성 교향곡': 슈베르트는 짧은 생애에 600여 곡의 작품을 남겼다. 모두 유명한 명곡이지만 특히 미완성 교향곡에는 사연이 있다. 슈베르트는 가난하여 어느 목사 집 가정교사로 들어간다. 그 집은 딸이 둘이 있었는데 슈베르트는 둘째 딸을 사랑하게 된다. 그 사실을 목사가 알게 되어 슈베르트는 그 목사 집에서 쫓겨난다. 목사 집에서 나온 후 에도 그는 사랑하는 연인을 잊지 못하고 연민의 정을 이기지 못하여 사랑병에 걸려 방황하다가 15년 후엔가 우연히 그 연인을 만난다. 그리고 그 만남이 끝이었다.

슈베르트가 그 연인을 잊지 못하고 사랑의 열정으로 작곡한 작품이 유명한 미완성 교향곡이다. 마지막 장을 미완으로 남겨 둔 채 31세 젊은 나이로 요절하고 만다. 미완성 교향곡은 그가 세상을 떠난지 40년 후에야 우연히 발견되어 세상의 빛을 보게 되었다. 슈베르트의 못이룬 사랑처럼 그의 유작도 시련을 오래 겪었다.

슈베르트의 이루지 못한 슬픈 사랑은 미완성 교향곡이라는 불후의 명작으로 승화되었다.

헤밍웨이의 「무기여 잘 있거라」: 1937년 스페인 내전에 참전한 헤밍웨이는 전쟁 중에 만난 한 간호사와 사랑에 빠져 결혼을 약속하고 먼저 미국으로 돌아간다. 뒤따라 온다던 그 간호사는 약속한 2년이 지나도 나타나지 않았다. 헤밍웨이가 알아보니 불꽃처럼 사랑하고 결혼을 약속했던 여인은 스페인의 귀족청년과 이미 결혼하여 남의 아내가 되어 있었다. 배신의 원한을 가슴에 품고 쓴 작품이 「무기여 잘 있거라」라고 한다. 이 소설은 헤밍웨이 자신의 체험을 통한 작품이다.

소설 속의 두 주인공은 사랑의 대화를 나눈다.

마리아가 죠던에게 "키스할 때 코는 어디다 둬야 하죠? 만약 당신이 나를 사랑해 주지 않는다면 내가 두 사람 몫만큼 사랑하겠어요."라고 말하는 마리아에게 죠던은 "마드리드에 함께 가서 호텔에서 위스키도 마시고 옷도 사고 사랑도 나누고 싶다."고 하자 "우리 둘이서 한 달 동안 방에 틀어 박혀 아무데도 나가지 말아요."라고 마리아가 말한다.

"우리 둘이 싸워서 지켜온 모든 것을 사랑하는 것처럼 당신을 사랑해. 자유와 존엄. 모든 사람이 일할 권리. 굶지 않을 권리를 사랑하는 것처럼 당신을 사랑해. 우리들이 지켜낸 마드리드를 사랑하는 것처럼. 죽어간 나의 동지들을 사랑하는 것처럼 … 이 세상에서 내가 가장 사랑하는 것을 사랑하는 당신을 사랑해. 그 이상으로 당신을 사랑해." 죠던의 고백이다.

이렇게 불멸의 사랑을 고백했던 그 연인들도 끝내는 헤어지고 만다. 전쟁이라는 참화로 인해 헤어질 수밖에 없는 운명의 순간에도 우리는 헤어지는 것이 아니라고 하면서(「명작에서 배운다」, 송정림 참조).

인간사회에서 배신, 실패, 좌절은 때때로 찾아 오는 악의 선물이다. 이러한 참을 수 없는 비극을 승화시키는 것이 인간에게 준 신의 선물이기도 하다.

슈베르트도 헤밍웨이도 비련을 승화시켜 위대한 작품을 남겨 후세들에게 사랑 이상의 인생을 살 수 있다는 교훈을 주고 있다.

단테의 「신곡」: 단테의 「신곡」이 탄생한 것은 두 사람의 경우와는 상이하지만 만일 단테가 베아트리체라는 사랑의 화신을 만나지 않았더라면 아마 신곡과 신생은 태어나지 않았을 것이다. 단테는 사랑의 천재였던가 보다. 아홉 살 꼬마가 한 살 아래인 소녀를 보고 사랑하게 되어 평생 사랑 이상의 사랑을 하고 「신곡」이라는 불후의 명작을 세상에 내어 놓을 수 있었을까? 단테는 그 소녀와 첫 만남 후 9년 후에 우연히 거리에서 베아트리체를 만난다. 그들은 정중히 인사만 하고 헤어진다. 단테의 베아티리체에 대한 영적인 사랑은 육신을 가진 형이하적인 인간으로서는 상상할 수 없는 경지까지 승화한다. 한 남자의 부인이 된 베아티리체는 24세에 요절하고 만다. 아마 그녀의 죽음이 「신곡」의 지옥편, 연옥편, 천당편을 쓰게 된 계기가 되었지 않았을까 생각한다.

단테는 사형선고를 받고 20년 동안 도피생활을 하면서 「신곡」을 집필하였다고 한다.

단테는 고향 피렌체에 돌아가지 못하고 타향에 묻혔는데 오늘에 와서는 서로 시체를 가져가려고 다투고 있다고 한다.

세월 무상, 인생무상이다.

애인이 떠난다고, 불운이 찾아온다고 비탄에 빠지지만 말자. 우리 인생살이는 변하고 변하는 것, 더 좋은 애인을 만날 수도 있고 더 좋은 인생사가 전개될 수도 있다. 전화위복의 인생을 사는 사람들도 부지기수다.

인생은 사랑, 승화, 창조의 길을 가며 의미를 찾는 존재다.

13. 동물에게서 배운다

사람들은 사람의 탈을 쓰고 인간으로서는 할 수 없고 해서도 안 되는 짓을 하는 사람들을 짐승만도 못한 인간, 개만도 못한 인간이라고 흔히 비난한다. 그러나 잠시 짐승의 입장에서 생각해보자. '우리가 무엇을 잘못했단 말이냐. 우리는 우리식대로 열심히 살아가고 있는데 왜 우리 살기도 어려운데 인간 세상에서 일만 벌어지면 우리를 빗대어 비난하느냐'고 불만이 많을 것이다. 우리 인간을 부끄럽게 했던 훌륭한(?) 동물의 사례를 소개하여 인간에게 경종을 주고자 한다.

징기스칸의 매: 어느 날 징기스칸의 부하들과 매사냥을 나갔다가 한 마리도 잡지 못하고 피곤에 지쳐 쉬게 되었다. 부하들이 쉬는 동안 징기스칸은 혼자 매사냥을 나갔다. 사냥시간이 길어지자 피곤하고 목이 타서 물을 찾아 헤매다가 마침내 바위를 타고 흘러내리는 물줄기를 발견했다.

그는 즉시 매를 내려놓고 은잔을 꺼내 물을 받았다. 물을 받아 마시려는 순가 매가 날아올라 그의 손에 들린 은잔을 낚아채어 떨어뜨려 버렸다.

징기스칸은 화가 났지만 워낙 애지중지하던 짐승이었기에 아마 저도 목이 마른가보다 생각하고 말았다. 그는 잔을 들어 다시 물을 받았다. 잔이 반쯤 찼을까, 매는 이번에도 달려들어 물을 쏟았다.

제아무리 사랑하는 짐승이라 해도 이번만큼은 매의 방자함을 용서할 수가 없었다. 누군가 멀리서 이 모습을 지켜보고 그의 병사들에게 위대한 정복자가 새 한 마리도 제대로 다루지 못하더라는 말을 퍼뜨릴 수도 있었다.

검을 빼어든 징기스칸은 한 쪽 눈으로는 샘물을, 다른 쪽 눈으로는 매를 지켜보며 다시 잔이 차오르기를 기다렸다. 그리고 물을 막 마시려는 순간 매가 날아올라 그에게 달려 들었다. 징기스칸은 매의 가슴을 단칼에 내리쳤다.

그리고 나서 고개를 돌리니 흐르던 물줄기가 끊어져 있는 게 아닌가. 마실 물을 찾으려고 벼랑을 기어오른 징기스칸의 눈 앞에 펼쳐진 관경은 놀라웠다. 물웅덩이 근방에 독하기로 소문난 독사가 죽어 있었던 것이다. 물을 마셨더라면 징기스칸도 죽었을 터였다.

징기스칸은 죽은 매를 옆구리에 끼고 막사로 돌아와 금으로 그 형상을 뜨게 하고 한쪽 날개에 다음과 같은 문구를 새겼다.

"분노로 행한 일은 실패하게 마련이다."

다른 날개에는 이렇게 새겼다.

"설령 마음에 들지 않는 행동을 하더라도 벗은 여전히 벗이다"(「흐르는 강물처럼」, 문학동네).

베트남전에 파견되었던 몽고의 말 한 마리: 베트남전이 한창이었을 때 몽고에서는 베트남을 도와 줄 것이 말밖에 없었다. 그래서 말 수천 마리를 보냈다고 한다. 그런데 놀라운 일이 발생하였다. 베트남에 보낸 말 한 마리가 탈출하여 자기가 타고 온 기찻길을 따라 다시 몽고 울란바토르까지 돌아왔다.

몽고에서는 그 말의 동상을 세워주고 그 말은 자연으로 돌려보냈다. 이 말을 어찌 짐승이라 하대할 수 있으리요.

어느 할머니의 반려견: 어느 할머니와 단 둘이 살고 있었던 반려견 한 마리가 있었다. 어느 날 할머니가 돌아가셨는데 그 개는 대문에서 5년 동안이나 그 할머니를 기다리며 집을 지키고 있었다. 동네 사람들의 배려로 식사를 해결하다가 이를 안타깝게 여긴 어느 아주머니가 나타나서 일주일을 다니면서 개에게 자기 집으로 가자고 사정하였다. 그 개는 마지못해 그 아주머니를 따라 나섰고 그 집에 가서 한 달이 지나서야 아주머니의 실질적인 반려견으로 정을 나누며 살고 있다고 한다.

개가 되어 온 하느님

어느 독실한 신자가 10여년 동안 하느님 뵙기를 정성껏 기도하였다. 어느 날 기도 중에 하느님이 나타나서 3일 후 12시 식사하러 오겠다고 약속하였다. 그는 너무 흥분하고 기뻐하며 진수성찬을 차려 놓고 12시를 기다렸다. 그런데 12시 정각이 되었는데 어떤 몹쓸 개가 나타나서 하느님 밥상의 밥을 먹고 있는 것이 아닌가. 주인은 깜짝 놀라서 몽둥이로 그 개를 두들겨 패서 쫒아냈다. 몇 분이 지났을까? 온 몸에 붕대를 감은 하느님이 나타나셨다. 하느님 웬일이십니까? 이 상처는 어찌 된 일입니까 하고 주인이 놀라서 물으니 하느님 말씀하시기를 아까 너희 집에 와서 밥을 먹는데 네가 몽둥이로 패서 이렇게 되었다라고 말씀하였다.

신에게 헌신하고 싶은가. 이웃에게 잘하라.

3부

공동선(共同善)의 세계를 위해서

– 선이 침묵하면 악이 승리한다 –

I 병든 세계

전쟁은 인간을 파괴시킨다.

– 러셀 –

1. 과잉 군비 경쟁—군비 경쟁에 눈 먼 세계

2004년 세계 모든 국가의 군비 지출 총액이 7,800억 달러였고, 그 중 제일 많이 지출한 나라가 미국이다. 다음 표 2016년도 군비 지출 내역을 보면 세계 각국의 군비지출 총액은 2004년에 비하여 감소하기는커녕 거의 배가 증가되었다는 것을 알 수 있다. 이것은 세계 각국이 평화를 준비하는 것이 아니라 전쟁 준비에 더 많은 예산을 투입하고 있다는 사실을 보여 주고 있는 것이다. 반대로 군비 지출에 비하여 주민의 삶을 위한 지출은 보잘것이 없다. 특히 북한은 핵무기 개발에 전력투구하여 주민의 생활이 말이 아니다. 사선을 넘어 탈북하는 이북 주민들의 탈북 행렬에서 북한의 실상을 알 수 있다. 너무도 슬픈 일이다.

다음 그림은 UN이 작성한 세계 각종 군비 지출 내역이다.

이 그림은 인류가 얼마나 어리석은 생존방식을 택하고 있는가를 보여주고 있다. 다른 예를 보자. 미국은 이라크와의 전쟁에서 매달 48억 달러를 전쟁 비용으로 지출하였다. 몇 년 동안 총 경비는 얼마였겠는가?

그림 3-1 세계 각종 군비 지출 내역

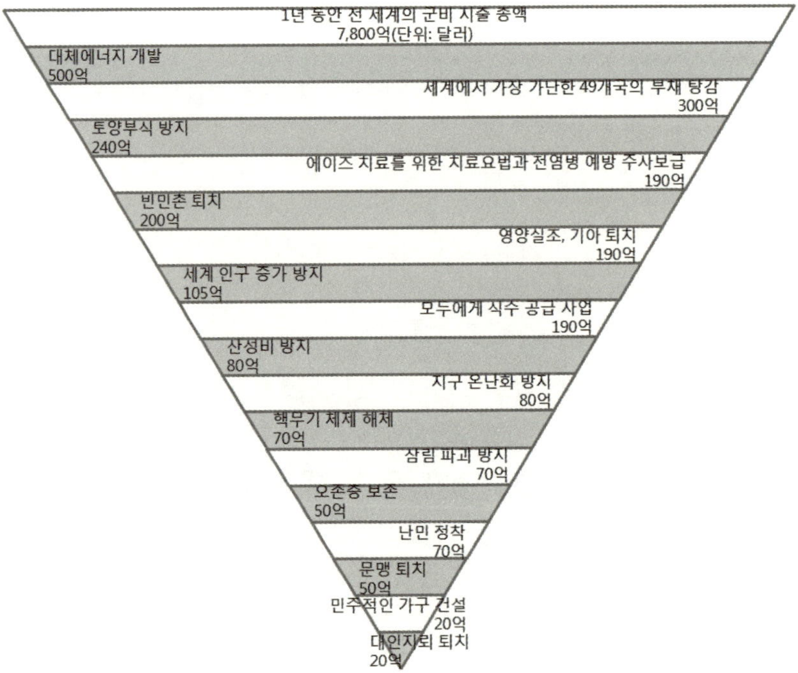

출처: 「탐욕의 시대」, 장 지글러

최근의 군비지출의 통계를 보자. 이러한 군비 경쟁에 지출하는 재정을 세계평화기금으로 사용할 수 있다면 인류의 삶은 그만큼 나아질 것이다.

세계가 이렇게 군비경쟁을 하고 있는데 인류는 양극화의 길을 계속 달리고 있다. 이러한 과잉군비 경쟁 속에서 인간의 삶의 한 편에서는 비극이 일어나고 있다.

보다 나은 세상이 되리라고 희망을 안고 출발했던 21세기에 지구는 중병을 앓고 있다. 난치병을 앓고 있는 지구촌, 병을 치료하고 함께 사는 방법은 없을까. 자멸의 길을 가고 있는 지구인에게 경종이라도 울려 주기 위해서 미

표 3-1 국가별 국방비 지출내역(2016년 국방비 예산 기준)

순위	국가명	국방비(달러/원)	GDP대비)
1	미국	5,960억 달러 / 700조	3.3
2	중국	2,150억 달러 / 252조	1.9
3	사우디아라비아	872억 달러 / 102조	13.7
4	러시아	664억 달러 / 77조 8천억	5.4
5	영국	555억 달러 / 65조 1천억	2
6	인도	513억 달러 / 60조 2천억	2.3
7	프랑스	509억 달러 / 59조 7천억	2.1
8	일본	436억 달러 / 51조 1400억	1.4
9	독일	394억 달러 / 46조 2천억	1.2
10	한국	364억 달러 / 42조 7천억	2.6
11	브라질	246억 달러 / 28조 8천억	1.4
12	이탈리아	238억 달러 / 27조 9천억	1.3
13	호주	236억 달러 / 27조 7천억	1.9
14	UAE	228억 달러 / 26조 7천억	5.7
15	이스라엘	161억 달러 / 18조 9천억	5.4
합계/평균		1조 6천억 달러 / 1,870조	2.3

출처: 위키피디아

래의 장을 마련하였다.

국내는 남·북으로 동·서로 계층별로 갈갈이 찢어져 있다. 함께 살기 위한 공통점을 찾기보다는 적을 만들 방법만 찾고 있다. 이 얼마나 어리석은 짓인가.

UN의 보고에 의하면 현재 지구상에는 20억 명 이상의 인구가 보이지 않는 기아(hidden hunger)와 영양결핍으로 고통받고 있고, 지구상에서 세계인구 10%를 차지하는 6,200만 명이 매년 사망하고 있는데, 2006년에는 이 중 3,600만 명 이상이 기아 또는 영양결핍으로 인한 질병으로 사망하였다. 왜 이런 비참한 현상이 일어나고 있는가? 앞에서 군비경쟁을 이야기하였지만 또 다른 요인 중의 하나는 강대국들의 약육강식 정책에 있다. 2006년 북반구 선진산업국가들이 제3세계 122개국의 개발을 위해 지원한 돈은 58억 달러, 같은 해 제3세계 122개국은 부채에 대한 이자와 원금 상환 명목으로 북반구 은행에 포진한 세계화 지상주의자들에게 5,010억 달러를 지급하였다. 오늘날 세계 질서 속에서 부채는 그 자체로 구조적 폭력의 전형적인 예라 할 수 있다. 부채로 인간을 학살한다. 쥐빌레는 2000~2006년의 경우 5초마다 10세 미만의 어린이 한 명이 부채 때문에 죽어간다고 계산했다. 최근의 통계를 보면 인구의 1/5이 하루 1$ 소득으로 연명하고 있고, 개발도상국 15억 명의 인구가 전기도 없이 살고 있다. 20억 명의 인구가 요리를 위해 나무나 동물의 배설물을 사용하고 1억 4,000명의 아이들이 교육을 받지 못하고 있다. 이를 해결할 방법은 없는가? 하나의 해결방법을 생각해보자.

전 세계적인 '테러와의 전쟁'에 들어가는 비용의 극히 일부만 투자하더라도 버림받은 지구상의 주민들을 절망으로 몰아가는 재해를 뿌리 뽑는데 충분할 것이다. 유엔개발계획(UNDP) 2006년 연례보고서에 따르면 해마다 850억 달러씩 10년 동안 투자를 한다면 지구상의 모든 사람은 기초적인 의료, 적절한 영양, 식수, 기본적인 위생시스템들을 보장받을 수 있을 뿐만 아니라 여성들은 적절한 산부인과 치료도 받을 수 있다고 한다. 하지만 전 세계적인 '테러와의 전쟁'을 선두에서 지휘하는 사람들의 눈은 멀어 있다(「탐욕의 세계」, 50쪽 참조).

2. 괴물이 된 인간

2-1. 테러의 공포: IS 테러

최근에는 IS의 테러가 전 세계를, 특히 유럽과 미국을 공포에 떨게 하고 있다.

이라크 후세인 정권의 몰락과 시리아 내전의 부작용으로 발생한 IS 테러는 이집트에서 러시아 여객기 테러로 224명, 프랑스 파리에서 130명, 예멘에서 137명, 로스엔젤레스 14명 등 총 800여 명이 사망하였다. 5년간 시리아 여성에 대한 성폭행 고문은 상상을 초월한다. 성폭행으로 아지다족 여성 수백 명이 자살하였다. 그리고 시리아, 이라크 난민의 물결이 지옥을 방불케 하고 있다.

인간의 탈을 쓰고 이런 악랄한 행동을 할 수 있을까. 또 프랑스 등 테러를 당한 나라들의 보복 폭격으로 얼마나 많은 민간인이 살해되었는가는 통계조차 내지 못하고 있다.

왜 이런 비극적 악순환이 계속되고 있을까. 괴물이 아닌 인간으로서는 할 수 없는 행위다. 왜 신은 괴물이 된 인간을 바라만 보고 침묵하고 있을까. 신이 침묵하면 인간이 일어나야 하는데 인간은 너무 무력하다.

IS는 이라크의 정유시설 80%를 확보하고 세금을 부과하고 은행을 약탈하여 자금을 모으고 있다고 한다. IS는 석유로 매월 472억 원의 자금을 확보하고 시리아나 이라크 은행을 털어서 10억 달러를 확보했다고 한다. 이렇게 해서 모은 자금으로 그들의 세력은 뿌리를 깊이 내리고 있다. IS는 괴물도 할 수 없는 흉악한 행위를 종교라는 이름으로 저지르고 있다. IS가 출현한 원인과 배경은 약육강식의 역사가 빚어낸 결과이다. 미국은 이라크에서 후세인을 축출하면 중동이 평정되어 평화가 올 줄 알았다. 아니다. IS와 알카에다는 후세인 정권 몰락의 선물이다. IS의 지도자는 미국의 감옥에 갇혀 있었던 인물이다. 알카에다의 대장 빈 라덴을 암살하였지만 알카에다는 사라지지 않았다. 중동의 극렬분자들은 미국에 대한 적개심으로 가득 차 있다. 왜 이들은 미국에 대한 적개심이 그렇게 불타고 있을까? 미국의 중동정책의 오류가 크게 작용하고 있다. 전쟁을 통해서 지옥을 방불케 하는 중동문제를 해결할 수 있을까? 불가능하다. 평화적인 방법으로 함께 사는 방법을 모색해야 한다. IS의 테러뿐인가. 세계는 여러 가지 분쟁으로 총소리 멎은 날이 없다. 지금 이 순간에도 이라크군은 모슬이라는 IS의 점령지를 탈환하기 위하여 진격하고 있다. 양쪽의 싸움은 죄 없는 수많은 민간인과 어린이들을 희생시키고 있다. 아! 이 비극을 어떻게 해결할 수 있을 것인가? 그들은 수니파, 시아파로 나누어 피 싸움을 하고 있지만 그들은 마호메트의 자손들이다. 하늘에 있는 마호메트는 답이 없다. 마호메트가 답이 없으면 형제인 두 파가 서로 함께 살 길을 찾아야 하지 않을까. 그런데 그들은 끝없는 투쟁만 계속하고 있다.

시리아에서도 이라크에서도 IS는 퇴치되었다고 하는데 그렇다고 중동의 테러 살인은 중단될까 의심스럽다.

2-2. 한국의 모습

2,500년 전 공자는 노나라 우왕이 "이 나라의 문제가 무엇인가?"라고 물으니, "불환과이 환불균(不患寡而 患不均)"이라고 대답하였다. 2,500년 전 공자의 진단이 2,500년이 지난 오늘 한국의 당면한 문제가 되고 있다. 2,500년 전 공자가 한국의 미래를 내다보고 한 이야기인 듯하다. 한국행정연구원이 발표한 사회구조에 대한 실태조사를 보면 우려스럽기 그지없다. 보수와 진보의 이념갈등 86%, 빈부격차가 심각하다는 답이 84%로 나타났다. 경제 분배가 공정하지 않다가 72%로 나왔다. 특히 걱정스러운 것은 우리나라 국민 80%가 노력해도 계층 상승이 불가능하다고 생각하고 있다는 것이다. 금수저, 은수저, 동수저, 흙수저라는 웃지 못할 새로운 용어들이 생겨나 씁쓸한 미소를 짓게 하고 있다. 곳곳에서 부의 세습, 관료의 세습으로 현대판 음서제의 나라가 되어가고 있다고 한탄하고 있다. 공공기관의 채용비리는 무엇을 말해주고 있는가? 이것이야말로 북한과 대치하고 있는 상황에서 국가 분열로 인한 최대의 안보저해 요인이다.

이러한 통계는 무엇을 말해주고 있는가. 권력의 편재, 부의 편재, 인력의 편재를 가져와 불평등이 고착화된 시대가 되고 말았다. 불행한 일이다. 이 결과 한국사회는 OECD 국가 중 일등 가는 괴물국가가 되고 말았다.

세계 1등 부패국가가 되었다. 4만원짜리 군수품을 41억원에 납품하였고 연평도 앞바다에 출항했던 함정은 포가 발사되지 않아 회항을 하였다는 보도가 나왔다. 군 최고 지위에 있었던 총장이 구속되었으며 한수원 간부들은 100여 명이 구속되거나 옷을 벗었다고 한다.

사회악은 무서울 정도이다. 일주일에 한번 꼴로 친족을 살해하고 OECD 국가 중 자살률 1위에, 두 살배기 입양아를 숨지게 하고, 11살 어린 친딸을 감금, 폭행하여 어린 아이가 도망쳐 나왔는데 몸무게가 16kg이었다고 한다. 이것이 사람이 할 짓인가. 그 아이는 탈출하여 먹고 싶은 것이 피자라고 하였다. 왜 피자가 먹고 싶으냐고 하니까 자기 부모들이 먹다 남은 피자 찌꺼기를 먹은 기억이 난다고 하였다.

독일에서 신학박사 학위를 받은 목사라는 사람이 친딸을 폭행하여 숨지게 하고 11개월 동안이나 시신을 이불 속에 넣고 방부제를 뿌렸다고 한다. 귀를 의심하고 눈을 의심하지 않을 수 없다. 사흘이 멀다 하고 친부모, 계모가 어린 자식들을 학대, 사망케 했다는 보도가 터져 나오고 있다. 데이트 폭력으로 3일에 한 명씩 사망하고 있다고 한다. 이 얼마나 무서운 일인가. 엽기적인 살인사건이 연속적으로 일어나고 있다. 어쩌다가 이렇게 되었을까. 이 하얀 백지 위에 더 이상 사회악의 참상을 이야기하기가 두렵다. 슬프고 소름끼치고 무서운 일이다. 사람 탈을 썼다고 모두 사람이 아니다. 사람의 탈을 썼지만 50%만 사람인 사람, 70%만 사람이고 행동은 동물처럼, 악귀처럼 행동하는 사람들이 있다. 개개인의 인성교육도 중요하지만 사회시스템의 대혁신이 필요하다. 동방예의지국을 자랑하고, 미풍양속을 자랑하고, 정의사회라고 자랑했던 이 나라가 왜 이렇게 되었을까. 조선시대 때 4대문에 인(仁)(崇仁門), 의(義)(敦義門), 예(禮)(崇禮門), 지(智)(弘智門)를 새긴 현판을 달고 종로에 보신각(普信閣)을 세우고 문명국가를 자랑했던 이 나라가 왜 이렇게 되었을까?

국민행복시대라는 구호는 요란했지만 행복시대는 사라지고 불행시대가 마왕의 옷을 입고 춤을 추고 있다. 우리는 한탄만 하고 있을 것인가. 아니다 길을 찾아야 한다. 한국뿐 아니라 세계가 자멸하지 않고 인간답게 살기 위해서는 혁명적인 신인본주의를 향한 변화가 일어나야 한다.

3. 왜 이렇게 되었는가

현대는 병든 사회이다. 중병이 든 사회에서 우리 현대인은 힘겹게 살아가고 있다. 프롬(Fromm)은 현대인을 가리켜 인조인간(人造人間)이라고 명명하고 현대사회를 무관심과 소외의 사회라고 진단하였다. 인조인간이란 인간이되 기계인간, 즉 감정이 없는 기계와 같은 인간을 말한다. 무관심은 죄악이며, 소외는 질병이다. 이기주의의 노예가 되어 버린 인조인간은 길을 가다 긴급한 사고를 당한 사람이 살려 달라고 외쳐도 외면하고 자기 갈 길을 간다. 인간이 동물과 다른 점은 측은지심이 있기 때문이다. 그런데 이웃의 불행에 아무런 동정심과 아픔을 느끼지 못한다. 이는 비인간화의 상징이다. 이런 사회를, 아픔을 보고 통증을 느끼지 못하는 무관심의 사회요, 무통의 사회라고 한다. 우리는 무통의 사회에서 살고 있다. 진정한 인간을 잃어버린, 잃어버린 사회에 살고 있다. 까뮈의 이방인에 나오는 모르쇠처럼 살고 있는 것이 현대인이다. 한 사례를 들어 보자. 공항에 가는 승객이 택시기사가 심장마비 증세가 와서 택시가 가까스로 멈춰 섰는데, 기사를 방치하고 골프채를 챙겨들고 다른 택시를 갈아타고 공항으로 가버린 일이 발생했다. 그 택시기사는 너무 늦은 조치로 인해 사망하고 말았다. 인조인간, 비인간화의 적나라한 모습이다. 이것이 무관심의 사회를 상징적으로 보여주는 한 단면이다.

현대인은 소외 속에 살아가고 있다. 세계 8대 억만장자의 재산이 세계인구 절반의 재산과 비슷하다고 한다. 이런 소식을 들은 가난한 사람들은 극도의 소외를 느낀다. 청와대에서 몇 억짜리 송로버섯으로 만찬을 즐겼다는 소식을 듣고 서민들은 엄청난 소외를 느낀다. 현대사회는 천민자본주의가 판치는 시대다. 일일이 열거할 수 없는 엄청난 부의 잔치 앞에서 일반 서민들, 동수저, 흙수저들은 소외를 느끼고 우울증에 걸린다. 전대미문의 최모씨의 국정농단 앞에서 오늘의 한국 국민들은 소외와 분노를 느낀다. 이것이 소외의 사회이다. 왜 이렇게 되었을까?

첫째는 기계문명의 발달로 인간은 감정 없는 기계의 부품이 되어 버렸다.

인공지능이 발달하여 알파고와 이세돌의 대국에서 이세돌은 4연패하고, 한 번 승리하여 인간의 한계를 느끼고 있다. 인간이 만든 기계에 의하여 인간이 지배받는 시대가 오지 않으리라고 장담할 수 없다. 이번에 이세돌과 대국한 알파고는 처음으로 학습능력을 지닌 인공지능의 탄생이라는 점에서 4차 산업혁명의 시대가 왔다고 할 수 있다. 머지않아 희로애락의 감정을 지닌 로봇인간이 등장하여 지나가는 미인에게 사랑을 고백할 날이 올런지 모를 일이다. 로봇인간의 작동에 오류가 발생하여 증오심에 불타는 로봇인간이 진짜 인간을 공격하는 때가 온다면 인간사회는 어떻게 변할까? 기계는 무서운 재앙이 될 수 있다. 인공지능의 발달과 인간사회에 미치는 문제를 함께 연구해야 한다.

둘째, '마모니즘(Mammonism)'이라는 '돈의 신'의 노예가 되어 전통적인 인간사회의 삶의 규범으로 유지해 온 공동체를 상실해 버렸기 때문이다. 현대사회는 신도 죽었고 인간도 죽었고 오직 돈이 신이 되어 우리 앞에 서 있다. 과거에는 가난했지만 신 앞에 경배했고 어른 앞에 겸손했고 전통적인 사회규범을 지키면서 함께 삶을 영위했는데, 돈의 신을 모시고 사는 현대의 인간은 신을 경멸하고 인간을 배신하는 무통의 인간이 되어 버렸다.

우리는 국민소득 80$에서 경제개발을 시작하여 국민소득 30,000$ 시대를 앞두고 있는데 소득이 높아진 것만큼 사회는 안정되고 행복한가? 그 반대로 가ㄱ 있다.

돈의 신을 적나라하게 표현한 한 장면을 보자.

조지 오웰이 1936년에 발표한 런던의 빈곤을 그린 소설 「엽란의 비상(Keep the Aspidistra Flying)」에서 중심인물인 고든 콤스톡은 사람들이 가끔 결혼식에서 사용하는 성경의 고린도서에 나오는 사랑에 대한 구절을 그 시대에 빗대어 사용하기를 즐겨했다. 그는 사랑 대신 돈으로 바꾸어 다음과 같이 표현했다.

> 내가 인간의 언어를 말하고 천사의 말까지 한다 하더라도 돈이 없으면 나는 울리는 징과 요란한 꽹과리와 다를 것이 없습니다. 내가 하느님의 말씀을 받아 전할 수 있더라도, 온갖 신비를 환히 꿰뚫어 보고 모든 지식을 가졌다 하더라도, 돈이 없으면 나는 아무것도 아닙니다. 그러므로 믿음과 희망과 돈, 이 세

가지는 언제까지나 남아 있을 것입니다(「헝그리 정신」, 찰스 핸디).

조지 오웰은 1930년대에 한국의 오늘까지 내다 본 듯 하다. 인간은 돈 이상의 가치를 추구하며 살아야 하는데 돈이 신의 자리를 차지한 이 시대를 극복하고, 돈이 인간의 가치 구현을 위한 수단이 되는 사회를 건설해야 하는 것이 우리의 과제다.

셋째, 독재체제의 장기화로 인간성 경시가 전파되었기 때문이다. 독재는 인권을 유린하는 전제정치 체제다. 정권이 독재면 국민의 생활이나 의식구조도 독재화된다. 정권이 민주체제면 국민의 의식은 민주체제로 변하여 개인 생활이나 사회의 흐름이 민주화된다. 독재는 인간을 파괴하는 악령이다. 우리는 오랫동안 독재의 그늘 아래서 살아 왔다. 새로운 민주적인 인간의 공동체를 찾아야 하는데, 민주주의를 성취하였다 하나 한국의 현실을 볼 때 아직 요원하다.

우리를 더욱 슬프게 하는 엄청난 사건이 발생하였다. 최모씨의 국정농단 사건이 터져 대통령은 탄핵심판을 받아 구속되고 새로운 정부가 탄생하였다. 이 사건은 단순한 사건이 아니다. 국민의 의식구조에 엄청난 변화를 일으킨다. 인간의 생활에는 모방심리가 작용한다. 이번의 사건은 국가와 국민에게 무서운 병폐를 가져다 준 반면, 한국사회의 중대한 역사의 전환점을 가져왔다고 할 수 있다. 전화위복의 계기가 되기를 기대하여 본다.

Ⅱ 미래 인류가 사는 길 = 공동선의 세계

1. 공동선의 뿌리를 찾아서

아담의 후예

인류는 한 몸
한 뿌리에서 나온 영혼
네가 아프면
나도 아프네
그렇지 않다면
우리는 사람도 아니지

– 허페스(12세기 이란 시인) –

2. 왜 공동체인가

필자의 최대의 화두인 '공동선의 길'은 공동체의 형성에서부터 출발한다. 왜 공동체인가. 그것은 우주 자체가 공동체요, 인간의 몸뚱이(Human body)가 하나의 공동체요, 인간이 만든 모든 조직들이 공동체이다. 따라서 공동체의 길만이 공생의 길이요, 생명의 길이기 때문이다. 불교의 가르침을 빌리면 앞에서 설명한 것과 같이 "일즉다, 다즉일(一卽多, 多卽一)"의 길인 것이다.

"一卽多, 多卽一"을 인체에 비유해보면 인체는 크게 하나이나 그 인체는 오장 육부, 삼백육십오 개의 뼈마디와 스물네 개의 갈비뼈 등 신체 각 부위의 부품으로 구성되어 있다. 그러나 다(多)인 인체의 각 부품에 고장이 생기면 일(一)인 몸체도 균형이 깨어지고 고장이 생기는 것이다. 그래서 우리의 몸, 우리의 가정, 우리가 몸담고 있는 조직, 우리가 살고 있는 나라와 나아가 우리가 살고 있는 지구, 우주는 하나의 공동체요, 하나의 생명체인 것이다. 대자연은 대우주요 인간은 소우주라는 원리는 이 "일즉다 다즉일"에서 그 근원을 찾을 수 있다. 그런데 공동체인 가족도 사회도 나라도 세계도 깨어지고 있다. 인간이 인간의 어머니인 자연을 배신하니까 우주는 지구 온난화로 벌을 주고 있다. 순천자 흥(順天者 興) 역천자 망(逆天者 亡)이라는 대우주의 진리를 거역하고 있는 것이 오늘의 인간들이다.

공동선의 뿌리는 동양사상에서 찾을 수 있다. 그 사상의 뿌리를 정리해 보기로 하자.

3. 동양사상과 공동선

3-1. 유(儒), 불(佛), 선(仙)

1) 유교(儒敎)와 공동선

유교와 동양사상에서는 천인합일(天人合一), 대우주(大宇宙), 소우주(小宇宙)라는 말이 그 기본이다. 천인합일의 뜻은 문자 그대로 하늘과 사람은 하나라는 뜻이다. 하늘과 지구와 나, 3자는 어떤 우주의 법칙 하에 관계를 유지하며 살고 있다. 하늘(자연)의 질서가 무너지면 나는 존재할 수 없다. 나의 존재는 하늘의 질서가 유지됨으로써 가능하다. 이것이 곧 하늘과 나는 하나라는 뜻이요, 자연과 인간이 하나라는 뜻이다. 이는 자연과 인간의 공생, 즉 함께 사는 것을 말하는 것이다.

소우주와 대우주에 대해서 이야기해 보자.

대자연은 봄, 여름, 가을, 겨울이라는 사계절로 이루어져 있다. 그런데 이 지구상에서 숨 쉬고 사는 동물 중 유일하게 인간만이 자연의 4계를 따라 창조되었다. 인간의 머리는 자연의 겨울이다. 겨울은 밤이 길고 차다. 인간의 머리는 짧고 차야 한다. 뜨거운 가슴, 냉철한 머리라고 한다. 머리가 뜨거운 사람은 병든 사람이다. 지구 온난화는 무엇을 말하는가? 겨울이 뜨겁다는 것을 말한다. 이런 현상을 이상기후라고 한다. 사람도 머리가 뜨거운 사람은 이상한 사람이다. 양팔은 봄과 가을을 뜻한다. 봄과 가을은 낮과 밤의 길이가 같다. 양팔과 손은 길이가 같고 왼손으로 봄에 씨 뿌리고 오른손으로 가을에 추수한다.

하체는 여름이다. 여름은 덥다. 인간의 하체는 따뜻해야 한다. 봄에 뿌린 씨를 여름에 가꾸어야 하기 때문에 가슴과 배와 다리는 땀을 흘리며 일해야 한다. 하체가 따뜻하지 않고 차가운 사람은 병든 사람이다. 이와 같이 동양사상을 분석해보면 자연과 인간은 하나라는 것이 증명된다. 자연의 질서가 깨어지면 인간의 질서도 깨어진다. 자연과 인간은 함께 살아가는 공동체인 것이다. 한 몸인 것이다. 자연과 인간이 함께 살아가는 것, 이것이 공동체의 길이요, 공동선의 길이다.

자연과 인간이 한 몸으로 살아가는데 인간과 인간은 어떻게 살아야 하겠는가?

여기에서 유교의 근본에 대해 설명을 더 해보자. 유교의 본질은 '인(仁)'을 근본으로 덕치(德治)와 예치(禮治)인데, 덕을 상위 개념으로 보았다 할 수 있다. 유교에서 말하는 '덕'의 의미를 살펴보면 유교에서 지도자를 지칭하는 용어로 사용된 황·제·군·왕 등은 진시황에 이르러 그 본래의 의미가 변질되기 이전까지는 국민에 대한 전제권한의 의미보다는 지도자 자신의 의미를 강조하는 내용이 더 짙게 내포되어 있었던 것이 분명하다(심백강, 「동양사상을 통해서 본 지도자의 정치철학」).

이는 중국의 군주들이 전제정치를 추구했던 것이 아니라 백성 속에서 백성과 함께 공동사회, 공동정치를 추구하였다 할 수 있다. 그러나 진시황제의 분서갱유(焚書坑儒) 이후로 황제나 왕에 대한 개념이 바뀌게 되었다고 생각한다. 중국의 고대 정치와 사회는 공자와 맹자의 사상을 기본으로 삼고 시행되어 왔는데 공자와 맹자 같은 성인이 전제정치를 장려하였겠는가?

2) 불교(佛敎)와 공동선

불교에서의 공동선의 관계는 삼처전심(三處傳心)론 사상을 설명함으로써 이해를 돕고자 한다. 부처의 삼처전심이란 첫째, 부처님이 설법하는 날 많은 제자들과 군중들이 모여들었는데, 마지막에 한 늙은 노인이 부처님 앞으로 뚜벅뚜벅 걸어 들어가니 부처님이 방석 한 쪽을 내주는 것이 아닌가. 그들은 같은 방석에 나란히 앉았다. 이 광경을 보고 청중들이 뒤숭숭하였다. 당시 인도는 신분사회였으며, 늦게 들어와 부처님 방석에 함께 앉은 사람은 서열이 하위인 가섭이라는 촌로였기 때문이었다. 부처님은 그의 실존, 즉 그의 현재의 능력을 인정한 것이다. 그 늙은 촌로의 깨달음을 인정하고, 오늘의 잣대로 말하면 서열을 파괴하고 능력을 인정한 것이다.

둘째, 부처님이 설법을 하기 전, 연꽃을 높이 드니 모든 청중이 바라만 보고 침묵을 지키고 있는데, 오직 가섭 한 사람만이 빙그레 웃는 것이 아닌가. 이심전심(以心傳心)의 순간이었다. 언어를 초월하여 영혼의 일치를 느낀 것이다. 부처님이 연꽃을 든 이유를 가섭은 이해하고 미소로 답했던 것이다.

셋째, 부처님은 82세에 열반에 들었다. 그 때 인도에서 소위 '도사'라고 자처하는 사람들은 통상 90~100세까지 살았다. 주위에서 부처가 저렇게 빨리 죽다니, 혹시 가짜가 아닌가 하고 쑥덕거렸다. 그 때 먼 길을 일주일이나 걸어서 나타난 노인이 가섭이었다. 늙은 가섭이 화장(火葬)하기 위해서 장작더미 위에 올려놓은 부처님 관을 세 번 돌고 인사하니, 관이 열리면서 부처님의 한쪽 다리가 관 밖으로 나오는 것이 아닌가. 사람들이 깜짝 놀라 혼비백산하였다. 그 때 부처님은 불생불멸(不生不滅)의 교훈을 보여 준 것이다.

부처님의 삼처전심은 실용과 실존, 생사일여(生死一如)의 교훈을 가르쳐

준 것이다. 삶과 죽음이 둘이 아니요, 하나라는 사실을 부처님 다리로 증명해 준 것이다. 삶과 죽음도 하나인데 어찌 삶과 삶이 둘이겠는가. 산 자들은 함께 사는 공동체인 것이다.

부처님은 삶과 죽음을 하나로 보고 가섭을 통해서 실용을 인정하고 언어를 초월하는 인간의 영적인 체험을 가르쳐 주었다.

3) 선(仙) 사상과 공동선

선(仙) 사상의 기본은 홍익인간(弘益人間)으로서 자연과 인간, 동물과 인간이 함께 살아야 한다는 것을 의미한다. 환인(桓因), 환웅(桓雄), 그리고 단군은 천주교의 삼위일체(三位一體) 사상과 유사하다. 홍익인간 사상은 공동문화(共同文化), 공동선(共同善)의 발원지이다.

독자들의 이해를 돕기 위하여 선 사상과 단군조선의 건국이념인 홍익인간에 얽힌 신화를 이야기하고자 한다.

환웅은 환인(하느님)의 아들로 하늘에서 태백산 정상에 내려와 그 곳을 신시(神市)라 부르고 곡식, 수명, 질병, 형벌, 선악 등 인간의 360여 가지 일을 주관하였다. 어느 날 곰과 호랑이가 환웅을 찾아와 인간으로 만들어 달라고 간청하자 각자에게 신령한 쑥 1주와 마늘 20개를 주면서 100일 동안 동굴에서 햇빛을 보지 말고 쑥과 마늘만 먹고 산다면 인간이 될 수 있을 것이라고 하였다. 호랑이와 곰은 함께 동굴에서 100일을 버티려고 하였으나 성질 급한 호랑이는 참지 못하고 동굴 밖으로 뛰쳐나가고 곰은 100일을 참고 버티어서 사람이 되었다. 웅녀(곰)는 여자가 되어 아이를 갖기를 원하였다. 이에 환웅이 웅녀(熊女)와 결혼을 하고 아이를 낳으니 그 아이가 단군왕검이다.

단군의 건국이념은 홍익인간(弘益人間)이다. 홍익인간은 하늘(자연)과 땅과 사람이 함께 살자는 뜻으로 공동선, 공동문화의 추구를 의미한다. 곰으로 나오는 웅녀는 수많은 짐승을 대표해서 사람으로 변신하여 사람과 함께 사는 것을 의미한다 하겠다. 하늘에서 내려온 환웅과 사람으로 환생한 짐승과 그 사이에서 태어난 인간은 삼위일체, 즉 공동체를 의미한다. 우리의 선조는 짐승까지도 사람으로 환생시켜 함께 살았다. 왜 우리끼리 함께 살지 못하겠는가.

우리 한민족의 뿌리 깊은 공동체의식은 단군의 건국이념인 홍익인간에 그 근원을 두고 있다.

시대의 변화로 우리의 공동체문화는 많이 퇴색하였지만 시대를 선도하는 공동체의 재창조가 필요하다는 것을 강조하는 바이다.

단군의 건국이념을 신화라고 비판하는 사람들도 있지만 단군 건국이념은 하늘과 사람(환웅), 짐승(곰-웅녀), 땅(태백산)이 함께 공존, 공생하는 홍익인간의 상징성을 의미한다고 생각한다. 이러한 홍익인간의 뿌리 깊은 사상이 우리 민족의 공동체의식을 강화시켰으며 공동선의 길이다.

3-2. 공동선 사상의 실현—삼균주의(三均主義)를 통해서

제프리 삭스는 미래의 과제로 경제발전, 사회통합, 환경의 지속 가능성을 들고 있다. 이 세 가지 요인을 종합적으로 성취하기 위해서는 경제발전에 대한 분배정의를 실현하는 것이 가장 중요하다. 경제발전으로 이룩한 부가가치의 분배정의가 이루어져야 사회통합, 환경의 지속 가능성을 이룩할 수 있다.

오늘의 한국사회에서 진정 중요한 과제는 정치적 통합, 경제적 통합, 사회적 통합이다. 사분오열되어 있는 사회적 통합을 이룩하기 위해서는 정치적 통합과 경제적 통합이 전제되어야 한다.

이 길은 어디에서 찾을 수 있을까? 삼균주의 구현에 의한 공동선(公同善)의 사회를 건설하는 데 있다.

삼균주의(三均主義)란 균형성장, 균형분배, 균형발전을 의미한다. 오늘의 한국사회 곳곳에서 균형이 파열되는 소리가 요동치고 있다. 삼균주의는 정치, 경제, 사회, 교육 등 모든 면에서의 균형성장, 균형분배, 균형발전을 의미한다. 한국은 미국 다음으로 소득격차가 큰 나라이다. 노동연구원에 따르면 2016년 소득 상위 1%가 국민소득 전체에서 차지하는 비중이 14.2%로 사상 최고치를 기록했다. 상위 10%의 소득 비중도 48.5%에 이르고 있다. 세계 주요국 가운데 미국을 제외하고 가장 높은 수준이다.

이러한 현상은 국민통합을 저해하는 가장 큰 문제이다. 진정으로 국가안보를 위하고 국민통합을 위해서는 삼균정책의 실현이 이루어져야 한다. 이러한 정책을 수행하기 위해서는 리더의 역할이 중요하다. 우리는 지도자 빈곤의 시대에 살고 있다. 지도자의 책임이 막중한데 우리나라의 현실을 보면 지도자란 인간들이 나라를 망치고 있다.

3-3. 인간이 사는 사회를 위해서

니체는 20세기에 신은 죽었다고 외쳤지만 21세기에는 인간이 죽었다. 신도 죽었고 인간도 죽었고 산 것은 무엇인가. 돈이라는 신이다. 가산주의(家算主義)와 천민자본주의(賤民資本主義)가 이 시대를 지배하고 있다. 돈 앞에 권력 앞에 무릎을 꿇고 인간이기를 포기한 시대, 이 시대가 우리가 살고 있는 오늘의 시대이다. 인간을 잃어버린 사회, 어떻게 인간이 사는 사회를 만들 것인가? 그것이 문제이다.

그 해법을 생각해보자.

1) 국가정책의 변화가 선행되어야 한다

한국은 경제성장에 있어서 기적을 이룩한 나라이다. 국민소득 5,000$를 획득하도록 까지 서구는 150년, 서구에서 배운 일본은 100년이라는 세월이 걸렸는데 한국은 불과 30년 만에 국민소득 5,000$를 획득한 기적의 기념비를 세운 나라이다.

세계의 많은 나라 중에서 경제규모 12, 13위 국민소득 30,000$를 바라보는 나라로 성장한 한국, 자랑스러운 나라가 아닌가. 경영학의 아버지라는 드러커 교수도 한국의 경제성장 기적에 찬탄을 아끼지 않았다. 반면 경제성장의 역풍이 불어 갖가지 난제가 국가를 위기국면으로 몰아가고 있다. 그 난제 중의 난제가 인간성 상실이다. 인간이 사는 곳에는 인간이 살아야 하는데 인간의 탈을 쓴 괴물들이 등장하여 괴물영화에서도 볼 수 없는 비극들이 매일 일어나고 있다.

인간의 사회를 만들기 위한 가장 시급한 과제는 무엇인가. 국가정책의 대변화이다.

국가의 정책도 공동선을 실행하는 방향으로 나가야 한다. 경제민주화를 내걸고 집권한 정부의 정책은 집권 후에 역주행하였다. 우리 사회의 양극화 문제는 치유하기 어려운 불치병이 되고 있다. 탕평정책을 내걸고 집권한 현 정부의 정책기조에 변화의 바람이 부는 듯 하다.

첫째, 경제정책의 대변화가 이루어져야 한다. 삼균주의 실현을 위한 균형 정책이 이루어져야 한다. 균형성장, 균형분배, 균형발전이라는 삼균주의야 말로 한국의 난제를 풀어가는 핵심 과제라 하겠다.

둘째, 정치·행정제도의 대변혁이 필요하다. 선거라는 이름만 빌렸을 뿐 Nepotism이라는 악령 때문에 선거에 의한 썩은 정치의 변화는 일어나기 어려웠다. 마피아 집단에 의해서 국가가 통치되는 형국이다. 여기에는 독립변수인 국민이 눈을 떠야 하는데 한국인들은 연고주의(Nepotism)의 포로가 되어 경상도는 한나라당, 전라도는 민주당을 몰아주니 무슨 변화가 일어나겠는가? 이번 19대 선거에서는 조그마한 변화가 일어났다. 과거에 경상도는 전부 한나라당, 전라도는 모두 민주당, 충청도는 모두 자민련으로 국회의원이 선출되었던 때가 있었다. 이것이 무슨 선거인가.

막대기도 민주당의 옷만 입으면 당선된다는 유행어가 떠돈 때가 있었다. 이런 사람들이 국회에 나가서 무슨 일을 하겠는가. 그런데 19대 대선에서 한국 선거사상 처음으로 연고주의가 무너지는 희망을 보았다.

셋째, 부패를 척결하고 정의로운 정치·행정 인사제도를 수립해야 한다. 한국은 OECD 국가 중 부패지수 1위다. 이런 나라가 나라로 굴러가는 것을 보면 신통하다. 이는 국가 안보의 최대의 적이다

이런 국가경영의 현실을 보고 젊은이들은 좌절하고 꿈을 잃고 만다. 꿈을 잃어버린 청춘이 갈 곳은 어디인가. 사회악의 소굴로 들어가는 것이다. 양극화의 절박한 현실에서 인간사회에서는 일어날 수 없는 일이 연일 일어나고 있는데 해결의 길은 요원하니 걱정이다. 강원도에 있는 모 공공기관에서는 568명 채용하는데 95% 이상을 연고 채용하였다고 한다. 해도 해도 너무한 사건이다. 채용비리로 적발된 공공기관은 총 2,234건이라고 한다. 이래가지고 어떻게

국민통합을 바라겠는가.

2) 인간성 회복을 위한 범국민적 참여와 실천운동

이를 위해서 대통령 직속으로 범국민운동 기구를 설치하여 시행해야 한다. 사회 대통합 정책과 함께 새로운 정책을 수립해야 한다. 이를 위해서 정부 정책과 교육정책의 대혁신이 요청된다. 그 길이 아쉽기 그지없다. 산 속에 사는 동물들도 자기들이 살아가는 길이 있고 이름 없는 들꽃들도 어떤 법칙 속에서 피고 지는 것이 자연의 질서이다. 인간은 인간사회에서 인간으로 지켜야 하는 질서와 규범 속에서 살아간다. 법으로 인간의 모든 행동을 통제할 수는 없다. 법 이전에 인간으로 살아가는 수천 년간 내려오는 규범이 있다. 그 질서와 규범이 깨어져서 혼란을 겪고 있는 것이 오늘의 현실이다. 지도자들의 솔선수범이 선행되어야 하는데 난망한 일이다. 지도자라는 뜻이 말하듯이 국민의 모범이 되고 국민을 이끌어야 하는데 지도자가 국민에게 불쌍한 존재로 비춰지는 불행한 사회가 되고 말았다.

싱가포르의 국부로 추앙받고 있는 리콴휴 수상은 퇴임 후 변두리에 새로운 집을 짓고 살고 있었는데 개발지역이라 땅값이 크게 올랐다. 그 사실이 신문에 보도되어 리콴휴 수상이 투기해서 돈을 벌었다는 소문이 나기 시작하였다. 그는 살고 있는 집을 팔아 원금만 챙겨 다른 곳으로 이사를 가고 이익분을 복지재단에 기부하였다.

우루과이 대통령은 봉급의 90%를 가난한 사람들에게 기부하고 대통령 관저를 노숙자들의 쉼터로 내주었다고 한다. 퇴임 후 부인이 경영하는 농장에 기거하며 오래된 자동차를 타고 검소하게 생활하고 있다. 이런 모범을 보여야 국민들이 인간의 본성을 지키며 비인간적인 행동을 하지 않는다. 어떤 나라 대통령들은 퇴임 무렵에 재벌들로부터 수천 억원을 모금하여 배를 채웠다. 어느 여자 대통령은 대리인을 내세워 미르, K스포츠 등 재단을 만들어 800억을 모금하고 하루만에 인가를 받고 국가권력을 사유화 하였다. 최고의 권력의 자리에 앉아서 왜 그렇게 사욕에 눈이 어두운 것일까. 본인이나 나라를 위해서 슬프고 분할 일이다.

페이스북 창업자인 31세 청년 저커버그는 51조원을 사회에 환원하였다. 빌 게이츠는 세계에서 가장 많은 기부를 하는 자선사업을 하겠다고 공헌하고 있다. 우리나라도 대림산업의 이회장이 2,000억을 기증했고, 한미약품 회장은 전 종업원에게 개인당 4,000만원의 주식을 증여했다고 한다. 희망의 미래를 위해서 가진 자들에게 솔선수범을 권장한다.

인간이 사는 사회분위기를 만들어야 사회악을 예방할 수 있다.

한국의 전직 대통령 한 분은 통장에 남아 있는 돈이 29만원뿐이고 집까지 국가에 헌납하였는데 국민들이 감동을 하지 않는다. 이상한 나라이다. 한국사회가 왜 이렇게 되었을까. 앞에서도 이야기하였지만 지도자들이 병들어 있기 때문이다. 한국에는 지도자다운 지도자가 보이지 않는다. 송사리들의 천국이요, 사이비의 장터다. 지도자가 병들면 국민이 병들고 지도자가 흔들리면 나라가 흔들린다. 국민을 무서워할 줄 알아야 지도자들이 정신을 차린다.

3) 신(信)의 사회를 구축하는 일

행복한 부부생활의 핵심 요인은 사랑, 믿음, 필요, 대화라는 4대 요인이라 할 수 있다. 가정은 사회의 핵이다. 사회는 가정이라는 사회로부터 출발한다. 부부생활의 요인은 모든 사회 운용의 원리인 만법귀일(萬法歸一)이라는 원리에 적용할 수 있다. 만법귀일이란 만 가지 법의 운용원칙은 하나의 원리에서 출발한다는 뜻이다. 부부생활의 4대원칙은 모든 사회조직의 운영에 적용할 수 있다. 부부 간에도 믿음이 무너지면 금이 가기 시작한다. 사회조직에 있어서도 마찬가지다. 인간성 회복을 위해서는 신(信)의 사회를 건설 하는 것이 시급한 과제이다. 한국 사람 80%가 서로를 못 믿고 사는 불행한 사회가 되고 말았다. 이는 OECD 전체 나라 중 1위라고 한다. 이는 공동체가 파괴되고 있다는 증거다. 위, 아래 집에 누가 사는지도 모른다. 혼자 밥 먹고, 혼자 놀고, 혼자 바쁘다. 이웃 간 층간 소음 문제로 살인사건이 빈번히 일어나고 있다. 누구에게도 마음을 털어 놓을 수 없고 의지할 수 없는 인간관계의 폐해는 심각하다. 어떻게 믿음(信)의 사회를 이룩하고 어떻게 공동체 삶을 살아가야 할 것인가가 우리 사회의 절박한 과제다.

공동선을 추구하여야 할 세계는 날로 불신이 커지고 분열의 양상을 보이고 있다. 이 분열의 세계를 구제할 길이 무엇인가. 많은 사람들이 많은 처방을 내놓았지만 세계는 점점 어두운 그림자가 드리워지고 있다. 어떤 정치인, 어떤 정치집단, 어떤 종교도 구제를 못하고 방황하고 있을 뿐이다. 어떻게 해야 할 것인가.

믿음의 세계를 구축하여 공동선의 길을 찾아야 한다. 고민하던 중에 대만의 한 철학자의 글을 보았다. 그의 주장은 공자의 인(仁), 의(義), 예(禮), 지(智)를 실천하는 길이라고 자신 있게 주장하였다. 지금까지 많은 사상, 많은 종교들이 인류를 구제하는 방법은 제시하였지만 그 성과를 보지 못하고 있다. 구제의 길은, 오직 인의예지(仁義禮智)를 실천하는 길이 믿음의 사회를 건설하는 길이며 더불어 공동선의 사회를 건설할 수 있다. 그의 주장이 부럽기도 하였지만 공자의 주장도 허공에 떠 있다. 사실 기독교나 불교 사상은 그 표현 방법만 다를 뿐 그 근본원리는 공자의 사상과 일맥상통한다. 인간성 회복을 통한 인류구제의 방법은 많고 많은데 왜 인간사회는 점점 악이 판치는 어두운 동굴로 들어가고 있을까. 현대사회는 인간도 신도 죽었고 그 자리에 돈의 신이 자리하고 있기 때문이다.

4) 미래를 위한 교육제도의 혁명적 개혁

오늘의 학생은 내일의 주역이다. 오늘의 주역은 어제의 학생이었다. 한국사회 도처에서 썩은 냄새가 진동한다. 어떻게 교육을 받고 공부를 하였기에 저럴 수 있을까 하는 의문이 꼬리를 물고 일어나고 있다. 진정한 교육을 받아야 사회에 나와 진정한 가치관을 형성하여 유혹을 뿌리치고 옳은 길을 갈 수 있다. 미국의 철학자 에머슨은 '참 남자란 여자와 돈의 유혹을 물리치는 사람'이라고 하였는데, 남자란 돈과 권력과 여성의 유혹을 물리치고 자기가 세운 가치관에 입각하여 인생을 살아야 참 남자가 아닐까? 여성도 마찬가지이다.

인생에 세 가지 덕목이 있다면 결혼, 가치관, 직업이다. 가치관은 인생을 살아가는 삶의 척도이다. 삶의 척도가 무너지면 창녀 같은 삶을 살게 된다. 가치관은 배움의 교정에서 형성된다. 인생의 미래는 학교교육이 중요하다. 트라

팔가 해전에서 나폴레옹을 물리친 영국의 넬슨 장군은 트라팔가 해전의 승리는 "이튼스쿨의 교정에서 결정되었다."고 술회하였다. 오늘날 한국의 학교에서는 무엇을 가르치고 어떤 가치관을 심어 주고 있는지 한심스럽다. 기능교육은 도구교육일 뿐이다. 사상, 가치관에 기능교육이 덧붙여져야 한다. 우리 사회는 교육 부재의 사회이다. 교육의 일대 혁명이 필요하다. 단적인 예로 명예퇴직 교사들이 늘고 있다고 한다. 교육현장에서 교육자로서의 가치를 찾지 못했기 때문이다.

3-4. 공동선의 세계를 위한 인류의 과제

세계사의 진행과정을 관찰해 보면 세계사는 문명의 이동사이며, 문명의 이동사는 힘의 이동사라 할 수 있다. 힘의 이동은 약육강식의 비극을 초래하였다. 인류사는 약육강식의 역사로 점철된 정복과 피어린 역사였다. 역사 이래 지구상에 살육의 피비린내가 끊일 날이 없었다. 21세기 오늘날은 어떤가? 전 세계 곳곳에서 전쟁과 테러의 공포가 끊일 날이 없다. 해결방법을 찾아야 한다. 그 해결방법은 공동선의 세계, 함께 사는 세계를 만들어야 하는 데 있다고 믿는다.

필자의 인생의 화두는 공동선과 예방경영이다. 자연과 인간, 인종과 인종, 종교와 종교, 문명과 문명이 공존하는 세계를 건설할 수 있다면 세계인류는 전쟁과 테러를 예방하고 평화의 세계를 구축할 수 있다고 믿는다.

미래사회의 인류의 과제는
공동선,
공동문화,
평화세계의 구축에 있다.
이 3대 과제 중 핵심과제가 공동선의 실천이다.
그 공존, 공생의 길을 찾아보기로 한다.

1) 자연과 인간의 공생

순천자(順天者) 흥(興) 역천자(逆天者) 망(亡)의 교훈을 풀이하면 하늘(자연)

의 이치에 따르는 자는 흥하고 하늘의 이치에 역행하는 자는 망한다는 뜻이다. 여기서 하늘은 자연을 뜻한다. 2016년 미국 로스앤젤레스 근방은 기온이 49도 가까이 올라가 산불이 계속되고 더위에 사람들이 죽어 나갔는데, 2017년 겨울에는 하늘에서 물 폭탄이 떨어져 그 피해가 심각하다고 한다.

환경파괴로 죽어가는 북극곰의 모습

이 이상기후 문제는 미국뿐 아니라 전 세계로 확산되어 아프리카, 호주, 유럽, 러시아에 이르기까지 온도가 10% 정도 높아져 생태계의 변화로 인간의 생명을 위협하고 있다. 이는 슈퍼 엘리뇨 때문이라고 한다. 지금 세계는 동물의 개체수가 급격히 줄어 들고 있고 50년 후에는 제주도의 식물이 아열대 식물로 바뀐다는 연구결과도 나와 있다. 2017년 한국의 여름 더위는 기상 관측 사상 최고기록을 내어 한국 사람들은 더위와 싸우느라 곤혹을 치르고 더위를 못 이겨 사망자까지 속출하였다. 공룡이 멸종할 때 하루 아침에 멸종한 것이 아니다. 많은 세월을 거치면서 서서히 멸종되어 갔다. 동물이 지구상에서 멸종하면 다음은 누구 차례이겠는가?

2015년 세계의 195개국 정상들은 온도 상승폭을 1.5도까지 제한하기 위해 노력한다는 합의문을 발표하였지만 강제성이 없어 실천될지는 의문이다. 이대로 지구온난화와 이상기후가 지속된다면 어느 날 갑자기 자연에 대변화가 일어나 '순천자 흥 역천자 망'이라는 경고가 현실로 나타나게 될 것이다. 자멸을 면하기 위해서 자연과의 공생의 정책을 전 세계적으로 펴 나가야 한다. 자연이 죽고 나면 그 다음은 인간 차례이다.

남미 칠레에서 1,700km 떨어져 있는 외딴 섬 이스타 섬이 있다. 18세기 네덜란드 제독 로헤벤에 의하여 발견된 이 섬에는 거대한 석상이 130개나 세워져 있다. 그런데 이 섬에는 사람이 살고 있지 않다. 무인도의 섬에 도대체 누가, 저 거대한 석상들을 세웠을까. 의문을 가지고 연구한 결과 그 섬에 살고 있었던 부족들이 경쟁적으로 거대한 석상을 세운 사실이 밝혀졌다. 석상을 세우기 위하여 돌을 잘라낸 흔적이 지금도 남아 있다. 그 석상을 어떻게 세웠을까. 섬의 나무들을 이용하였을 것이다. 끝없는 벌목을 하여 그 섬에는 나무가 사라져 버렸다. 자연 파괴의 결과 30,000명 정도의 사람이 살고 있었으리라고 추정되는 섬에 사람들이 사라져 버리고 거대한 석상들만이 인간을 원망하며 서 있다. 자연은 인간의 어머니다. 어머니를 살해한 자식들도 흔적만 남겨 놓고 사라져 버렸다.

만일 인간이 정신을 차리지 못하고 지금과 같이 환경을 파괴한다면 지구가 유령의 도시로 변하지 않는다고 누가 장담하겠는가.

자연을 사랑하고 어머니를 사랑한 사람은 악질이 없다고 한다. 자연파괴는 어머니의 살상이요, 어머니의 죽음은 자연의 아들인 우리 인간의 죽음을 가져 온다. 오늘 전 세계적인 비인간화의 모습, 인간들이 이성을 잃고 서로 살육하는 모습은 자연의 복수라고 생각되지 않는가? 자연이 파괴되니 인간의 삶의 규범이 파괴되고 있다.

기후변화로 인한 자연 파괴의 예를 보자.

가장 심각한 나라 중 하나가 몽골이다. 몽골은 4월까지도 눈이 1m가 쌓이는 나라인데 지구 온난화로 인하여 겨울에도 봄 날씨 같은 기후가 계속되고 있다. 그 결과 황사와 모래폭풍으로 인하여 초원이 점점 사막화되어 양을 먹일 초지가 사라지고 있다. 삶의 터전을 잃어버린 유목민들이 울란바토르 주변으로 몰려들어 빈민가를 형성하고 있는데 몽골인구의 20%에 이른다고 한다. 몽골의 광대한 초원은 이렇게 점점 사막화되어가고 있다. 몽골의 사막화는 우리나라에까지 황사를 선물하여 무서운 공포가 되고 있다. 이것이 바로 자연의 순리를 역행하는 데서 오는 대가이다.

남태평양의 여러 섬나라들은 점점 낮아지고 있다. 지구온난화로 해수면이 높아지고 있기 때문이다. 2016년 2월에 덮친 사이클론으로 코로 섬 주민 중 29명이 숨지고, 8,000명이 집을 잃고 이재민이 되었다. 이 외에도 남태평양 기후변화의 피해를 보면 놀라지 않을 수 없다.

2010년 3월 키리바시 33개 섬 중 21개 섬이 해수면 상승으로 거주 불가능 지역으로 변해 버렸고, 2015년 사이클론이 팜 비누아트를 강타하여 15명이 사망하고 2016년 1월에는 사이클론 울라로 통가의 기반시설이 파괴되었고, 2월 마셜제도는 엘리뇨에 의한 가뭄, 홍수로 국가 비상사태까지 선포되었다.

투발루라는 섬은 해수면이 올라가 섬 9개 중 2개가 물에 잠겼다. 앞으로 해수면이 1.8m 더 올라가면 투발루는 지구상에서 완전히 사라지고 말 것이다. 투발루 사람들 상당수는 기후변화로 인해 난민이 되어 호주 등지로 떠났다. 몰디브는 세계에 기후변화의 심각성을 알리기 위하여 수중에서 각료회의를 하기도 하였다. 만일 인간이 지금과 같이 자연파괴 행위를 계속한다면 세계는 점점 사람이 살 수 없는 지옥으로 변하게 될 것이다. 그 때는 이미 늦다.

위에서 이야기한 것은 환경파괴의 몇 가지 사례에 불과하다. 전 세계는 차례대로 비극의 최후를 맞이하게 될 것이다.

우주는 하나의 거대한 생명체다. 우주와 지구와 인간은 상호 의존관계에 있는 공생의 관계이다. 지구는 자전하면서 공전한다. 인간은 낮에는 일하고 밤에는 잠을 자면서 우주의 질서에 순응하면서 살아간다. 자연과 인간은 한 몸이다. 자연과 지구의 질서가 파괴되면 인간의 질서도 파괴되어 결국에는 인간 자체가 파멸에 이르게 된다.

여기에서 우리가 깨달아야 할 것은 자연과 나는 하나라는 진리이다. 봄날 내 몸에 기어오르는 풀벌레 한 마리도, 스치는 바람도, 산천에 널려 있는 나무 한 그루도 우리와 하나로 살아간다. 그들이 없으면 우리 인간도 생존할 수 없으니까…

인간역천(人間逆天)의 후유증을 다시 정리해보자. 수질오염, 물 부족, 대기오염, 폐기물의 홍수, 땅의 훼손으로 인한 자연 파괴의 징조는 심각하다. 구체적인 예를 들면 지구의 허파인 아마존의 파괴는 심각하다. 사막화로 청정지역인 뉴질랜드, 호주도 사막화되어 가고 있다. 뉴질랜드의 어느 평원의 언덕에 올라 땅이 사막화되어 가는 현장을 직접 목격하고 가슴이 막혔다 생태계는 더욱 심각하다. 150년 전의 꽃향기가 90% 감소하였다. 오늘의 꽃에서는 향기가 사라져 버렸다. 알래스카는 평균기온 6%가 상승하여 땅이 꺼지고 영구동토에 지어 놓은 집들이 기울어져 사람이 살 수가 없게 되어 가고 있다. 북극에 얼음이 사라지니 곰 같은 동물들이 떠나고 그들을 사냥하여 먹고 살던 에스키모들이 살 수 없게 되었다. 영구 얼음 바다였던 북극해가 항해가 가능하게 되어 관련국들의 자원쟁탈전의 전쟁터로 변하고 있다. 2016년 11월의 북극 기온은 20도 오른 초고온 이상 현상을 기록하고 있다. 이뿐인가. 생물 감소, 동식물의 멸종이 증가하고 있다.

인간이 공멸하지 않고 현재의 생태계라도 유지하면서 삶을 이어가기 위해서는 자연과 인간이 함께 사는 길을 찾아야 한다. '역천자 망 순천자 흥'이라는 선인의 유훈을 지키는 일이 우리가 자연과 함께 사는 길이다.

2) 종교와 종교의 공생

인간은 불안의 존재다. 이 불안의 존재는 의지할 곳을 찾아 헤매다가 종교라는 것을 찾아냈다. 인간은 이 종교라는 것에 몸과 마음을 의지하고 때로는 생명까지도 아낌없이 바친다. 그런데 이 종교라는 것이 태동한 이후 종교간의 분쟁은 끊임없이 이어져 왔으며, 종교라는 이름으로 살육을 당한 사람들은 그 수를 헤아리기도 어렵다.

이러한 종교분쟁이 있는 곳에서는 민족의 통합보다도 종교를 더 우선적으로 선택하여 민족이 갈라지는 경향이 나타난다. 중동의 수니파와 시아파가 그 대표적인 예이다. 더 우려스러운 것은 이러한 종교분쟁이 일어나면 세계의 다른 지역에 있는 신봉자들이 국경을 초월하여 자신이 신봉하는 종교를 물질적, 정신적으로 후원하는 현상이 나타난다. IS를 지지하는 이슬람들이 세계 도처에서 외로운 늑대가 되어 테러를 일으키고 있다. 종교와 종교가 싸우다가 파멸할 수는 없지 않는가. 종교와 종교가 서로 인정하고 함께 사는 길이 오늘을 살고 있는 종교인의 과제이다. 종교는 불안한 인간에게 안정을 주고 행복하게 살다가 하늘에 계신 신의 나라로 들어오라는 희망의 메시지를 주는 신의 뜻을 펼치는 것이 아닌가.

이번에 아프리카 케냐에서 좋은 사례가 발생하였다. 한 테러단체가 달리는 버스를 세우고 총을 난사하고 버스에 올라와 기독교인들은 나오라고 소리를 질러댔다. 순간 조용하던 버스 안에서 한 승객이 일어나서 "여기에는 기독교인은 한명도 없다. 죽이려면 나부터 죽여라. 우리는 모두 이슬람이다." 하고 소리를 지르니 테러범들이 한참 바라보고 있다가 하차하고 말았다. 그때 그 버스에는 기독교인들이 타고 있었지만 이슬람 여인들이 히잡을 벗어주며 숨겨 주기까지 했다고 한다. 이것은 바로 종교 이전의 인간애이다. 이러한 정신이 전파된다면 종교와 종교도 평화롭게 공존할 수 있지 않을까 생각한다.

하늘에 계시는 예수와 마호메트는 무엇을 바라고 있을까. 오늘날 시리아와 이라크에서처럼 종교분쟁으로 그들의 후손들이 지옥불에 신음하고 있는 것을 원치 않을 것이다. 종교지도자들이여 명심하라. 케냐 버스 승객들에게서 공생의 교훈을 배워라.

2016년 2월에 쿠바에서 1,000년만에 교황과 러시아 정교회 수장이 회동하였다. 수많은 종교가 지상에서 신을 찬미하지만 하늘에 올라가면 하느님은 한 분이다. 우선 세계의 지도자들이 각 종교의 독선을 버리고 우리는 하느님의 같은 자식이라는 기치 아래 종교지도자 회의를 열어 종교 본래의 목적인 공동선의 종교단체를 만들어야 한다.

오늘 이 순간에도 종교라는 이름으로 얼마나 많은 사람들이 죽어가고 있는가? 종교지도자들부터 일반 신사에 이르기까지 깨어나야 한다. 하느님, 마호메트, 부처님은 사랑의 전도사지 살상의 전도사는 아니라는 사실을 깨달아야 한다. 참고로 2014년 종교분쟁으로 인한 사망자 수를 도표에서 보자. 한 예에 불과하지만 매년 이런 참상이 벌어진다면 얼마나 비참한 일인가.

모든 종교의 목표는 사랑을 통한 행복의 추구, 더 나아가 사후까지의 구원에 있다. 그런데 인류사회에 종교가 생긴 후 분쟁은 끝이 없었다. 유럽을 보면 유럽의 역사는 종교의 역사요, 유럽의 전쟁은 십자군전쟁 등 거의 종교전쟁이었다. 인간이 얼마나 종교에 집착하며 종교를 통하여 지배력을 강화하려 하는가? 수많은 비극의 역사가 증명해 주고 있다. 스페인과 체코에는 천년된 성당이 있는데 아직도 건축 중인 미완의 성당이 있다. 천년 동안 성당을 건축

표 3-2 2014년 국가별 종교분쟁에 의한 사망자 수

국가명	사망자 수 / 전년대비 사망자 증감률	부상자 수	내 용
나이지리아	7,512명 / 311.4%	2,246명	이슬람 극단주의 무장단체 보코하람에 의한 테러
아프가니스탄	4,505명 / 44.8%	4,699명	이슬람 극단주의 무장단체 탈레반에 의한 테러
파키스탄	1,760명 / −25%	2,836명	이슬람 극단주의 무장단체 탈레반에 의한 테러
시리아	1,698명 / 57.5%	1,473명	IS에 의한 테러
소말리아	801명 / 97.8%	568명	이슬람 극단주의자들에 의한 테러(알샤바브 등)
예맨	654명 / 124.7%	753명	알카에다 아라비아반도지부(AQAP)
중앙아프리카 공화국	589명 / 513.5%	248명	이슬람 계열인 셀레카 반군과 기독교 민병대 안티발라카의 잇따른 보복테러

출처: 경제평화연구소(Institute for Economic and Peace)

하기 위하여 얼마나 많은 노동자의 땀을 빼앗았겠는가? 우리는 예수가 왜 마구간에서 태어났는가를 깨닫고 실천한다면 인류의 구제의 빛이 보이리라 생각한다.

간디는 1946년 인도 중부 아쉬람이라는 마을에서 약 150여 가족이 생활하면서 종교 간의 벽을 허물고 함께 살아가는 공동체생활의 체험을 몸소 이끌었다. 간디는 포용성만이 인류가 자아파멸에서 구제받을 수 있는 단 하나의 방법이라고 확신하였다. 종교와 종교의 공생의 길은 종교의 벽을 허물고 인간 사이의 벽을 뚫고 이 지상에서 평화와 화합을 창조하는 가교를 건설해야 한다.

아쉬람 마을은 모든 종족과 서로 다른 종교를 믿는 모든 사람, 신념이 다른 사람, 그리고 여러 형태의 차이를 갖고 있는 사람에게 개방되었다. 누군가

간디에게 어떤 종교를 믿느냐고 물으면 그는 “나는 기독교인이자 힌두교도이고, 불교신자이자 회교도이며 또한 유대교 신자”라고 대답했다.

간디는 만약 우리의 신앙과 믿음을 존중받고 싶다면 우리는 똑같은 존경심을 타인에게 표시해야 하고, 우리의 차이점을 극복하고, 존경하고, 이해하고, 수용하고, 그리고 인정해야 한다고 주장하였다.

간디가 자신의 손자 아룬 간디(Arun Gandhi)에게 일러준 모든 폭력의 원인은 다음과 같다.

노동에 근거하지 않는 재산
양심을 거스른 쾌락
개성 없는 지식
도덕 없는 상거래
인간성이 상실된 과학
희생 없는 기도
원칙 없는 정치
책임 없는 권리

-「미래의 공동체」 참조-

21세기 첨단과학의 시대에 살고 있는 현대인들, 특히 세계를 이끌어 간다는 지도자들이 이를 음미하고 반성할 필요가 있다고 생각한다.

탄핵정국에서 감옥에 간 사람들의 면면을 보자. 핵심 요인들은 세칭 일류대학을 나와 유학을 가고, 많은 사람들이 부러워하고 부러워한 학력, 경력의 소유자들이다. 왜 이 모양인가. 개성 없는 지식인으로, 기계적인 기능인으로 전락했기 때문이다. 인간으로서의 가치관이나 철학을 지니지 못한, 권력과 돈의 노예로 전락하였기 때문이다.

인간은 가치관을 확립하고 삶의 도구를 구비해야 한다. 그런데 그들은 출세주의에 눈이 멀어 권력의 도구로 전락하고 말았던 것이다. 이것이 우리나라 지식인의 현주소다. 노(No)가 없는 사회는 죽은 사회다. 옛날에는 사육신이라는 저항의 충신이 있는 나라였다. 고관대작들도 자기의 가치관에 맞지 않으면 간언을 하고 유배가고 사형을 당하기도 하였다. 자유당 시절 어느 장관은 대통령에게 사표를 던지고 지팡이를 휘저으며 당당하게 경무대를 걸어 나온 예도 있었다. 어인 일인지 말 한마디 못하고 고양이 앞에 쥐가 되어 자리만 연연하는지… 그 결과가 오늘의 국난을 가져 왔다. 국무회의는 죽은 국무회의였다. 장관들은 선생의 강의를 열심히 필기하는 학원의 수강생들이었다. 그 VIP 뒤에 숨어 있는 또 하나의 VIP가 있었는지 몰랐을까?

언제부터인가 죽은 사회가 되고 말았다. 간디가 60년 후의 한국의 모습을 예견한 듯하다.

국내 최초로 유서 깊은 안동에 종교타운이 건립되었다. 1937년에 지어진 예배당으로부터 시작하여 5대 종교인 교당이 함께 서 있다. 기독교, 천주교. 불교, 유교, 성덕도의 교당이 적당한 거리를 두고 서 있고 화합의 공원도 조성되었다. 앞으로 종교와 종교의 공생을 위해서 선구적 역할을 하리라 기대하는 바이다. 단순히 교당 건물들만 한 곳에 있으면 의미가 없다. 종교간 공생과 화합을 위한 사업들이 진행되어야 한다. 이제 출발하였으니 점진적으로 종교와 종교가 함께 사는 사랑과 평화의 종교타운으로 변화하리라 믿고 안동의 종교타운의 모습이 전국적으로, 세계로 전파되어 갈등을 치유하고 화평의 시대가 열리기를 기대하여 본다.

3) 인종과 인종의 공생

조물주는 무슨 뜻으로 5색 등불의 인종을 만들어 놓았을까. 세계 여러 나라에 흩어져 살고 있는 소수민족까지 합하면 인종은 수백 종이 넘지 않을까.

바다에 떠밀려 온 3살 어린이 아일란 쿠르디

그 인종들은 약육강식의 생존 싸움을 처절하게 해오고 있다. 그 결과가 무엇인가. 서로 간에 살육의 피로 물들어 있다.

지금까지 인종 간 살육의 역사가 계속되었지만 승자도 패자도 없이 상처만 남기고 말았다. 이 살육의 역사를 통해서 우리 인간은 인종이나 피부색에 관계없이 서로 공생해야 한다는 교훈을 얻게 되었다.

다인종국가인 미국에서 그 예를 찾아보기로 하자.

21세기 중반이 되면 미국 인종의 반은 백인이고 반은 유색인종이 될 것이다. 결국 미국은 이런 현실을 인정하지 않으면 안 된다. 만약 이런 현실을 부정하면 이민의 나라, 미국의 가치를 부정하게 되어 미국뿐만 아니라 전 세계의 질서에 혼란을 가져 오게 될 것이다. 그런데 트럼프는 대통령이 되어 종교, 인종, 문명 간의 갈등과 혼란을 가중시키고 있다. 트럼프의 정책은 공동선을 지향하는 역사의 흐름을 거역하는 반역사적, 반시대적 방향으로 나가고 있다.

미국이 추구해 온 자유, 정의, 민주주의를 지키고 공동선의 세계를 추구하기 위해서는 인종차별주의와 반이민주의 유색인종의 차별화를 중단해야 한다. 백인과 흑인, 라틴계, 아시아계. 그리고 미국의 원주민이 언젠가는 한자리에 모여 공생의 정치, 공생의 경제, 공생의 사회통합을 위해서 공동의 정책을 논의하여야 한다. 그런데 현재 미국은 혼란에 빠져 있다. 트럼프는 중동 7개국 이슬람 국가의 사람들을 입국 불허하여 연방법원의 판결까지 받아 겨우 입국이 허용되어 미국 사회뿐만 아니라 관계국들과의 갈등이 깊어지고 있다. 세계 모든 인종은 다 함께 평등하게 살 생존권을 타고났다. 그러나 현실은 요원하다. 인종 간 분쟁 문제는 미국뿐만 아니라 전 세계의 문제이다. 인종분쟁의 대표적인 예를 보자.

시리아는 내전으로 몸살을 앓고 있는데 2017년에 인종 간 싸움으로 사망한 사람들의 숫자가 40만에 이른다고 한다. 또 760만 명의 시리아인이 전 세계를 떠돌며 정처 없는 난민생활을 하고 있다. 인종문제와 종교문제는 서로 얽혀 있다. 시리아의 근본적인 문제는 시아파와 수니파라는 종교분쟁에서 출발한다. 하늘 나라에 마호메트는 후손들의 이 비참한 모습을 바라보고 있는지…

인종분쟁의 최대의 격전지는 아마 팔레스타인과 이스라엘의 싸움일 것이다. 이들은 2천년을 싸우고 있다. 이들의 싸움은 싸움으로 해결될 수 있을까? 지금까지의 경험으로는 불가능하다고 본다. 해결책은 평화스럽게 사는 길을 찾는 일이다. 이들은 다 같이 아브라함의 후손이다. 한 할아버지를 조상으로 하고 있는 같은 종족이다.

이들 중에는 평화롭게 살기 위해서 평화운동을 꾸준히 하는 사람들도 있다. 평화의 영적 지도자 파이잘 알 후세이니는 이렇게 절규하고 있다.

"오, 신이여, 가슴에 고통이 가득합니다… 그 고통을 원한으로 바꾸지 마소서… 마음에 고통이 가득합니다… 그 고통을 보복으로 바꾸지 마소서… 영혼에 두려움이 가득합니다… 그 두려움을 증오로 바꾸지 마소서."

이렇게 신에게 인도해 줄 것을 호소하면서 파이잘은 다음과 같이 선언하고 있다.

"우리는 우리 국민들의 자유를 원했다. 우리는 다른 사람들의 노예가 되기를 원치 않았다. 우리는 우리 국민들이 함께 모여 살 수 있는 조국을 원했다. 우리는 다른 사람들의 나라를 파괴하거나 그들의 집을 무너뜨리기를 원치 않았다."(「평화의 미래」 참조)

이렇게 기도하고 선언하면서 그들은 평화롭게 함께 살기 위한 평화운동을 하고 있는 것이다. 이와 같은 평화운동이 확산될 것이며 가까운 미래에 평화가 정착될 날이 있을 것이라고 기대하여 보자.

4) 문명과 문명의 공생

미래 인류의 과제는 인류가 공생하며 함께 평화적으로 살아야 한다는 것이다. 인간이 공생하기 위해서는 복합적인 요인이 작용한다. 그 요인이 자연과 인간의 공생, 인종과 인종의 공생, 종교와 종교의 공생, 문명과 문명의 공생이다. 이들은 상호 연결되어 작용한다. 환경, 인종, 종교의 문제는 문명의 문제로 연결된다. 기독교 문명, 이슬람 문명, 불교 문명, 힌두 문명은 환경과 종교로부터 잉태된 것이다.

서구의 역사는 종교와 문명의 전쟁터였다. 어리석은 인간들은 상대의 종교와 문명을 압살하고 자기들의 세상을 만들고자 하였지만 살육의 피만 강물을 이루고 승자는 없었다. 전쟁의 역사에서 얻은 교훈은 무엇인가? 서로 공생하는 것이다.

새뮤얼 헌팅턴이 그의 저서(「문명의 충돌」)에서 제시한 그림은 문명의 충돌

그림 3-2 문명 세계의 역학: 새로운 구도

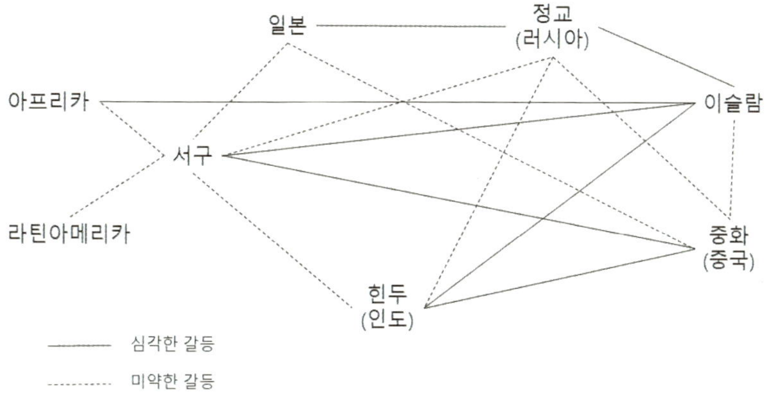

을 예시한 것이다. 헌팅턴은 문명의 충돌에서 세계정세의 가장 위험한 변수는 상이한 문명을 가진 집단들 사이의 갈등이라고 주장하였는데 그의 주장에 많은 사람들이 감동받고, 호기심을 느끼고, 분개하고, 위기감을 느끼고 당혹스러워 하였다. 문명과 문명의 충돌은 세계평화에 가장 큰 위험이 되며, 문명에 바탕을 둔 국제질서만이 세계대전을 막는 가장 확실한 방어수단이라고 주장하고 있다. 그렇다면 문명의 충돌로 인한 전쟁을 막고 문명과 문명 간에 평화롭게 공존하는 길은 어디에 있는가?

첫째, 그림에서 나타난 문명권의 정상회의이다. 평화공존을 위한 문명, 문화의 공존 원칙을 세워야 한다.

둘째, 문명 간의 교류위원회를 만들어 교류를 위한 세부사항을 정한다.

셋째, 교류의 실천이다. 정치, 경제, 교육, 종교, 문화의 교류를 확대한다. 문명 간의 공통점을 발견하고 이해와 협동으로 공존, 공생하는 문명권 형성에 노력한다.

문명과 문명의 공생의 사례를 다민족, 다문화 국가인 싱가포르에서 찾아보려고 한다. 싱가포르는 국민의 76%가 중국계, 15%가 말레이시아계와 이슬람계, 6%가 인도계의 힌두교도와 시아파다. 정부는 유교적 가치를 중요시 여기면서도 영어의 중요성을 강조해 서구적 문화와의 공존을 강조했다. 다문화 민족의 공생의 필요성을 느낀 정부는 싱가포르 국민이 공유하고 공생하기 위한 가치를 다음과 같이 정의하였다.

공동체(인종)에 우선하는 국가, 개인에 우선하는 사회
사회의 근본 단위로서의 가정
개인에 대한 배려와 공동체의 지원
대결보다는 합의
인종 간, 종교 간 화합

싱가포르의 구상은 다양한 인종과 문화로 구성되었으며 서구와는 차이가 나는 싱가포르의 문화적 정체성을 정의하고, 다인종·다문화의 싱가포르 국민이 공생·공영하겠다는 정부의 의지를 강조한 것이라 할 수 있다. 이 싱가포르의 사례를 전 세계 다른 문화권으로 확대하면 문명과 문명의 공생의 모범적인 사례가 될 수 있으리라 생각한다.

평화와 문명의 미래는 세계의 주요 문명들을 이끄는 정치인, 종교인, 지식인들이 얼마나 서로를 이해하고 협력할 수 있느냐에 달려 있다. 미래의 세계에서 문명과 문명의 충돌은 세계평화에 가장 큰 위협이며, 문명에 바탕을 둔 국제질서만이 세계에서 일어나는 전쟁을 막는 가장 확실한 방어수단이 될 것이다(「문명의 충돌」, 새뮤얼 헌팅턴, 533쪽 참조).

Ⅲ 미래의 지도자: 공생의 지도자

눈에는 눈으로 나가면
결국 온 세상은 눈멀게 될 것이다.

– 간디 –

미래의 지도자에게 보내는 Message

지도자는 혁신가다!
지도자는 다른 사람이 한 적 없고 하지 않은 일을 한다.
그는 다른 사람들보다 앞서서 일을 행한다.
그는 새로운 것을 만들고
낡은 것을 새롭게 만든다.
그는 과거로부터 배워서 현재에 살고
한쪽 눈은 미래를 내어다 본다.
진정한 지도자는
보이지 않는 곳을 보고
들을 수 없는 것을 들으며
통찰력과 직감력을 가지고 시련 속에서 빛을 발한다.
그리고 그들은 각자의 철학과 비전을 가지고
특유의 리더십을 발휘하여 역사를 창조한다.

중국의 두 거인: 모택동과 등소평

근세 중국이라는 나라를 세우고 발전시킨 두 거인이 있다. 한 사람은 모택동이고, 또 한 사람은 등소평이다. 모택동은 장개석과의 싸움에서 5만의 오합지졸 농민군으로 50만의 정규군과 싸워 이기고 중국에 공산정권을 수립하였다. 여기에는 두 가지 전법이 있었다. 첫째, 농민을 잡아라. 둘째는 Hit and Run 전법이었다.

모택동은 공산정권을 세우는 데는 성공하였지만 국민의 '빵' 문제를 해결하지 못하였다. 모택동 말기에 인민공사라는 집단농장을 운영하던 때에는 1년에 중국인 3,000만 명씩이나 굶어 죽을 때도 있었다. 모택동의 역할이 끝남과 동시에 등장한 작은 거인이 등소평이었다. 등소평은 개방정책을 펴서 중국 국민 13억의 '빵' 문제를 해결하고 초강대국인 미국과 대결할 수 있는 지상유일의 나라로 떠오르게 하는 원동력을 제공하였다.

"흰 고양이든 검은 고양이든 쥐만 잡으면 된다."라는 말은 등소평의 개방정책의 상징적인 표어가 되었다.

1. 조직 흥망의 열쇠는 리더에게

현대 인류사회는 지도자 빈곤의 시대이다. 위대한 지도자는 그늘에 가려지고 돌팔이들의 천국이요, 마왕들의 천국이다. 국내외적으로 위대한 지도자를 찾기 어렵다. 현대사회는 탁월한 지도자를 찾고 지도자를 기다리는 시대이다. 세계는 어둠에 가려 있고 국내의 상황도 불안의 요인이 많다. 지도자가 병들면 그 조직과 사회가 병들고, 지도자가 흔들리면 사회 전체가 흔들린다.

기업이든, 학교든, 행정조직이든 성공적인 조직에서는 그 조직을 성공적으로 이끈 하나의 중요한 요인을 발견할 수 있는데, 그것은 동태적이고 효율적인 리더십이라 할 수 있다. 한 조사에 따르면, 미국에서 신설된 100개의 기업 중 약 50개 기업이 5년 내에 도산하였고, 만 10년이 될 때까지 살아남아 있는 회사의 수는 약 10분의 1에 지나지 않았다. 그런데 이들 도산회사의 실패 원인은 대부분 경영자의 비효과적인 리더십에 있었다는 것이다.

이러한 사례는 다른 많은 조직의 경영에 있어서 조직의 성공요건은 효과적인 리더십의 발휘에 있음을 제시하는 것이며, 이러한 면에서 리더십의 중요성을 새롭게 인식할 필요가 있다고 생각한다.

아이아코카는 연봉 1$를 받으며 위기의 크라이슬러사를 회생시켰고, 처칠은 2차 대전을 성공적으로 이끌었으며, 네루는 인도 독립의 아버지가 되었다. 넬슨 만델라 전 남아공 대통령은 85%의 높은 지지율로 국민의 존경심을 끝까지 유지하였으며, 일관된 도덕성과 함께 흑백통합의 위업을 달성시켜 성공적인 대통령으로 영원히 남게 되었다.

우리 사회도 만델라와 같은 통합과 공생의 지도자가 절실히 요청된다. 다음에서 통합과 공생의 지도자에 대하여 보다 상세히 논의하여 보고자 한다.

역사에서의 교훈 6.25

한국의 역사에서 예방경영을 하지 못하여 엄청난 재난을 겪은 경우가 많았지만 특히 6.25전란은 가장 대표적인 사례가 아닌가 한다. 6.25전쟁은 예방경영에 실패한 것이 아니라 예방경영을 아예 하지 않았다고 볼 수 있다. 한 나라의 국방이 어느 기업체의 보안에도 미치지 못하였다. 6.25 전후의 국방부의 행태를 보면 어처구니가 없고 이해할 수도 없다. 그 경위를 보자.

첫째, 적정보고의 묵살. 일선 부대에서 적의 이상한 동태를 감지하고 상부에 보고하였으나 군 수뇌부에서 묵살하였다.

둘째, 6월 13일에서 6월 20일 사이 전후방 부대가 상호 이동하여 군 지휘관들이 지형과 상황을 적정하게 파악할 시간적 여유가 없었다

셋째, 6월 10일 무력행사를 불사하겠다는 대남 방송을 하여 군 당국에서 6월 11일 비상경계령을 내렸다가 6.25 직전 6월 24일 해제하였다. 그리고 전 장병의 2분의 1에게 휴가, 외출, 외박을 허용하였다. 남한의 군 당국은 적에게 문을 활짝 열어 놓고 들어오시오 하는 꼴이었다.

넷째, 6월 24일 밤 육군 장교 클럽 낙성식 파티에 전후방 고급장교들에게 초청장을 발부하여 수많은 장교들이 모여 6월 25일 새벽까지 밤을 새워 술파티, 댄스파티를 열고 일부 미 고문관과 장교들은 2차, 3차까지 술파티를 벌였다.

무방비 상태인 38선을 넘어 파죽지세로 북한군이 남으로 밀려왔다. 뒤늦게 사태를 파악한 일선 장병들이 보고를 하였다. 육군 참모총장은 술에 떨어져서 일어 나지 못하였고 국방장관 신씨는 절대 깨우지 말라 하고 잠들었기 때문에 깨울 수 없다고 호위병이 버텼다. 최고위급 장교들은 2차, 3차 술파티에 녹아 떨어져 행방들

을 알 수 없었다. 세계 국방사에 이런 일이 있었을까? 너무나 어처구니없고 억장이 무너지는 망국의 모습이었다.

더욱이 이승만 정부는 퇴각하면서 25일에서 27일까지 방송을 통하여 국군이 반격하고 있으니 시민들은 안심하고 생업에 종사하라고 국민을 호도하였다. 상황판단을 잘못하고 우왕좌왕한 국민들만 엄청난 피해를 입었다. 특히 천인공노할 일은 대통령을 비롯하여 정부의 관료들이 한강을 건너자마자 한강철교를 폭파하여 철교를 건너던 많은 시민들이 폭사하여 한강에 수장되어 버린 대참사가 일어나고 말았다. 그 죄를 인정한 놈도 사죄한 놈도 없었다. 1950년 9월 21일 밤, 폭파 현장 지휘자였던 공병감 최창식 대령에게 책임을 물어 비밀리에 사형을 집행하였다. 그는 죄가 없었다. 상부의 명령에 따랐을 뿐이다. 오늘의 이 나라 꼴을 보면 그때의 상황과 무엇이 다른가? 나라는 마비상태이다. 한 놈도 국민 앞에 속죄하는 놈 없고 국가의 사령탑인 청와대에서는 비아그라 364정을 사 갔다는 소식만 들리지, 진실은 간곳없고 탄핵정국을 벗어 나려는 음모의 거짓말만 늘어 놓다가 탄핵을 당하고 새로운 정부가 수립되었다.

6.25동란은 예방경영은커녕 적에게 문을 열어 주며 어서 들어오시오 하는 격이었다.

그렇다면 6.25는 예방할 수 없었을까? 남침의 징후는 여러 곳에서 일어나고 있었다. 미 국무장관 에치슨의 독트린 선언으로부터 전쟁은 시작되었다. 에치슨 독트린은 미국의 국방한계선은 대마도까지라고 선언하여 미국이 한반도를 방위선에서 제외한 것으로 인정하게 한 암시를 주었다. 보이는 전쟁만이 전쟁이 아니다. 안 보이는 전쟁에 대비하지 못하면 보이는 전쟁에서 이길 수 없다.

여기에서 집고 넘어가야 할 문제는 6.25 전후 한국 국방부와 군부의 이해할 수 없는 군사 행동이었다. 위에서 이야기한 바와 같이 절묘하게도 적이 침공하는데 장애물을 제거해 주는 것과 같은 일들이 일어난 것이다. 6.25로 인해서 입은 인명피해만 피아간에 527만 명에 이른다고 하니 기가막힐 일이다. 뒤늦게 알려진 사실이지만 육군 참모총장의 참모는 공작원으로 밝혀졌고, 의정부 근방을 담당했던 공병장교 최소령은 결혼식을 하여 의정부에서 서울 북쪽으로 들어오는 길을 북한에 열어준 꼴이 되었는데 그 공병장교는 위장 결혼식을 올렸다는 것이다.

6.25 직전 국방장관 신성모와 참모총장 채병덕은 전쟁이 나면 북진하여 점심은 평양에서 먹고 저녁은 신의주에서 먹는다고 허풍을 떨고 다녔다.

6.26 이후로도 우리나라는 여러 번 위기를 겪었다. 그러나 별로 변한 것이 없다.

관계 당국의 높은 사람들은 입만 열면 강력한 응징을 호언장담하지 않았는가? 그런데 도발이 일어날 때마다 어떻게 대응하고 어떻게 예방하였는가? 천안함이 침몰하고 있을 때, 연평도가 공격을 받았을 때 무엇을 어떻게 하였던가?

명심하라! 과거를 망각한 자는 과거를 반복한다는 사실을!

2. 공생의 리더십이란?

공생의 리더십이란 가정, 직장, 사회, 나라가 정치적·경제적·사회적으로 통합을 이루어 함께 살아 갈 수 있게 하는 지도력을 발휘하는 것이라 할 수 있다. 나아가 공생의 리더십이란 나라와 나라가 종교와 종교가 문명과 문명이 인간과 자연이 함께 공존할 수 있도록 구성원에게 동기를 부여해 주고, 그 목표로 하는 바를 성취할 수 있도록 지도력을 발휘하는 것이다.

오늘의 세계와 한국사회는 지리멸렬한 상태이다. 우리가 함께 살기 위해서는 협력과 경쟁의 균형을 이루며 살아가야 한다. 오늘의 세계는 그 반대이다. 한국사회는 지역 간, 계층 간, 심지어 갑이네, 을이네, 금수저, 은수저, 동수저, 흙수저라는 유행어까지 등장하였다. 한국 노인의 50%가 빈곤층이라고 한다. 젊은이 340만이 일디를 찾지 못하고 기리를 헤메고 있다. 한국사회는 통합이 절실한 사회이다. 공생의 길을 찾아야 하는 사회이다.

우리의 현실을 볼 때 지역 간, 계층 간의 간격을 좁히고 통합의 길을 찾아가는 리더십이야말로 진정 우리 시대가 추구하는 공생의 리더십이다.

해방 71년을 맞이하였지만 한국은 남북으로 동서로 계층별로 분열되어 너무 큰 고통을 겪고 있다. 우리는 한 민족, 한 핏줄이다. 경상도 사람이나 충청도 사람이나, 전라도 사람이나 모두 한 민족의 뿌리다. 그런데 우리 사회를 보면 권력의 편재, 부의 편재, 인력의 편재, 사회 모든 분야에서의 편재, 편재의 감옥에 갇혀 있다. 우리는 이 온갖 편재에서 해방되어야 한다. 이것이 우리 민족에게 주어진 절체절명의 과제다. 그런데 우리는 역으로 가고 있다. 슬픈 일이다. 이 감옥에서 해방되기 위해서는 삼균주의(三均主義)의 실현을 통한 사회 대통합이 필요하다. 공생의 리더십이란 삼균주의 실현을 통한 공동선의 사회를 건설하는 데 있다.

허버트 후버는 대공황을 막지 못했지만 프랭클린 루즈벨트는 이상과 행동을 결합해 대공황에서 미국을 구해내고 2차 세계대전에서 자유세계의 승리를 이끌어 냈다. 제임스 뷰캐넌은 미합중국을 화합하려는 이상을 포기했지만 링컨은 행동으로 옮겨 그 일을 이루어 내는데 명확한 방향과 이상을 제시했다. 결국 전 미국을 통합하는데 성공하였다. 미국은 이민의 나라요, 다민족국가다. 미국이라는 나라는 인종 전시장이다. 미국의 역사는 분열에서 통합으로 다(多)에서 일(一)로의 역사였다. 오늘의 미국을 이룩한 것은 국민들의 협조도 컸지만 공생의 철학을 가진 지도자들의 역할도 컸다. 그런데 최근 출현한 대통령 때문에 나라꼴이 말이 아니다. 지도자들 중에는 히틀러 같은 독재자가 나와 일부러 혼란을 조장하여 자신의 힘을 강화하려고 하는 반역사적 사건이 일어나기도 하였지만, 최근 미국의 사례는 예상치 못한 사건이라 할 수 있다. 트럼프 정부는 미국의 역사상 최저의 지지 속에서 출범했다고 한다.

2차대전이 끝나고 해방이 되었을 때 김구 같은 통합의 지도자가 있었다. 그는 통일을 합의하지 못하면 38선을 베개 삼아 죽음을 택하겠다고 평양에 갔었지만 역부족이었다. 지금 우리에게는 통합, 공생의 지도자가 요청된다.

니체는 유신론자였다. 그는 한밤중에 촛불을 켜고 신을 찾아 헤매었지만 신은 나타나지 않았다. 신을 찾지 못한 니체는 신은 죽었다고 선언하고 무신론자가 되었다. 지금 우리 민족은 니체가 한밤중에 신을 찾아 헤매었듯이 공생의 지도자를 찾고 기다리고 있다. 그러나 그런 지도자의 모습은 보이지 않고 사이비의 천국이 되어 있다. 안타까운 일이 아닐 수 없다.

한국의 과제는 무엇인가? 위에서 역설한 바 우선 지역 간, 계층 간으로 분열되어 있는 남한 사회부터 통합을 이루고 우리 민족의 염원인 남북을 통합하여 세계에 한민족의 시대를 열어가는 것, 이것이 공생의 궁극적인 목표다.

위대한 지도자들은 국민들에게 도전과제를 제시하고 그 도전과제를 달성하기 위해서 국민과 함께 노력했다. 싱가포르의 리콴휴는 1·2·3·4 정책을 세우고 국민들의 공생을 위해서 노력할 것을 독려하였다.

베트남의 호지명의 정책목표는

함께 일한다.

함께 먹는다.

함께 산다 였다.

그는 옷 세벌, 방 두 칸짜리 집에서 그가 내건 세 가지 정책 목표를 달성하기 위해서 베트남 국민을 위해서 헌신했다.

공생의 세계와 공생의 리더십이 절실한 이 시기에 세계는 힘의 논리가 지배하고 있어서 아쉽기 그지없다. 러시아는 크림반도를 합병하더니 지금은 우크라이나까지 넘보고 있다. 중국은 남중국해 문제로 인접국과 미국과 첨예한 대립을 하고 있다. 국제재판소에서 필리핀의 손을 들어 주었음에도 불구하고 자기들의 고유의 영토라고 주장하고 있다. 힘이 있기 때문이다. 필리핀의 신임 대통령은 미국과의 70년 동맹을 깨버리고 중국을 방문하여 시진핑 앞에서 머리를 조아리고, 러시아에는 미국은 약소국을 괴롭히는 나라라고 아첨을 떨었다. 필리핀 대통령이라고 속이 없겠는가. 무서운 힘 앞에 무릎을 꿇어야 살 수 있다는 냉엄한 현실 앞에 그는 무릎을 꿇은 것이다. 2016년 중국에서 개최한 G20 정상회의는 시진핑의, 시진핑에 의한, 시진핑을 위한 회의였다고 외신은 전하고 있다. 이것은 무엇을 말하는가? 힘이 있음을 말하고 있다. 중국은 경제력으로, 군사력으로 세계 제일을 꿈꾸고 있다. 그 힘이 정의 있는 힘이 되어야 하는데 반대의 현상이 일어날 때 세계질서는 무너지고 불행하게 되고 만다.

미국과 중국, 러시아가 함께 살 연구를 하지 않고 패권투쟁을 계속하는 한 세계는 패권주의자들의 야욕 때문에 평화의 질서를 유지하기 어려울 것이다.

예를 들면, 오늘의 중동의 혼란은 미국의 중동정책의 실패에서 기인한다 할 수 있다. 미국은 이라크의 후세인만 제거하면 모든 것이 해결될 줄 알았다. 후세인을 제거한 후 중동은 어떻게 되었는가? 걷잡을 수 없는 혼란으로 빠져들고 말았다. IS는 전 세계를 불안과 공포의 도가니로 몰아넣었고 유럽은 난민

문제로 미증유의 혼란을 겪고 있다. 아프카니스탄에서 미국의 정책은 실패하여 수년째 내전의 소용돌이가 계속되고 있어 백성들의 고난은 비참하기 그지없다. 힘을 통한 승리의 한계에 직면하고 말았다.

미국은 베트남에서 현대무기의 위력만 믿고 무기의 힘으로 베트콩을 항복시키려 하였지만 50억 달러나 되는 무기를 남겨둔 채 허둥지둥 후퇴하고 말았다. 보이는 무기의 힘보다 안 보이는 종교적, 문화적, 민족적 힘이 배후에서 작용하였던 것이다. 베트콩의 무기는 미국의 무기에 비하면 원시적인 것이었지만 미국은 백기를 들고 말았던 것이다.

북한의 핵개발은 돌이킬 수 없는 상황에 이르렀다. 미국과 북한은 제네바에서 핵협상을 맺었지만 협상은 파기되고 북한은 계속하여 세계가 두려워하는 핵개발을 하고 말았다. 소량화, 경량화, 다중화를 이루었다고 북한은 만천하에 공포를 하고 긴장을 조성하고 있다. 미국은 북한을 무시하는 정책을 유지해 왔다. 부시 대통령이라는 사람은 북한을 악의 축이라 하여 상대조차 하지 않았고 오바마 정부도 전략적 인내라는 이름으로 미온적인 정책을 유지하였다. 그동안 북한은 시간을 벌고 핵무기 개발에 전력투구하였다. 북한의 핵개발은 루비콘 강을 건너고 말았다.

평화를 원하거든 전쟁에 대비하라는 경구가 있다. 힘은 평화의 무기이다. 미국과 중국이 양국의 초강대국의 힘을 평화를 위한 무기로 전환한다면 세계는 그만큼 평화의 세계가 될 것이다. 사드 문제로 우리는 양 강대국의 압력에 고통받고 있다. 중국은 중국이 영향력을 행사할 수 있는 모든 것을 통해 한국을 압박하고 있다. 한국은 항의 한번 크게 못하고 있다. 달라이라마 초청위원회까지 있지만 중국의 힘 때문에 달라이라마 한 사람 초청하지 못하고 있다. 이것이 힘 없는 약소국의 설움이다. 그들이 패권경쟁을 계속한다면 세계는 분열의 비극이 계속될 것이다. 미국은 중동정책에서, 베트남에서, 북한에서 무엇을 얻고 잃었는가? 대 정책 변화를 해야 한다.

힘을 통한 패권쟁탈전에서 얻은 결론은 무엇인가? 함께 사는 정책, 즉 공생의 정책을 펴야 한다는 것이다. 거기에 미국과 중동이, 미국과 중국이, 미국과 북한이 함께 사는 길이 있다. 한국이 중국, 소련과 국교를 맺고 교류하듯이 북한이 핵무기를 버리고 미국과 국교를 맺고 평화적인 교류를 할 수 있는 길은 없을까? 공생의 목표, 공생의 정책 속에 그 길이 있다.

만일 한국에서 전쟁이 터지면 어떻게 될까? 전쟁은 큰 원인보다 1차대전 때처럼 조그만 불씨가 대전쟁으로, 대재앙으로 번질 수 있다. 전쟁은 어리석은 인류의 유산이라고 러셀은 일찍이 경고하였다. 먼 훗날 우리의 후손들이 보면 한국 6.25나 베트남전은 어리석은 선조들의 유물이라고 비웃게 될 것이라고 경고하였다.

앞에서 언급하였지만 미국에서는 대이변이 일어나고 있다. 트럼프라는 비통합적 지도자가 대통령에 당선되어 미국 우선주의를 외치면서 세계의 질서가 요동치고 있다. 멕시코와의 국경에 3,400km라는 장벽을 쌓자는 행정명령·을 내려 멕시코와의 분쟁이 일어나고 있다. 이것은 통합과 공생의 지도자의 모습에 역행하고 역사의 진행방향을 역류시키는 행위이다.

지금 세계의 지도자들은 무엇을 해야 할 것인가? 공생과 통합의 리더십을 발휘하여 평화의 세계를 건설하는 데 있다. 그 길을 찾아보자.

3. 공생의 리더십의 특성

공생의 리더십이란 무엇이며, 우리 시대에 가장 요청되고, 가장 중요한 리더십이라는 것을 이야기하였다. 그렇다면 21세기의 공생의 지도자는 어떤 특성을 지녀야 할 것인가?

3-1. 공생(통합적)의 지도자의 특성

인류의 역사는 피로 쓰여졌다. 피어린 전쟁터에서 생명을 잃은 숫자는 그 얼마이며, 피의 대가는 무엇인가? 피 흘린 대가는 흘린 피에 비하여 너무 미미하다. 2차대전이 끝난 후 수천만 명이 생명을 잃었지만 지금 세계는 통합보다는 분열로 몸부림치고 있다. 한국의 6.25동란 때 수백만 명이 희생당하였지만 오늘날 남북의 상황은 어떤가? 핵전쟁의 공포 앞에 놓여 있다.

일찍이 러셀은 전쟁광들인 지도자들을 수용소에 넣어 평화교육을 시켜야 한다는 역설을 내 놓기도 하였다. 냉철하게 현재의 상황을 진단해 보면 세계나 한국이나 통합과 공생의 지도력이 필요하다. 그 통합이란 무엇인가? 앞에서 역설했듯이 정치적 통합, 경제적 통합, 사회적 통합이 필요하다. 어떤 지도자가 통합의 시대를 열어가야 할 것인가? 그 답은 통합과 공생의 지도자이다.

공생의 리더는 세계를 보다 폭넓은 시각을 통해 파악한다. 우리는 분열된 인류사회의 화합을 이루기 위한 전략을 어떻게 만들 수 있는가? 한국사회만 보더라도 수많은 집단들이 자신들의 이익을 위해서 싸우고 있다. 우리는 집단들의 수많은 이해관계와 목표를 어떻게 통합할 수 있는가?

각 나라와 사람들 간의 차이점에도 불구하고 보다 조화롭고 생산적으로 공존하기 위해서 우리는 어떻게 해야 하는가?

지금 미국 대통령의 정책을 보면 이것이 얼마나 중요한 인류의 과제인가를 알 수 있다.

공생의 리더는 이러한 도전과제를 세우고 자기 자신을 넘어서 제도적, 사회적 목표를 성취하기 위해 노력하고, 공생의 희망을 제시하여야 한다.

다음에서 공생의 리더십 특징을 구체적으로 생각해 보기로 하자(「성공한 리더. 성공하는 리더십」).

1) 우리의 도전과제는 무엇인가?

공동선의 사회, 즉 함께 사는 사회를 건설하기 위하여 공통된 도전과제를 찾아야 한다. 장 모네(Jean Monnet)의 하나의 유럽, 링컨의 노예해방, 김구의 남북 단일정부 구성의 추구는 민족과 인류는 하나라는 명제 하에 추구했던 인류 공통의 과제이다. 그들은 공동의 목표를 정하고 그 목표를 달성하기 위해 평생을 바치고 생명을 바치기도 하였다.

여기에서 위대한 통합의 지도자 장 모네의 통합의 철학을 들어보자.

장 모네는 1888년 프랑스의 유명한 포도주 생산지인 코냑(Cognac)에서 부유한 집안의 아들로 태어났다. 그는 프랑스의 총리, ECSC(European Coal and Steel Community: 최초의 초국가적인 기구인 유럽석탄철강공동체) 의장과 국제연맹의 사무차장을 지내면서 유럽통합과 하나의 유럽, 하나의 세계를 꿈꾸며 노력했던 통합의 지도자였다.

그의 구체적인 제안을 살펴보자.

1940년 6월 이중국적, 단일통화, 모든 자원의 공동관리 등을 포함한 국가연합을 제의하였다. 그는 국제협력, 국가의 평등 그리고 국경통제 완화 등을 위해 일했고, 드골의 프랑스 위주의 정책 때문에 많은 장애를 받기도 하였지만 국가 간 통합을 위한 노력을 계속하여 유럽연합 실행위원회를 조직하여 훗날 유럽경제공동체의 전신이 되게 하였다. 이 조직이 발전되어 유럽공동시장이 현실화되고 단일의 유럽공동체가 발전하여 1993년, 마스트리히트 조약에 의한 유럽연합 탄생의 단초를 세운 사람이 모네였다.

이러한 공로로 그는 자유상(Freedom Prize)을 수상하였다. 케네디 대통령은 그에게 자유상을 수여하면서 다음과 같이 치하하였다.

"수세기 동안 황제나 왕이나 독재자들은 힘으로 유럽을 통합하려고 했습니다. 그러나 행운인지 불행인지 모두 실패했습니다. 그러나 귀하의 영감 덕분에 20년도 채 안 되는 기간에 과거 1,000년 동안 이루어 낸 것보다 훨씬 더 가까이 통합의 목표에 다가설 수 있게 되었습니다…(생략)."

모네는 하나의 유럽, 하나의 세계를 끊임없이 추구하였다.

"모든 계획에는 항상 꿈이 있다. 그 꿈이 지속될 수 있다면 언젠가는 현실이 된다." 모네의 말이다. 그는 통합의 지도자였다. 살육과 전쟁으로 점철된 분열의 유럽을 통합과 평화의 유럽으로 만드는 데 초석을 쌓은 사람이 되었다.

유럽은 모네의 꿈이 이루어지는 듯하더니 영국의 유럽연합 탈퇴 등 퇴행의 징조가 보이고 있다. 역사란 진퇴를 거듭하면서 진전되어가는 숙명을 타고난 모양이다.

2) 우리의 꿈은 무엇인가?

공생의 지도자들은 함께 살 수 있는 꿈을 꾸고 현실의 벽을 뚫고 인류의 이상과 꿈을 이룩하려고 노력하였다. 간디의 비폭력, 루터 킹의 민권운동, 만델라의 흑백통합은 꿈이었으며 그 꿈을 실현하기 위하여 죽고 감옥에 갔다.

3) 우리의 공통점은 무엇인가?

인간은 다른 점과 공통점이 있다. 통합의 지도자는 인간의 공통점을 찾아 함께 살기 위해 노력했다. 여기에서 바로 공동문화를 찾아야 한다. 가정에서 직장에서 상호 다른 점을 찾기에 앞서 공통점을 찾아 공동선의 문화를 창조하는 것이 공생의 길이다. 가정에서도 그 가정이 사랑 속에 평화스럽게 살기 위해서는 공생의 목표를 가지고 공동문화를 형성해야 한다. 부부간에 공생하기 위해서는 이질적인 문화에서 자란 사람들이 공동문화를 형성하기 위해서 공통점을 찾아야 한다. 남편은 동양화 아내는 서양화, 아내는 한식 남편은 양식, 아내는 등산 남편은 낚시, 이런 이질적인 취향을 서로 양보하면서 공통점을 찾아 합의를 보고 공생의 목표 하에 실행하는 것이다. 수니파, 시아파는 다 같이 마호메트의 후손들인데 쿠란에 대한 해석과 정통성을 가지고 싸우고 있다. 똑같은 마호메트의 자손이요, 마호메트교를 신봉하는 무슬림인데 왜 공통점이 없겠는가? 공통점을 찾아 공생의 길을 찾는 것이 두 종파 간 비극을 막는 최선의 길이다. 만델라는 남아프리카의 흑인과 백인이 함께 살 수 있는 공통점을 찾아서 흑백통합의 나라를 건설했다.

4) 우리는 서로를 위해 무엇을 할 수 있는가?

오늘을 사는 현대인에게 던지고 싶은 물음이다. 현대의 사회는 이기주의, 이익집단주의가 만연하여 나 살고 너 죽자는 식이다. 모두 나를 위해서 살기를 원한다. 우리가 함께 살기 위해서는 상호주의가 필요하다. 이 우주의 질서는 주고받음의 질서이다. 이 세상에 홀로 존재하는 것은 아무것도 없다. 우리가 이러한 진리를 깨닫고 주고받음의 조직사회와 세계질서를 구축할 때 인류는 미래가 있을 것이다. 통합의 지도자는 우리는 하나라는 명제 하에 공동선, 공동문화를 위해 지도력을 발휘하는 지도자가 되어야 한다. 철천지 원수였던 동독과 서독은 어떻게 통일이 되었을까? 독일은 28년만에 통일이 되었는데 유명한 베를린 장벽이 무너진 것은 28시간도 걸리지 않았다. 그 무기는 무엇이었을까? TV 한 대였다고 한다. 서독은 가난한 동독에게 500만 달러라는 엄청난 지원을 하고 대신 동독 사람들이 서독의 TV를 보도록 협상을 이끌어 냈다.

동독 사람들이 서독의 TV를 보는 순간 동독은 무너지기 시작하였다. 수천, 수만의 사람들이 베를린 장벽이 아닌 헝가리 국경을 넘어 서독으로, 서독으로 탈출을 감행하여 그 탈출의 물결을 총, 칼로 저지할 한계를 넘어 버렸다. 30년 동안 철권독재를 유지했던 동독 정권은 허망하게 무너지고 말았던 것이다. 서독은 경제적 지원을 해 주고 통일이라는 민족의 숙원인 역사적 과업을 이룩한 것이다. 한국은 어찌하고 있는가?

3-2. 비공생적 리더십의 특성

공생의 시대, 공생과 통합의 리더십이 절실한 때에 여기저기서 비통합적 리더십이 민주주의 평화라는 탈을 쓰고 횡행하고 있다. 비통합적 리더십의 문제를 들어보자.

1) 누가 나를 따를 것인가?

비공생의 리더는 독재적인 리더로서 1인 치하의 정치를 하며 우상화한다. 양갈이 따르는 자를 찾고 기른다. 역사적으로 볼 때 스탈린, 모택동, 진시황, 히틀러 등은 따르는 자와 따르지 않는 자를 구별하였다. 스탈린은 집권 시 2,000만 명의 소련 국민을 숙청하였다. 자유라는 나무는 피를 먹고 자랐다고 한다. 이런 악인들의 독재를 디도하기 위해서 인류는 피를 흘리며 싸우고 싸웠다. 오늘 세계인들이 이만큼의 자유를 누리고 살고 있는 것은 수많은 선인들이 자유를 위해서 피를 흘렸기 때문이다. 한국의 민주주의도 피를 먹고 자랐는데 오늘의 현실은 어떤가 생각해 보기 바란다. 한국이라는 나라도 촛불혁명을 일으켜 새로운 민주정부가 탄생하였다.

2) 내 꿈을 이을 사람은 누구인가?

이런 사람들은 후계자를 국민에 의해서가 아니라 본인의 뜻을 이어갈 사람을 찾는다. 지금도 왕정을 이어온 나라들도 있고 3대를 세습하여 내려오고 있는 독재정권도 있다. 역사는 민주주의를 향해서 전진하고 있는데 그 속도는 전진과 후퇴를 반복하고 있다. 그러나 시간의 진폭은 있을지언정 자유를 향한 여정은 꾸준히 계속되리라 믿는다. 인간은 본질적으로 자유를 원하는 동물이기 때문이다.

3) 누가 우리와 다른가?

뜻이 같은 사람을 모아 공동체 사회를 만들려고 노력하는 것이 아니라, 다른 사람을 찾아 제거하려고 한다. 불행히도 우리가 살고 있는 한반도는 정적을 숙청하는 좋은 사례를 경험하고 있다. 북한은 3대째 세습 독재정권을 유지하면서 수많은 국민을 숙청하거나 수용소로 보내어 인간 이하의 고통을 받게 하고 있다. 북한의 요덕수용소는 그 악명이 너무 유명하다.

남쪽의 상황은 어떠하였는가? 이승만 독재정부를 4.19학생혁명으로 무너뜨리고 자유가 오는가 했더니 5.16군사쿠데타가 일어나 박정희 정권 18년 동안 너무 많은 국민들이 희생하였다. 10.26사건으로 박정희 독재정부가 무너지고 민주주의를 실현할 수 있다는 꿈을 꾸고 있었는데, 신군부세력이 일어나 쿠데타를 일으켜 또 하나의 군사 독재정부의 치하에서 많은 국민들이 희생되고 시달렸다. 신군부세력은 자유와 민주주의를 외치는 광주시민들을 총칼로 제압하여 5.18이라는 역사의 교훈을 남겼다. 독재는 이렇게 국민 위에 군림하면서 정권유지를 위해 반인륜적 죄악을 저지른다.

4) 누가 우리의 적인가?

함께 살아갈 동지를 찾는 것이 아니라 적을 찾아 적의 제거에 사활을 거는 독재자들이 있다. 이들은 분열과 갈등을 조장하여 적을 만들어 인위적인 적을 제거하고 긴장상태를 조장한다.

비공생적(비통합적) 리더의 양상은 피를 먹고 자란 민주주의 덕분에 많은 변화를 가져 왔지만 지금도 세계 도처에서는 몇 백년 전 왕정에서나 볼 수 있는 장기집권과 세습제가 계속되고 있는 나라들이 있다. 아프리카의 우간다라는 나라는 32년을 집권하고 있으며 경호실장은 그의 아들이라고 한다. 한국의 대통령이 방문하였을 때 엘리베이터에 한국의 경호원이 타는 것을 거절하여 경호원 없는 대통령이 된 적이 있는 독재국가다.

4. 공생의 리더십 모델

4-1. 미래 지도자의 리더십 함양을 위한 모델

리더십의 중요성에 대해서는 앞에서 이야기하였다. 여기에서는 미래 지도자의 리더십 함양을 위해서 영문의 리더십을 모델로 삼아 리더십의 철학을 보다 구체화하여 보기로 한다.

LEAD=Love+Enthusiasm+Ability+Dedication
LEADER=Lead+Earn+Respect
Ship=Relations

이와 같은 영문 표기의 뜻대로 리더십을 발휘한다면 훌륭한 리더십을 발휘할 수 있다고 믿는다. 'Leadership'에 대한 이야기를 해보자.

1) Leadership의 L=Love 사랑으로 표현할 수 있다

사랑은 생명이다. 생명은 사랑을 통해서 태어나고 존재한다. 생명은 사랑을 필요로 한다. 사랑이 없이는 생명이 태어날 수도 없고 태어난 생명이 삶을 계속할 수 없다. 인간 누구나 부모의 사랑을 통해서 태어나고 사랑을 먹고 지란다. 이 세상 모든 조직의 원리도 마찬가지다. 리더는 자기의 조직체에 대하여 그리고 구성원에 대하여 사랑을 가져야 한다. 조직체를 사랑하지 않고 구성원에 대한 애정이 없이 리더십을 발휘한다는 것은 불가능하며 성공할 수도 없다. 아내와 자녀를 사랑하지 않는 아버지가 어떻게 행복한 가정을 이끌어 가겠는가. 기업도 나라도 마찬가지다. 우리 인간에게는 삼애의 정신이 필요하다. 즉 자애(自愛), 타애(他愛), 신애(神愛)이다. 자신을 사랑하고 타인을 사랑하고 신을 사랑하는 것이다. 특히 지도자에게는 생명을 던질 불타는 사랑이 있어야 한다.

사랑은 생명이요, 위대한 불꽃이다. 따라서 사랑은 효과적인 리더십을 발휘하는 가장 중요한 요소라고 할 수 있다.

가정에 사랑이 없다면 그 가정은 죽은 가정이다. 나라의 지도자가 나라에 대한 사랑 없이 개인의 권력욕에 눈이 먼다면 그 나라는 불행하다.

세종대왕: 세종대왕은 나라와 백성 사랑이 유별난 왕이었다. 백성이 나라의 근본이라는 사상을 가지고 백성을 잘 살게 하는 것이 그의 사상을 실현하는 길이라고 생각하였다. 백성을 잘 살게 하기 위해서는 농사를 잘 지어 풍년이 들어야 한다고 생각하고 신하들로 하여금 백성들의 농업 참고서인 「농사직설(農事直說)」을 펴내게 했다. 그러나 한문을 모르는 농민들에게는 그림의 떡에 불과하였다. 읽을 수가 없기 때문에, 세종은 고민 끝에 백성들이 쉽게 읽을 수 있는 글을 만들기로 정책결정을 하고 역사적인 한글을 창제하였던 것이다.

글 모르는 백성들에게 연민의 사랑을 느끼고 한글을 창제한 왕, 위대한 왕이다. 만일 세종대왕이 한글을 창제하지 않았더라면 우리 민족문화는 어떻게 되었을까. 아마 주변 강대국 문화권에 예속되었을 것이다.

안중근 의사: 안중근 의사는 이등박문을 하얼빈 역에서 사살하고 여순 감옥에서 순국하였다. 인간은 오래 사는데 목적이 있는 것이 아니라 어떻게 사느냐에 목적을 두어야 한다. 그는 짧은 생을 살았지만 인간 안중근은 죽은 것이 아니라 우리 민족의 가슴에 영원히 살아 있다. 위대한 안중근 의사 뒤에는 위대한 어머니가 계셨다. 상고를 망설이는 그에게 어머니의 편지 한 통은 그를 죽음을 초월할 수 있는 민족의 영웅으로 만들었다.

"응칠(안중근의 본명)아! 네가 이번에 한 일은 우리 동포 모두의 분노를 세계 만방에 보여준 것이다. 이 분노의 불길이 계속 타오르게 하려면 억울하더라도 상고하지 말고 우리 민족의 대의를 위해 죽음을 택해야 될 줄로 안다. 옳은 일을 한 사람이 그른 사람들에게 재판을 다시 해 달라고 하는 것은 사리에 맞지 않다. 더욱이 그들의 영웅으로 대접을 받고 있는 이등박문을 죽인 너를 일본놈들이 살려 줄 리가 있겠느냐? 혹시 자식으로 늙은 애미보다 먼저 죽는 것이 불효라고 생각해서 상고하겠다면 그건 결코 효도가 아니다. 기왕에 큰 뜻을 품고 죽으려면 구차하게 상고하여 살려 달라고 몸부림치는 모습을 남기지 않기 바란다."

얼마나 훌륭한 어머니의 모습인가? 위대한 어머니가 있었기에 위대한 아들이 있었던 것이다. 그의 마지막 진술을 다시 한 번 가슴에 새겨보자.

"내 구차하게 삶을 구걸하지 않겠다. 사형보다 더 가혹한 형벌은 없느냐?"

지도자가 되고자 하거든 먼저 자신을 사랑하고 타인을 사랑하라. 나라를 사랑하라. 그리고 나와 타인과 나라 사랑을 일치시켜라. 사랑으로 무장한 수기(修己), 치인(治人), 치세(治世)의 길, 이것이 지도자의 진정한 사랑의 길이다.

호세 리잘의 슬픈 필리핀 사랑: 필리핀 독립의 영웅으로 칭송받고 있는 호세 리잘은 라구나의 칼람바라는 작은 마을에서 부유한 집안의 2남 9녀 중 7번째로 태어났다. 그는 1872년 6월, 11살에 데레트잔 대학 입학시험을 무난히 통과했으나 겨우 11살의 어린 나이에다 병약하고 왜소하다는 이유로 입학을 거절당하고 다른 학교로 진학하여 16세에 대학을 졸업하고 산토토마스 대학에서 의학공부를 시작했다. 이때 그는 한 여대생과 사랑에 빠져 결혼을 약속한다. 1882년, 21세 때 의학을 공부하기 위해 스페인으로 유학을 떠난다. 24세에 철학과 문학박사 학위를 받고 의사자격증까지 딴다. 그는 공부에 천재적인 재능을 발휘했다. 그는 문학자, 과학자, 시인, 언어학자, 조각가, 화가, 음악가, 안과의사로 활동한 다재다능한 천재였다. 그는 유학 중 필리핀의 독립에 눈을 뜨게 된다. 두 권의 소설 「나에게 손대지 마라」, 「체제 전복」을 발표하였다. 그의 소설 내용은 스페인 수사들의 학정을 고발하고 필리핀인들의 민족의식을 일깨우는 내용이었다. 실제로 그의 어머니, 형, 매형도 투옥당하고 토지를 강탈당했다. 그는 큰 충격을 받고 여러 언론단체와 사회단체를 만들어 스페인의 학정에 반기를 들기도 하였다. 그는 스페인 등 여러 나라를 여행하며 간접적인 독립활동을 하고 있었는데 스페인인들이 자기 집 토지를 빼앗고 형제들을 남쪽 섬으로 유배를 보냈다는 소식을 듣고 "전쟁터는 바로 필리핀"이라는 일기를 남기고 귀국한다.

1982년, 귀국하자 투옥과 유배를 당하고 유배된 섬에서 섬 아이들을 가르치고 있었다. 리잘의 소설에서 독립투쟁의 영감을 얻은 사람들이 비밀결사 조직을 만들어 1896년 폭동을 일으킨다. 리잘은 그 단체와 무관했지만 그를 노리고 있던 스페인 경찰은 배후조장자로 체포한다. 그는 반란에 무관하다고 항변하였지만 받아들여지지 않고 끝내는 반역자로 지목되어 형장의 이슬로 사라지게 된다. 그의 나이 꽃다운 35세였다. 1896년 12월 30일, 이른 아침 총살형으로 저 세상으로 떠났다. 그는 총살당하면서 집행군인들에게 뒤에서 쏘게 하였다. 그들이 앞에서 총을 쏘면 그들 앞에 무릎을 꿇게 되니 그것이 싫다고 하였다.

그는 처형되기 전날 감방에서 나의 마지막 안녕이라는 장시를 썼다. 그 시를 취사용 곤로 속에 숨겼다가 누이 트리니다드에게 건네 주었다. 운명의 날 아침 5시에 그가 사랑한 여인 조세핀 브라엔이 오자 리잘의 요청으로 말라구에르는 그들을 결혼시켰다. 헤어지면서 리잘은 조세핀에게 토마스 캠퍼스의 책에 헌사("내 사랑하는 아내 불행한 조세핀에게")를 써 건네 주었다. 그의 「마지막 안녕」은 당대 스페인 문학의 백미로 평가받았으며 필리핀 사람들의 국민시가 되었다. 조국에 대한 무한한 사랑과 열정을 담고 있는 그의 시는 너무도 감동적이다. 필리핀 마닐라에는 유명한 리잘 공원이 있다. 그 공원은 리잘이 총살당한 곳을 공원으로 만들어 필리핀 정부에서 관리하고 있다.

마지막 안녕

잘있거라 내 사랑하는 조국이여
태양이 감싸주는 동방의 진주여
잃어버린 에덴이여
나의 슬프고 눈물진 이 생명을
너를 위해 바치리니
이제 내 생명이 더 밝아지고 새로워지리니
나의 생명 마지막 순간까지
너 위해 즐겁게 바치리

먼 훗날 잡초 무성한 내 무덤 위에
애처로운 꽃 한 송이 피었거든
내 영혼에 입맞추듯 입맞추어다오
그러면 차가운 무덤 속

나의 눈썹 사이에
너의 따스한 입술과 부드러운 숨소리 느끼게 되리니
부드러운 달빛과 따스한 햇빛으로
나를 비쳐다오
내 무덤가에 시원한 솔바람 불게 하고
따스하게 밝아오는 새 빛을 보내다오

작은 새 한 마리
내 무덤 십자가에 날아와 앉으면
내 영혼 위해 평화의 노래를 부르게 해다오
불타는 태양으로 빗방울 증발시켜
나의 함성과 함께 하늘로 돌아가게 해다오
너무 이른 내 죽음을 슬퍼해다오
어느 한가한 오후
저 먼 저승의 나 위해 기도해다오
아 나의 조국
내 편히 하늘나라에 쉬도록 기도해다오

내 무덤가 십자가 비석도 잊혀져 가면
삽으로 밭을 일궈
내 무덤에서 시신의 재를 거두어
조국 온 땅에
골고루 뿌려다오
내 영원히 사랑하고 그리운 나라
필리핀이여
나의 마지막 작별의 말을 들어다오
그대들 모두 두고 나 이제 형장으로 가노라
내 부모, 사랑하던 이들이여
저기 노예도 수탈도 억압도
사형과 처형도 없는 곳
누구도 나의 믿음과 사랑을 사멸할 수 없는 곳
하늘나라로 나는 가노라

– 호세 리잘 –

위에서는 나라사랑에 인생을 바친 위인들의 예를 들었다. 다음에는 개인의 사랑이야기를 하여 보기로 하자.

사랑과 배신의 예를 들어 보자. 작가 허모씨는 북한 정권의 최고위급 인사의 딸이었다. 그녀는 자기 애인과 함께 낮이면 산에 숨고, 밤을 이용하여 생명을 걸고 자유를 찾아 남한으로 탈출하는 데 성공하였다. 두 사람이 사랑의 힘으로 사선을 넘고 넘었기 때문에 38선을 넘어오는 기적의 장정에 성공했던 것이다. 혼자의 힘으로는 불가능한 것을 둘의 힘으로 감행했기 때문에 가능했던 것이다. 그들의 사랑은 위대한 불꽃이었고 초월의 힘이었다. 그런데 그녀는 이북 최고위층의 딸이라는 이유로 당국에서 간첩이 아닌가 의심을 받아 조사받는 기간의 길어졌다. 한 6개월쯤 감옥살이를 하고 그녀는 자유를 찾아 왔다는 진실을 인정받게 되어 드디어 출소를 하게 되었다. 출소를 하여 자유의 만세를 부르며 연인을 찾아가 보니 연인의 방 앞에는 다른 여인의 신발이 놓여 있었다. 너무도 기가막혔다.

이런 경우에 유구무언(有口無言)이라는 표현을 쓰는 모양이다. 억장이 무너진 마음으로 출간한 책이 그 유명한 「내가 설 땅은 어디냐」였다. 그녀는 「흰 벽 검은 벽」이라는 책도 출간하여 베스트셀러가 되었었다. 이것이 인간의 모습이다. 사랑의 힘은 죽음조차도 초월하는데 또한 그 사랑은 배신을 등에 짊어지고 사는 것이 인간의 세상이다. 그녀는 지난 겨울 87세를 일기로 한 많은 세상을 하직하였다.

인생의 길은 선택의 길이다. "선택했으면 책임을 져라."라는 명제를 던진 사람이 사르트르였다. 이는 사르트르 철학의 근본정신이다. 배신은 선택이 아니다. 공사 간에 배신이 춤을 추는 세상이다. 지도자는 배신의 길을 걸어서는 안 된다.

파스칼은 진정한 도덕은 도덕을 경멸하고, 진정한 철학은 철학을 경멸하고, 진정한 사랑은 사랑을 경멸한다는 유명한 명제를 남겼다.

로버트 브라우닝(Robert Browning)과 엘리자베스 배릿(Elizabeth Berret)이라는 시인들의 유명한 사랑이야기를 들어보자. 마흔 살의 노처녀이자 장애인이었던 엘리자베스 배릿이 당시에는 무명이었던 여섯 살 연하 남자의 끈질긴 구애를 받아들여 둘은 사랑을 하게 된다. 이 때 엘리자베스는 유명한 시인이 되어 있었다. 이들은 사랑의 힘으로 불가능했던 아들을 낳았고 그녀는 15년이나 더 살았다. 유복했던 그녀는 15살 때 말에서 떨어져 불구가 되었고 그녀의 아버지는 딸의 죽음을 준비하고 있었기 때문에 결혼을 극구 반대하였다. 그러나 사랑의 힘으로 둘만의 비밀 결혼을 하여 진정한 사랑을 하고 아이를 낳고 생각보다 오래 살고 유명한 시인이 되었다. 이것이 진정한 사랑의 힘이다(「문학의 숲을 거닐다」, 장영희 참조).

엘리자베스가 브라우닝의 구애를 받아들이면서 쓴 시를 보자.

당신이 날 사랑해야 한다면
오직 사랑만을 위해 사랑해 주세요
그녀의 미소 때문에
그녀의 모습 …
그녀의 부드러운 말씨 …
그리고 내 맘에 꼭 들고
힘들 때 편안함을 주는 그녀의 생각 때문에
그녀를 사랑해 라고 말하지 마세요
(중략)
내 뺨에 흐르는 눈물
닦아 주고픈 연민 때문에 사랑하지도 말아 주세요
당신의 위안 오래 받으면 눈물을 잊어버리고
그러면 당신 사랑도 떠나갈 테죠
오직 사랑만을 위해 사랑해 주세요
사랑의 영원함으로
당신 사랑 오래 오래 지니도록

엘리자베스가 보낸 시에 대한 브라우닝의 시의 답은 걸작이다.

내가 당신을 어떻게 사랑하느냐구요
방법을 꼽아 볼께요
내 영혼이 닿을 수 있는

깊이 만큼, 넓이 만큼, 그 높이 만큼
당신을 사랑합니다

이들의 사랑은 초월의 힘을 갖는 진정한 사랑이었다.

진정한 사랑은 사랑을 경멸한다. 그들은 육체적 조건을 떠나서 나이를 초월하여 진정한 사랑을 하였다(「문학의 숲을 거닐다」, 샘터).

이들처럼 아름다운 사랑도 있지만 비련으로 끝난 사랑도 종종 우리를 슬프게, 그리고 한편으로 교훈을 주기도 한다.

상처받은 조개가 진주를 만들어 낸다.

2) Leadership의 e=Enthusiasm(야망)

이는 야망을 말한다. 리더는 비전과 야망이 있어야 한다. 영국의 석학 버트란드 러셀(B. Russel)은 일생 동안 75권의 저서를 남겼는데, 그가 성공한 이유 중 하나가 불타는 야망이 있었기 때문이라고 하였다. 야망이 없는 리더, 야망이 없는 조직체는 생명력과 미래가 없다. 야망의 리더는 다음 두 가지를 염두에 두고 추구하여야 한다.

① 야망이 넘치는 리더라고 하여 아침마다 소리를 지르며 구호를 외칠 필요는 없다. 소리 없이 조용한 가운데 리더의 야망은 구성원에게 전달되고 조직 전체로 확산되도록 하여야 한다.

② 조직의 경영자는 일하는 날, 일하는 순간마다 열광적일 필요는 없다. 조직의 구성원 그 누구도 리더가 24시간 내내 일에 미치는 것을 기대하지는 않는다. 인간에게는 휴식이 필요하다. 새로운 아이디어와 일에 대한 열망과 힘도 휴식 후에 오는 경우가 많다. 리더는 조용한 가운데 야망의 실현을 효율적으로 이끌어가야 한다. 리더에게는 불타는 야망의 모습이 필요하다. 그것은 리더에게 필요한 카리스마의 중요한 부분을 형성하기 때문이다.

여기에서 이야기한 야망의 리더에 해당되는 리더를 든다면 마스시다(松下) 전기의 고노스케 마스시다 회장을 들 수 있다.

경영의 신이라 불리는 마스시다가 이야기하는 스스로의 성공비결은 오늘을 살고 있는 사람들의 눈으로는 이해하기 어렵다. 그 자신이 평가하고 있는 세계적인 경영자로서의 성공비결을 들어 보자.

첫째, 집이 몹시 가난하여 어릴 적부터 구두닦이, 신문팔이 같은 고생을 통해 세상을 살아가는데 필요한 많은 경험을 쌓을 수 있었고,

둘째, 태어날 때부터 몸이 몹시 약해 항상 운동에 힘써 왔기 때문에 건강을 유지할 수 있었으며,

셋째, 초등학교도 못나왔기 때문에 모든 사람을 스승으로 여기고 누구에게나 물어가며 배우는 일에 게을리하지 않았다.

그는 기자회견에서 당신의 성공비결이 뭐냐는 질문에 "몸이 약했기 때문이다."고 대답하였다. 그의 이 간단한 대답은 몸이 약하여 사선을 넘나들며 살고 있는 필자에게는 큰 위안이 되었다. 그는 몸이 약했기 때문에 권한과 책임을 부하에게 위양하고 자신은 공원을 산책하면서 새로운 아이디어를 내어 그 아이디어를 사업에 반영하도록 하였다. 그의 대량생산의 아이디어를 가져온 수도철학은 너무도 유명하다. 그는 어느 날 공원 산책길에 노동자들이 수도꼭지에서 펄펄 나오는 수돗물을 마시는 것을 보고 저 수도꼭지에서 나오는 수돗물처럼 값싼 제품을 대량생산할 수 없을까 하는 아이디어를 생각해 내었다. 이 아이디어가 그의 유명한 수도철학이 된 것이다.

그는 몸이 약했기 때문에 조용히 공원을 산책하면서 큰 야망을 품고 사업 아이디어를 구상하고 그것을 실천하여 세계적인 기업인이 되었다.

그는 말년에 그의 재산 97%를 일본사회에 기증하였고 사업을 경영하면서 어떠한 불황기에도 종업원 한 명도 해고하지 않은 기업인이었다. 그는 말년에 송하의숙(松下義塾)을 창설하여 일본의 기업과 사회지도자를 양성하였다. 그는 소리 없이 야망을 실천한 위대한 인간이었다.

3) Leadership의 a=Ability(능력)

사랑과 야망이 있다 하더라도 조직을 관리하고 비전과 야망을 달성하기 위한 능력이 없다면 지도력을 발휘할 수 없고 리더로서의 자질도 문제가 된다. 기울어져 가는 가계를 일으키고, 적자에 허덕이는 기업을 회생시키고, 쓰

러져 가는 나라를 바로 세운 위대한 인물이 있는가 하면 그 반대의 인물들도 많다. 어려울 때 능력을 발휘하여 인정받는 리더만이 강력하고 효과적인 리더십을 발휘할 수 있다.

한 장군의 예를 들어 보자.

1991년 걸프전 당시 미국의 노먼 슈바르츠코프(H. Norman Schwarzkopf) 장군은 100시간 내에 이라크군 500,000만명을 격파하는데 적이 생각지 못한 수평적 전략으로 승리하였다. 즉 그는 걸프만으로부터 상륙작전을 할 것처럼 위협하면서 2개의 미 해병사단과 다른 부대를 쿠웨이트로 직접 진격시켜 쿠웨이트내의 이라크 주력부대를 붙들어 두는 한편으로, 서쪽으로 약 200마일 떨어진 아라비아 사막 내로 두 개의 기동군단을 투입시켰다. 이 부대는 이라크군의 후방을 일소했고 바그다드로의 퇴로와 보급로를 차단하면서 유프라테스강과 걸프만 사이의 코너로 적을 몰아넣었다. 한편 남쪽으로부터는 해병대가 계속 진격했기 때문에 이라크 병사들은 수천 명 단위로 항복했으며 저항은 일거에 무너졌다. 후세인은 모래전에 경험이 없는 미군은 허망하게 무너질 것이라고 속단하고 있었다. 그러나 이라크군 500만은 총 한번 제대로 쏘지 못하고 무너지고 말았다.

위대한 장군들은 후방공격이 물리적으로는 적의 보급, 통신, 증원을 차단하고 정신적으로는 적의 신념이나 안정감을 약화시켜서 결국 적을 흐트러뜨리고 혼란시킴으로써 그들을 일시에 패배시키는 전략을 구사하였다. 걸프전에서 슈바르츠코프 장군은 이러한 전략을 이용해서 승리하였다.

이 전략은 가상의 목표를 실제 공격목표로 믿게 하여 가상의 목표에 적을 묶어 두는 것이며, 하나는 적이 둘 이상의 지점을 방어할 수 없게 만들어 둘 중 하나를 포기하게 만드는 전략이다. 전쟁은 기만이다(How Great. Generals Win. 참조).

이것이 전략에 탁월한 능력 있는 장군의 모습이다. 이러한 현상은 전쟁에서뿐만 아니라 정치, 기업, 사회 모든 분야에 적용할 수 있다. 사랑과 야망 그리고 능력을 갖추어야 조직을 살릴 수 있다.

4) Leadership의 d=Dedication(헌신)

이는 리더가 그들의 조직과 구성원들에 대하여 공약한 것을 헌신적으로 실천하는 것이다. 헌신과 희생을 하지 않고 부하의 희생을 통해서 자신의 영광을 누리려고 하는 리더는 생명이 짧다. 헌신적인 리더십을 발휘하기 위해서 리더는 다음 두 가지 사항을 실천 덕목으로 삼아야 할 것이다.

① 자신의 야망이 사라지지 않고 계속되고 있는가를 늘 점검하여야 한다. 용두사미(龍頭蛇尾)라는 경구를 잊어서는 안 된다. 처음과 끝을 같이 하는 지도자상의 확립이 중요하다.

② 아침에 기상하여 최소한 두 가지 의문을 제기해야 한다.

㉠ 오늘 기대하고 해야 할 일이 무엇인가?

㉡ 지금까지의 성과보다 더 나은 성과를 올리기 위한 길은 무엇인가?

헌신은 사랑과 책임감에서 그리고 미래에 대한 야망과 희망에서 출발한다. 아내와 가족을 사랑하는 사람은 가족이 안락하게 사랑 속에서 살 수 있도록 터전을 마련해 줄 책임이 있다. 그는 그 책임을 다하기 위해서 정신적, 육체적 능력을 발휘하여 최선의 노력을 한다. 이것이 헌신이다. 때때로 인간은 어려움에 처한 사랑하는 가족을 위해서, 나리를 구하기 위하여 생명을 던지기도 한다. 이것이 헌신하는 인간의 모습이다.

정주영은 무일푼으로 고려대학교 본관 석조전건물의 노동자로 일했다. 그는 노동자로부터 시작하여 미래에 대한 원대한 야망을 가슴에 품고 헌신하고 헌신하여 세계적인 기업인이 되었다. 헌신이란 자기가 선택한 일에 대하여 책임감을 가지고 목표한 야망이 이루어질 때까지 최선을 다하는 것이다.

인생의 바다에서 순항하려면 선실에 앉아 있지 말고 갑판 위에 올라가 직접 키를 잡아야 한다. 무슨 일이든지 생각만으로는 안 되고 실행이 중요하다. 그 사례가 바로 고려대학교 건축노동자로부터 시작하여 세계적인 기업인이 된 정주영 같은 기업인이다.

지도자라면 내가 진정으로 원하는 것이 무엇인가?

나는 앞으로 무엇을 할 것인가?

이 두 가지 물음에 답할 수 있어야 한다.

지도자는 꿈과 야망을 품고 이 세상에서 살아갈 이유를 제시하고 꿈과 야망을 실현할 수 있는 길을 인도하여야 한다. 꿈과 야망은 인간에게 살아갈 이유를 준다.

그대들의 내일을 위해, 우리의 오늘을 바쳤노라

–어느 전몰장병의 묘비–

이러한 명제 하에 노력하는 리더는 'Respect', 즉 존경을 받을(Earn) 수 있는 'LEADER'가 될 수 있다.

5) Ship=인간관계(Relationship)

리더십의 영문 표기인 'Ship'은 Relationship이라 할 수 있다. 즉 인간관계인 것이다. 하늘 아래서 가장 중요한 것도 인간관계요, 가장 어려운 것도 인간관계다. 리더의 가장 중요한 영역 중의 하나는 사람과의 관계, 즉 사람을 관리하는 일이다. 인간관계에서 성공한 리더는 진정한 리더요, 인간관계에서 실패한 리더는 리더로서 자격 상실자라 할 수 있다. 그래서 동·서양을 막론하고 예로부터 용병술(用兵術)과 용인술(用人術)을 중요시하였던 것이다. 오늘의 한국의 혼란은 리더의 인간관계의 실패에서 나라의 운명이 흔들리고 있다는 사실을 깊이 자각해야 한다. 한 여인의 비선 실세가 전 나라를 이렇게 흔들다니 놀라운 일이 아닌가.

명심하자. 2017년의 국정농단 사건은 한국의 역사의 교훈으로 삼아야 한다는 것을!

조직을 효율적으로 관리한 리더는 인간관리에 성공한 리더들이다. 기업을 성공시켜 신화를 남긴 기업가들, 수많은 전쟁터의 명장들, 나라의 운명을 좌우했던 위대한 정치가들은 모두 인간관리의 명수들이다.

미국의 국무장관 조지 마셜은 2차대전을 승리로 이끌었으며 2차대전 후 유럽을 부흥시킨 마셜플랜으로 유명한 위인이다. 그는 군에서 미 육군 참모총장을 지낸 사람이다. 그가 고급 장교로 있을 때 그의 부하장교들 중 유능한 장교들을 골라서 그의 휘하로 데려오거나 네트워크를 작성해 놓았었는데 그가 육군 참모총장이 되었다. 그는 그 때 점찍어 놓았던 장교들을 적재적소에 배치하여 효율적인 인간관리를 하였다. 그 때 가장 유능한 장교가 아이젠하워였다. 그는 아이젠하워 장군을 북대서양연합군 사령관을 시켰다. 전후 아이젠하워장군은 컬럼비아 대학 총장을 거쳐서 미국의 대통령에까지 오르게 된다. 경영은 인간경영이요. 인생의 성패는 인간경영에 있다. 특히 리더에게는 인간경영은 조직 성패의 관건이다.

마셜은 참모총장, 주중대사, 국무장관 등을 지내고 노벨평화상을 받은 장군이었다. 그가 역사적인 인물이 된 것은 앞에서 이야기한 바와 같이 그의 특별한 인간관계 능력 때문이었다. 여기에서 주목할 것은 마셜은 영국의 처칠처럼 어렸을 때는 지진아여서 공부에 뒤쳐졌고 사람들 앞에서 발표하는 것에 대한 공포, 다른 학생들의 웃음거리가 되는 것에 대한 두려움, 그리고 안쓰러울 정도로 남을 의식하는 성격 때문에 결국 더 실수를 하고 수치스러운 경험을 하는 악순환이 반복되었다.

"나는 학교를 좋아하지 않았다. 사실을 말하자면 나는 열등생조차 되지 못했다. 나는 그냥 학생이 아니었고 성적은 형편 없었다. 집안에서는 말썽꾸러기여서 아버지를 실망시켰다."라고 어린 시절을 회고했다. 그런 아이가 성장하면서 자기 길을 갈고 닦아 위대한 장군이 되고 역사의 재단사가 되었던 것이다.

그가 다시 태어나게 된 계기가 있었는데 그것은 어머니와 형의 대화를 우연히 엿듣게 된 데 있었다. 그 때 그는 어머니에게 사관학교에 보내 달라고 애원하고 있을 때였다. 형은 저 애는 집안에 먹칠을 할 거라며 사관학교에 보내지 말라고 어머니를 설득하고 있었다. 그 일이 선생님의 구박이나 아버지의 압력 등 그 어떤 것보다도 마셜에게 더 큰 영향을 끼쳤다. 그 순간 그의 형이 틀렸다는 것을 증명해야겠다고 결심하였다. 결국 그는 형보다 더 나은 성적을 내었다. 그렇게 해본 건 그 때가 처음이었고 많은 것을 배웠다. 어머니와 형의 대화를 들었을 때 성공에 대한 절박함이 생겼고, 마셜의 인생의 변화에 큰 영향을 끼쳤다.

우연히 들은 이야기가 마셜의 운명을 갈라 놓았던 것이다. 그의 형과 아버지는 그에게 실망하고 기대를 버렸지만 어머니는 그렇지 않았다. 후원자는 그의 어머니였다. 아인슈타인의 어머니처럼 그의 어머니는 그를 믿고 사관학교에 진학하여 뜻을 펼 수 있도록 지원하였다.

위대한 장군도 지상에서의 그의 역할이 끝나고 하늘로 올라갈 때가 되었다. 아이젠하워 대통령은 세 번이나 문병을 왔고 트루먼도 방문을 하였다. 당시 84세였던 처칠이 문병을 왔다. 그러나 마셜은 이미 혼수상태에 빠진 후였고, 처칠은 현관에서서 한 때 역사를 창조했던 위인의 죽어가는 모습을 보고 눈물을 흘릴 수밖에 없었다.

그가 타계한 후 그의 유언이 공개되었다.

"간소하게 매장해 달라. 조국을 영예롭게 섬긴 평범한 미군 장교와 다름없이, 수선 떨지 말고 거창한 장례식 같은 것도 금지하고 장례식은 짧게, 장례식 손님은 가족들만, 무엇보다 조용히 장례식을 치르도록…" 놀라운 내용이었다(「인간의 품격」, 브룩스 저 참조).

하늘 아래
가장 중요한 것도 인간관계요.
가장 어려운 것도 인간관계다.
명심하라.
Leadership은 human relation에서 출발한다.

마셜은 인간관계에 뛰어난 명장이었고 그 인간관계가 2차 대전을 승리로 이끌었고, 전후 유럽을 부흥시키고 자유세계의 승리를 가져왔던 동력이 되었다.

지도자의 길을 가고자 하는 사람들에게 Leadership에 대한 학습과 체득과 실천을 강력하게 권하는 바이다.

4-2. 리더십의 유형

역사 이래 수많은 리더들이 등장하였다. 여기에서는 특이한 리더십을 발휘했던 몇몇 위인들의 발자취를 더듬어 보려고 한다.

1) 사막의 여우 롬멜의 전략

위대한 장군들은 과거의 전략을 되풀이하지 않았다. 그들은 적이 미리 대비하고 기다리고 있는 전장에는 직접적으로 부대를 투입하지 않았고, 그대신 적들이 예상하지 못한 약하고 비조직적인 곳을 노려 공격한다. 위대한 장군들은 나름의 허허실실 전법을 구사하여 승리의 영웅이 되지만 롬멜은 특히 뛰어난 장군이었다.

롬멜의 전략은

첫째, 자신의 군대를 집중시키는 반면 적은 분리해서 격파하고,

둘째, 자신의 보급로는 보호하는 반면에 적의 보급로는 끊고,

셋째, 자신의 전차는 최후의 일격을 위해 남겨 두는 대신 대전차포로 적 탱크를 공격하며,

넷째, 전술적 환경이 변화할 때 즉각적 결정을 할 수 있도록 전선으로부터 가까운 곳에서 작전을 지휘해야 하고,

다섯째, 기습을 달성하고 최대의 기동성을 유지하며 지리멸렬한 상태의 적을 지체 없이 압도해 버려야 한다고 롬멜은 기술하고 있다.

이러한 롬멜의 전략의 핵심은 첫째, 적을 기만하여 자신의 부대를 그들보다 훨씬 더 강한 것으로 믿게 했고, 둘째, 뛰어난 속도로 이동함으로써 적을 당황하게 하여 적의 응집력과 질서를 깨뜨렸다.

아프리카의 전투에서 롬멜의 위장전술에 영국군은 대혼란을 겪게 되었다. 롬멜 전략의 한 예를 들면, 영국군과의 전투에서 트럭으로 먼지 구름을 일으켜 영국군을 속여 자신의 군대가 그들보다 훨씬 많은 것으로 믿게 했다. 영국군은 카레나이카로부터 완전히 소탕되었고 그들은 리비아와 이집트 국경을

넘어 이집트로 도망쳤다.

롬멜은 위대한 장군이었지만 연합군의 강세와 히틀러의 오판으로 패장의 오명을 쓰게 된다. 조국 독일 장병들과 군인들로부터 적국인 영국군의 장병들로부터도 존경을 받았던 롬멜은 히틀러 암살 음모에 가담했다는 혐의를 받고 사망하게 된다. 1944년 10월 7일 밤 친위대 두 명이 찾아온다. 자살과 체포 둘 중 하나를 강요받는다. 자살하면 가족은 살려 주겠다는 조건이었다. 롬멜은 자살을 선택한다. 세기의 명장 롬멜은 이렇게 허무하게 생을 마감하였다.

아무리 뛰어난 명장이라도 종합적인 전세가 적보다 우세하지 않다면 장기전에서 승리하기는 어렵다. 명장 롬멜은 패전을 예견하고 독일이 희생을 최소화하고 사는 길은 히틀러의 제거라고 믿었던 것이다. 롬멜은 자동차 운전기사가 정신이상증에 걸려 사고를 연발하여 계속 손님을 사망케 하는데, 목사나 신부가 죽은 시체 앞에서 천당으로 보내 달라고 하느님께 기도만 하는 것이 과연 올바른 일인가 하고 고민을 많이 하였다. 자동차 사고를 줄이고 승객을 살리는 길은 미친 운전수를 제거하는 것이라는 결론에 이르자 그를 제거해야겠다는 결심을 하게 된다. 그의 생각으로는 히틀러는 미친 운전수였던 것이다. 그는 미친 운전수를 제거하려다가 사전에 발각되어 불행하게 생을 마감하였다(「위대한 장군들은 어떻게 승리하였는가」, 베빈 알렉산더 참조).

2) 허상의 리더십

인간이 살아가는데 소통의 수단으로 신은 인간에게 '말'이라는 것을 선물하였다. 인간의 말이란 양 칼날과 같은 것이어서 병 속에 담아 놓았다가 꼭 필요할 때만 병마개를 열어야 하는데 인간은 이 말 때문에 죽고 사는 경우도 있다. 말은 간결하고 필요할 때 필요한 말만해야 하는데 인간들은 돈이 안든다고 참새처럼 조잘거리다가 화를 입는다.

특히 지도자라는 사람들의 말 한마디, 한마디는 여느 민초의 말보다 그 전파력이 무섭다. 전 국민의 의식구조에 큰 영향을 미치기도 한다. 그렇게 영향력이 큰데도 대통령이라는 사람들이 무책임하게 허언을 쏟아 내어 국민들을 어리둥절하게 하고 모방심리에 의하여 국민들도 허언을 따라 하게 되어 거짓과 불신 풍조가 만연하게 된다.

대통령이란 사람들의 허황하고 황당한 말들을 들어보자.

K라는 대통령은 호주를 방문하였을 때 큰소리치며 21세기는 한국이 세계의 중심국가가 될 것이라고 선언하였다. 21세기 오늘의 시점에서 볼 때 한국은 세계의 중심국가가 되어 있는가? 그는 또 미국 방문 시 교민들 앞에서 핵융합의 기술을 보유한 국가로 만들겠다고 기염을 토했다. 꿈속에서 찬가를 불렀던 것이다.

다른 G라는 대통령은 아들들이 세 명이나 구속되어 형을 받았는데 아들들에게 물어보니 깨끗하다고 하는데 왜들 이러는지 모르겠다고, 청와대에 앉아 변명하고 있었다. N이라는 어떤 대통령은 미국을 방문하면서 TV 앞에서 기자들에게 반미면 어떠냐, 사진 찍으러 가지 않겠다고 기염을 토했다. 반미해서 중국처럼 당당히 살면 얼마나 좋겠는가. 지금 한국의 실정에서 황당한 이야기다. 대통령의 수준이 이 정도면 유구무언이다. 그는 말실수를 너무 많이 하였다. 그의 지지율이 29%까지 하락한 것은 이 말 실수 때문이라고 생각한다.

또 B라는 어느 대통령은 인도네시아에서 교민들 앞에서 통일이 눈에 보인다고 큰소리쳤다. 그 대통령 임기 5년 동안에 대북문제에 대해서 한 일이 없다. 비핵 3,000$이라는 공염불만 암송하다가 끝났다. 그는 또 임기 말에 북한산 밑에 앉아서 역대 정권 중 가장 깨끗한 정권이라고 자화자찬하였다. 그의 임기가 끝나자마자 그의 측근들은 줄줄이 구속되었고 '만사형통'이라는 형까지 구속되었다. 웃음이 나온다. 국민들의 지지 속에 행복하게 임기를 마치고 퇴임하게 되어 행복하다고 소회를 밝혔다. 한국인의 행복지수는 세계 최하위다. 고등학생 68%가 기회가 주어지면 다른 나라로 떠나겠다고 하는 나라가 한국이라는 나라다. 한국의 대통령은 십자가를 짊어지고 고난의 길을 가야 할 자리다. 국민의 80%가 의지할 사람이 없다는 소외의 인생을 살고 있는데 대통령 혼자만 행복을 느끼는 나라는 이상한 나라가 아닌가.

P라는 대통령은 경제민주화를 외쳤다. 보수주의자가 진보적인 정책을 내

걸고 당선되었다. 여의도 쪽방촌에 사는 노인 60%가 그의 공약만 믿고 그에게 투표했다고 한다. 그는 국민행복시대를 만들겠다고 100% 대한민국을 만들겠다고 외쳤다. 100%의 대한민국을 만들겠다고 기염을 토하여 깜짝 놀랐다. 대한민국의 무엇을 100% 만들겠다는 것이며 신의 능력으로도 불가능한 황당하고 황당한 잠꼬대가 아닌가. 국민들은 그를 신뢰와 원칙의 정치인이라고 믿었다. 그리고 대통령이 되었다. 그런데 어이된 일인가. 그의 임기 중 금수저, 흙수저 이야기가 나오고 헬조선이라는 유행어가 떠돌았다. 젊은이들이 희망을 잃어버린 불행한 사회가 되어가고 있다.

지도자란 국가를 경영하기 위해서 철학, 비전, 실천이라는 3대 덕목이 있어야 한다. 너무도 빈곤한 역대 대통령들의 기자회견 장면을 보면 가관이다. 8.15 기념식에서 웃지 못할 수치스런 일이 벌어졌다. 대통령이 경축사 중 안중근 의사를 두고 하얼빈 감옥에서 순국한 안중근 의사는 하늘에 가서도 나라의 안위를 위해서 잠을 주무시지 못하고 계실 것이라고 하였다. 안중근 의사가 하얼빈이 아닌 여순 감옥에서 순국하였다는 사실은 초등학교를 나온 한국 사람이면 모두 아는 사실이다. 그런데 한 나라의 대통령이 그것도 8.15 경축사에서 그런 오발탄을 쏘다니 어처구니없는 일이다. 기가 두 번 막힐 일이다. 이런 사람들이 부끄러운 줄 모르고 나라를 이끌어 간다고 큰 소리 뻥뻥치는 나라, 한심스럽다.

그래도 희망을 걸어보자. 절망하면 너무 슬프고 암담하니까… 그 대통령은 또 미국에서 실패의 대표적인 사례인 쥐덫을 들고 나와 아주 성공한 사례로 둔갑시켜 무역협회에서 열변을 토해 냈다. 이 어찌된 일인가. 유구무언이다. 그녀는 느닷없이 통일대박론을 꺼내들었다. 여당 국회의원들을 청와대로 불러 대통령이 통일! 하고 잔을 드니까 의원들은 대박! 하고 청와대가 떠나갈 듯 축배를 올렸다. 지금 남북한의 상황으로 가당한 일인가. 이 정도의 정치감각의 소유자가 나라의 대통령을 하고 그를 우상처럼 떠받드는 세력들이 마피아 집단처럼 나라를 통치하고 있다. 그것도 모자라 최모 여인 게이트가 터져 대통령 지지율이 4%까지 내려갔다고 한다. 국회에서 탄핵이 통과되고 헌재에서 8:1 판결로 탄핵이 가결되었다. 제왕처럼 군림하던 그 대통령은 꿈에도 생각지 못했던 감옥에 가서 재판을 받는 신세가 되고 말았다. 이것은 한 개인의 운명을 떠나 국난이요 국치이다. 인간이 동물과 다른 점은 부끄러운 줄을 알기 때문이다. 어찌된 일인지 변명만 늘어놓고 부끄러운 줄을 모르는 시대가 되었다. 전화위복의 대전환의 시대를 만들어야 한국에 미래가 있는데…

어느 대통령은 임기 중 7%의 경제성장을 하겠다고 공약했는데 대통령이 되고 나서 공약 실천이 안 되니까 상대방이 5% 성장을 하겠다고 하여 자기는 2%를 더해서 7%를 공약하였다고 하였다. 대통령이 되고자 하는 분들 제발 공부 좀 하기 바란다.

의미 없는 천 마디 말보다 마음에 평화를 부르는 한 마디 말이기를
현란한 천 편의 시보다 영혼의 잠을 깨우는 한 줄의 시이기를
귓가를 스쳐 가는 천 곡의 노래보다 심금을 울리는 한 곡의 노래이기를.

– 법구경 –

3) 헌신의 리더: 인간의 사랑을 위해서 인생을 승화시킨 밀림의 성자 슈바이처

슈바이처는 1875년 1월 4일 독일의 유복한 가정에서 태어나서 고생을 모르고 자랐다. 대학 3학년 때 한 교수로부터 아프리카의 비참한 이야기를 듣고 아프리카에서 평생을 봉사하며 살겠다고 결심하고 준비에 들어간다. 그가 아프리카에 가서 무엇을 할 수 있고, 그들은 무엇을 필요로 하는가를 생각하니 그것은 의학이었다. 그는 이미 철학과 신학을 공부하여 박사학위까지 받았으며 피아노 연주가로 이름이 높았다. 그러나 의학을 공부하기로 결심하고 의과대학에 진학하여 7년 만에 박사학위를 받는다. 그리고 그의 내조를 위해서 간호사 공부를 한 아내와 함께 아프리카로 떠난다. 그는 '30세까지는 자신을 위하여 공부하고 30이 넘으면 인류사회를 위하여 일해야겠다.'고 자신에게 약속하고 그 약속을 지키며 일생을 보냈다. 젊은 시절 슈바이처 박사의 그 다짐은 필자에게 큰 감동을 주었고, 필자도 슈바이처처럼 살자고 다짐하였지만 그 약속을 지키지 못하고 많은 세월을 보내 버린 것이 너무도 아쉽다.

슈바이처 박사의 근본 철학은 생명 사랑이었다. 그는 「생명에 대한 경외」

라는 저서를 출간하였는데 그 저서의 포인트는 생명존중 사상이었다. 밀림에서 그 많은 해충과 모기떼를 죽이지 않았다. 밤에 호롱불에 모여드는 벌레도 죽이지 않으려고 고통을 참았다. 그의 생명 사랑을 말라리아와 열병으로 고통받는 아프리카의 흑인들의 치료로 승화시켰다. 그는 사랑의 실천을 위해서 의료 환경이 열악한 아프리카의 밀림지역인 가봉의 람바네에 병원을 세우고 평생을 환자들을 돌보며 살다가 아프리카에서 90세로 생을 마감하였다. 그는 인류에 대한 봉사를 인정받아 1952년에 노벨 평화상을 받았다. 그는 그 상금을 나환자촌을 건립하는데 기부하였다. 그는 20세기 아프리카의 성자로 인정받고 있다.

모기 한 마리도 죽이지 않으려고 고통을 참는 사람도 있는데 우리가 사는 사회는 매일 끔직한 살인 사건 들이 일어나고 있다. 슬픈 일이다. 현대인이 왜 이 지경까지 왔을까? 현대인은 이런 비극의 아픔을 느끼지 못하고 사는 무통(無痛)의 병에 걸려 있다. 어떻게 그 병을 치료하고 진정한 인간사회로 돌아 갈 수 있을까? 이것이 우리에게 주어진 최대의 명제다.

어떤 지인이 아프리카에 찾아와서 당신은 편하고 행복하게 살 수 있는데 왜 이 고생을 하며 사느냐고 물으니 그는 다음과 같이 대답하였다.

"당신 자신의 행복을 위해 살지 말고 다른 사람의 행복을 위해 살아라. 그러면 당신도 행복하게 된다."

4) 군대가 없는 나라 — 코스타리카

세상에 군대가 없는 나라가 있다. 남미의 코스타리카라는 나라다. 군비경쟁, 그것도 핵무기 경쟁까지 벌이고 있는 우리의 입장에서 보면 꿈 같은 이야기다. 군대를 없애고 평화의 나라를 만들기까지는 위대한 리더들이 있었다.

첫째, 군대를 없앤 전기

1948년 인구 400여만 명의 조그마한 나라에 쿠데타가 일어났다. 대선에서 패배한 대통령이 정권을 내놓지 않으려 하자 카르타고라는 지역의 농장주였던 호세 피게레스가 민병대를 모아 쿠데타를 일으켰다. 내전이 일어나 2,000여 명이 목숨을 잃었다. 그런데 이상한 일이 일어났다. 쿠데타로 정권을 잡은 피게레스는 군대를 없애겠다고 선언하였다. 그리고 손수 망치로 군 사령부 벽을 부쉈고 군대를 없애 버렸다. 그 후 70년 세월이 흘렀으나 군대도 없고 전쟁도 일어나지 않았다. 평화의 나라가 되었다. 세계행복지수에서 그 나라는 단연 1위다. 한국 국민의 행복지수는 몇 위냐고? 놀라지 말라. 무려 60위를 기록하고 있다. 이 수치도 요사이 일촉즉발의 위기 상황을 보면 좋은 편이다. 군대를 없애고 그 예산을 국민의 건강과 공정한 사회를 위해서 투자하니 행복할 수밖에 없다.

피게레스를 이어 대통령에 오른 그 어느 대통령도 군대를 만들지 않았고 오히려 평화를 수출하는 나라가 되었다.

둘째, 평화를 수출하는 나라

스페인의 오랜 식민통치로 고통받던 나라, 코스타리카는 자기 나라의 평화를 다른 나라에 수출하는 나라가 되었다. 코스타리카는 1987년 중미 5개국 평화협정을 이끌어 내어 분쟁이 퍼지는 것을 막았다. 1990년에는 이웃한 파나마를 설득해 군대를 폐지하게 했다. 2013년에는 세계의 평화운동가들과 함께 무기거래금지조약(ATT)을 만들어 유엔에서 통과시켰다. 이러한 위대한 일을 성사시킨 사람은 산체스라는 대통령이었다.

셋째, 위대한 리더의 출현

1948년 무기를 폐기한 피게레스 대통령도 위대한 대통령이지만 그 대를 이어 군대 없는 나라를 유지하고 평화의 나라를 지켜온 대통령들도 위대하다. 그 대통령들 중 평화를 수출하고 노벨평화상을 받은 대통령이 있었다. 그가 바로 산체스라는 대통령이다. 그는 1986년부터 1990년까지 재임하였는데 그는 퇴임 후에도 평화의 전도사로 활동하고 있다. 그는 운전사도 경호원도 없이 혼자 다닌다. 그는 적이 없으니 두려움도 없다고 말한다.

그 나라는 군대를 폐지한 대신 교육, 보건, 환경에 예산을 쓰고 있다. 그는 두 번째 임기 때에는 월급을 받지 않고 모두 기부했다. "나쁜 지도자는 국민에게 폐를 끼치는 사람이죠. 무력으로 또는 국민들이 뽑아준 사람 중에도 대통령 자리에 올라서 국민의 돈으로 자기 주머니를 채우는 리더들도 있죠.

시리아 대통령처럼 국민에게 무기를 쓰는 지도자도 있고요." 그의 말이다.

오늘의 한국의 모습 참담하다. 어디에 산체스 같은 지도자가 있는지 보이지 않는다. 나라의 주권은 어디로 갔는지 한국의 운명이 강대국들의 밥상 위에 놓여 있다.

트럼프가 말했다. 시진핑한테 10분 동안 역사 교육을 받았는데 한국은 수천년 동안 중국의 일부였다고. 사드는 밤중에 홍두깨처럼 성주에 배치하였다. 국민들한테 한마디 양해도 없이 한국 땅의 관할권이 미국의 손에 넘어간 것이다.

우리 정부는 침묵을 지키고 있다. 설상가상으로 밤중에 기습 배치해 놓고 새벽에 미국 대통령이 사드값 10억 달러를 한국이 부담해야 한다고 으름장을 놓았다. 그것도 두 번이나. 지난 10년 동안 한국이 미국에서 구입한 무기값이 무려 36조원이라고 한다. 정부는 침묵을 지키다가 뒤늦은 항의를 하고 소파규정을 이야기한 모양이다.

약소국의 비애가 너무 크다. 코스타리카와 같은 훌륭한 지도자가 나오기를 기대하여 보자.

5) 통합의 지도자—만델라

탄생: 만델라는 남아프리카 어느 강가의 음베조라는 조그마한 강가에서 마을 추장 셋째 부인의 아들로 태어났다. 그는 유년시절에 여유 있는 가정생활을 하였다.

그의 생애: 그는 27년 동안 남아프리카의 남단 해안에서 멀리 떨어진 로벤이라는 외딴 섬에서 감옥생활을 하였으며 18년 동안은 독방에서 수감 생활을 하였다. 그는 감방에서 밖으로 나올 때가 가장 행복했다고 독백하였다. 그 이유는 맑은 하늘을 볼 수 있기 때문이었다라고 말하였다. 당시 죄수들은 백회석 광산에서 노역을 하였기 때문에 컴컴한 감옥에서 나와 태양을 바라보는 순간 눈이 부셔서 실명되는 죄수들이 많았다고 한다. 그런

데 그는 그 악조건에서 태양빛을 감사하는 긍정적인 철학을 가지고 투지를 불태웠다. 그 무서운 감옥은 그의 대학이었다. 감옥에 가기 전에는 흑백 차별정책을 하는 백인정권과의 투쟁이 그의 삶의 목표였는데 감옥생활을 통해서 투쟁에서 화해라는 흑백통합의 철학을 다시 세우게 되었다. 그래서 그는 감옥을 그의 대학이라고 칭하였다.

드디어 대통령이 되다: 긴긴 27년의 감옥생활 중에도 그는 자유의 투쟁을 계속하여 흑백 통합정책을 내걸고 드디어 최초의 흑인 대통령이 되었다. 그의 화해정책의 사례를 들어보자. 남아공은 백인들에 의한 흑백 분리통치 동안 304만여 명의 국민들이 실종 또는 사망하는 비극을 겪었다. 그러나 만델라 대통령은 그를 감옥에 보낸 백인 대통령과 화해를 하고 그가 수감되었던 당시의 교도소 소장을 오스트리아 대사로 임명하고, 세 명의 백인 간수들을 대통령 취임식에 초청하여 귀빈석에 앉혔다. 흑백통합의 상징으로 백인을 부통령으로 임명하였다. 진실화해위원회(Truth and Reconciliation Commission)를 창설하여 용서는 하되 잊지는 말자(Forgiveness without Forgetting)는 구호를 내걸고 흑백통합 정책을 펴 나갔다.

만델라는 흑백통합의 상징으로 자유헌장을 제정하였다.

"우리 남아프리카공화국 국민은 우리나라 모든 국민과 전 세계인에게 다음과 같은 사실을 공표한다. 남아프리카공화국은 그 안에 살고 있는 흑인과 백인 모든 사람들의 것이며, 국민의 뜻에 기초하지 않은 어떤 정부도 그 권한을 주장할 수 없다. 우리의 국민들은 불의와 불평등에 기초한 정부에 의해서 토지, 가옥, 그리고 평화를 누릴 기본적인 권리를 박탈당해 왔다. 우리의 모든 국민들이 동일한 권리와 기회를 누리며 친형제처럼 살아갈 때까지는 이 나라는 결코 번영하지도 자유롭지도 못할 것이다. 국민의 뜻에 기초한 민주주의 정부만이 피부색, 종족, 성 그리고 각자의 신념에 따른 구별 없이 모든 이들에게 기본권을 확보해 줄 수 있다. 그러므로 동료로서, 같은 나라 사람으로서, 형제로서 우리는 자유헌장을 채택한다. 여기에서 우리는 이제 시작된 민주주의적 변화가 승리할 때까지 우리의 힘과 용기를 조금도 아끼지 않으며 함께 투쟁해 나갈 것을 맹세한다.”

자유로운 남아프리카공화국의 요건
국민이 다스린다.
모든 민족 집단들은 동등한 권리를 갖는다.
국민은 국가의 부를 공유한다.
토지는 그것을 경작하는 사람들이 공유한다.

통합의 지도자는 철학과 비전 그리고 전략, 그 전략을 실천할 수 있는 능력의 소유자들이었다. 만델라는 이것들을 갖춘 지도자였다(「만델라 자서전」 참조).

인류 역사를 돌이켜 보면 세칭 지도자들이라는 사람들은 밤하늘의 별처럼 많았지만 북두칠성처럼 인류사회를 구제했던 빛나는 지도자들은 드물었다. 지도자 빈곤의 시대에 왜 만델라 같은 지도자는 인류사회에 빛을 주고 떠났을까? 그 이유를 간단히 정리해 보기로 하자.

자기극복

위대한 지도자들은 자기 자신을 극복한 사람들이었다. 그들은 자신들의 어려운 환경을 극복하고 새로운 세계를 창조한 사람들이었다.

인간의 사회화

위대한 지도자들은 대중을 위해서 자신의 생명까지도 던지는 희생정신이 있었다. 그들은 편안하게 살 수 있음에도 불구하고 국민과 자신의 신념을 위해서 투쟁하였다. 그들의 희생은 결국 영광으로 돌아왔다.

Team Work

위대한 사람들은 자기의 사상을 지지하는 팀원들을 잘 이끌어 나가는 능력의 소유자들이었다. 위대한 사람들은 정예부대를 만들어 목표를 향해서 끊임없이 전진하였다. 그들은 혼자서 그 위대한 일들을 한 것이 아니었다. 그들을 내면화하여 생명을 걸고 투쟁해 주는 동지가 있었기 때문이다. 예수, 석가, 마호메트는 팀워크의 천재들이었다. 만델라도 그들과 함께 생사를 함께하는 동지들이 있었다.

동기부여

위대한 지도자들은 동기를 부여해 주는 천재들이었다. 그들은 추종세력과 국민들에게 동기를 부여해 주었기 때문에 그들에게 희망을 걸고 지지해 주어서 대통령 자리에까지 오르게 되었다.

긴 생명력

예수, 석가, 공자는 지금도 우리 가슴 속에 살아있다. 이순신, 등소평, 세종대왕 등은 죽어서도 우리를 가르치고 있다. 그들은 육신은 갔지만 사상과 업적은 산 자에게 교훈을 주고 있다.

[저자 약력]

김 종 재

전남대학교 대학원장
대한경영학회회장
신용보증기금 경영지도위원
(주)금호고속 인력개발고문
광주경실련대표
무등산보호단체 협의회 상임의장
산학협동상 수상
5.18 민주 유공자
현, 전남대학교 명예교수
(사)평화아카데미 이사장

주요 저서 및 역서
중소기업경영론
현대중소기업경영론
지식사회의 인간관계(학술원 우수학술도서)
현대사회와 인간관계
인적자원관리
조직행동론
의사결정의 분석
예방경영의 인생을 위하여 등

역사는 강자의 편이었다 - 힘 있는 자의 말은 언제나 정의(?)였다 -

초판인쇄 2018년 3월 25일
초판발행 2018년 3월 30일

지은이 김종재
펴낸이 김중용

총괄기획 박노일 · 최준규
편 집 심성보 · 김인숙

펴낸곳 마인드탭 MIND TAP
경기도 파주시 책향기로 441, 1004동 1004호(동패동, 책향기마을)
등록 제406-2014-000093호
전 화 070)7550-3758 팩 스 02)718-8554
홈페이지 www.mindtap.co.kr 이메일 pnc@pncmedia.co.kr
ISBN 979-11-86672-93-8 03320

※ 마인드탭은 피앤씨미디어의 자매 브랜드입니다.

정 가 15,000원